Cruinneas

Antain Mac Lochlainn

Cois Life
2015

Sonraíocht CIP Leabharlann na Breataine. Tá taifead catalóige i gcomhair an leabhair seo ar fáil ó Leabharlann na Breataine.

Tá Cois Life buíoch de Chlár na Leabhar Gaeilge (Foras na Gaeilge) agus den Chomhairle Ealaíon as a gcúnamh.

An dara cló 2017

ISBN 978-1-907494-45-1

Clúdach agus dearadh: Alan Keogh

Clódóirí: Nicholson & Bass

www.coislife.ie

Clár

Réamhrá

Is é atá sa leabhar seo ná iarracht chun treoir a thabhairt faoi ghnéithe den Ghaeilge scríofa a bhaineann tuisle as scríbhneoirí Gaeilge. Ní córas ceartúcháin earráidí é, a d'fhéachfadh le rangú a dhéanamh ar na príomhearráidí comhréire, foclóra agus gramadaí. Leag Colmán Ó hUallacháin agus Micheál Ó Murchú dúshraith síos le haghaidh a leithéid de chóras in *Irish Grammar* (1981), a bhí bunaithe ar chóras ar ar thug siad *Irish Decimalized Error Advice System* (IDEAS). Níl scóip *Cruinneas* baol ar chomh fairsing leis sin. Ná níl an leabhar seo dírithe ar earráidí bunúsacha den chineál atá liostaithe sna trí imleabhar den *Siollabas Nua Ollscoile* (2009–2012) a d'fhoilsigh an Mheitheal um Theagasc na Gaeilge ar an Tríú Leibhéal. Ná níl *Cruinneas* i ngar do bheith chomh cuimsitheach leis na trí imleabhar sa saothar *Earráidí Scríofa Gaeilge* a thiomsaigh Tomás Ó Domhnalláin agus Dónall Ó Baoill (1978–1981). Níl de chomhairle agam don té a scríobhfadh Bain mé taitneamh ag obair leis nó Ar mhaith leat bualadh le mise? ach go bhfuil a lán oibre roimhe.

Is amhlaidh atá an saothar seo dírithe ar scríbhneoirí Gaeilge a bhfuil tuiscint mhaith acu ar choincheapa gramadaí agus atá in ann an teanga a scríobh go réasúnta maith. An dúshlán atá roimh mo chuidse spriocléitheoirí ná ciall focail áirithe a thuiscint mar is ceart, teacht slán ar thionchar chomhréir an Bhéarla, an débhríocht a sheachaint, síocháin a chur i réim idir caighdeán agus canúint agus feabhas a chur ar a stíl scríbhneoireachta. An duine atá ar intinn agam, seans go scríobhfadh sé nó sí a leithéid seo: Is féidir stróc a tharlú trí aon cheann de na heachtraí seo a leanas...

Ní bheadh moill orm treoir a thabhairt do dhaoine a scríobhfadh macasamhail na habairte thuas. Dá léifidís an iontráil 'Aistreach nó neamhaistreach?' sa leabhar seo, tá súil agam nach stróc a tharlú a scríobhfaidís feasta. Ba chabhair dóibh na hiontrálacha stíle agus foclóra 'Trí' agus 'Eachtra' fosta.

Saothar duine amháin atá sa saothar seo agus ní beag na himpleachtaí a bhaineann leis sin. Níl aon amhras ann ach go bhfuil earráidí coitianta ann a bhfuil mise dall orthu. Seans, fiú amháin, go bhfuil mé féin san earráid agus amhras á chaitheamh agam ar an leagan seo nó ar an leagan seo eile. Níl fios gach feasa agam, ach chaith mé sé bliana i mo Phríomhtheagascóir ar an Dioplóma Iarchéime san Aistriúchán agus san Eagarthóireacht in Ionad na dTeangacha, Ollscoil na hÉireann, Má Nuad. Gné lárnach den chúrsa sin ná tráchtaireacht chuimsitheach a chur ar fáil do gach mac léinn a chuireann obair scríofa ar fáil. Fuair mé léargas i gcaitheamh na mblianta sin ar sheiftiúlacht na mac léinn agus ar an chumas a bhí iontu réiteach éifeachtach nó bealach timpeall a fháil ar fhadhbanna. Thug mé faoi deara fosta go mbíodh na míthuiscintí agus na hearráidí céanna ag teacht aníos bliain i ndiaidh bliana. An tráchtaireacht a rinne mé ar na fadhbanna sin is damhna don leabhar seo.

'Saothar duine amháin atá sa saothar seo' a scríobh mé thuas. Ní fíor ar fad an méid sin, mar is amhlaidh a chuir daoine comhfhreagras chugam mar gheall ar na hiontrálacha faoin teideal *Cruinneas* ar *www.aistear.ie*. Duine den bhuíon sin Art Ó Maolfabhail, fear a léann agus a éisteann le han-chuid dá scríobhtar agus dá gcraoltar i nGaeilge agus a bhreacann síos samplaí de na leaganacha aisteacha atá ag teacht i réim. Tá mé thar a bheith buíoch de as toradh a shaothair a roinnt liom.

Tá mé buíoch mar an gcéanna de Phól Ó Cainín agus d'Austin Duff agus a lán comhfhreagróirí eile. Mise, ar ndóigh, atá ciontach i míchruinneas ar bith sa téacs seo.

Modh Úsáide

In ord aibítre atá na hiontrálacha. Focail Ghaeilge is mó atá sna ceannteidil ach tá an focal Béarla tugtha thall is abhus, i gcás coincheapa a ndéantar drochaistriúchán orthu go minic, mar shampla *delivery, property*. Iontrálacha gairide is mó atá ann ach tá roinnt iontrálacha téamúla ann chomh maith, ina bhfuil plé níos faide ar ghnéithe den ghramadach, mar shampla an aidiacht nó an dobhriathar. D'imigh mé ón ord aibítre taobh istigh de na hiontrálacha sin, sa dóigh is go dtiocfadh na pointí plé a chur in ord loighciúil.

I ngach ceann de na hiontrálacha, tugtar samplaí den mhí-úsáid chun aird an léitheora a tharraingt ar cibé fadhb atá faoi thrácht. Tá cló dearg ar na samplaí sin atá mícheart amach is amach. Mínítear an locht ansin agus cuirtear athleagan ar fáil. Ní dhearna mise ach corrabairt shamplach a scríobh. Fuarthas bunús mór na n-abairtí samplacha i dtéacsanna Gaeilge a cuireadh i gcló nó a foilsíodh ar líne. Toisc go bhfuil an leabhar breac le samplaí as foinsí éagsúla, tá míleanúnachas ann ó thaobh na Gaeilge de. Séimhiú agamsa sa tuiseal tabharthach, cuir i gcás, agus urú i gcuid de na samplaí. Níl neart air sin. Cheartaigh mé mílitriú agus botúin ghramadaí eile san abairt sa dóigh is go bhféadfaí díriú ar an fhadhb ghramadaí atá faoi thrácht. Ach níos minice ná a mhalairt, tá na habairtí mar a bhí siad an uair a foilsíodh iad. Ní mhaím gur seoda dea-Ghaeilge iad ach is léiriú an-dílis iad ar chaighdeán na Gaeilge scríofa san am i láthair.

I bhfíorbheagán cásanna, rinne mé tráchtaireacht daoine eile a chur ar fáil arís. Féach, mar shampla, an míniú a thug an tAthair Peadar ar na leaganacha *ar feadh, i gcomhair* agus *le*. Shíl mé nár dhochar a leithéid de mhíniú cruinn gonta a chur i láthair léitheoirí Gaeilge an athuair. Bhain mé roinnt bheag nótaí as leabhar de mo chuid féin, *Cuir Gaeilge Air* (2000).

Ba chabhair dom, agus an dea-Ghaeilge á cuardach agam, an bunachar téacsanna *Tobar na Gaedhilge* (2014), áis luachmhar a chuir Ciarán Ó Duibhín ar fáil. Measaim go mbíonn dualgas orainn, in aon tráchtaireacht ar an Ghaeilge scríofa, an dea-eiseamláir a chur i láthair léitheoirí chomh maith le téacsanna nach bhfuil thar mholadh beirte.

Noda

CO *Gramadach na Gaeilge agus Litriú na Gaeilge: an Caighdeán Oifigiúil.* Baile Átha Cliath: Oifig an tSoláthair, 1958.

COA *Gramadach na Gaeilge. An Caighdeán Oifigiúil. Caighdeán Athbhreithnithe.* Baile Átha Cliath: Tithe an Oireachtais, 2012.

EID *English–Irish Dictionary.* Baile Átha Cliath: Oifig an tSoláthair, 1959.

FGB *Foclóir Gaeilge–Béarla.* Baile Átha Cliath: Oifig an tSoláthair, 1977.

GGBC *Graiméar Gaeilge na mBráithre Críostaí.* Baile Átha Cliath: An Gúm, 1999.

Á

Ní hannamh a fheictear abairtí lochtacha mar Tá tithe nua á thógáil ar bharr an chnoic, amhail is gurb é an tríú pearsa firinscneach, uimhir uatha, a bhíonn i gceist sa struchtúr sin i gcónaí. Ní hamhlaidh atá. Ba cheart inscne agus uimhir a bheith de réir a chéile.

- ➢ Tá teach nua **á thógáil** ar bharr an chnoic. (fir.)
- ➢ Tá otharlann nua **á tógáil** ar bharr an chnoic. (bain.)
- ➢ Tá tithe nua **á dtógáil** ar bharr an chnoic. (iolra)

A nó de?

Tá nós i gcanúintí áirithe *de* a shéimhiú ar shlí gur *a* a chloistear. *Tá airgead a dhíth orm*, a déarfadh an tUltach, ach *de dhíth* a scríobhfadh sé nó sí nuair is gá cloí leis an CO.

Tá roinnt leaganacha ann, áfach, ina gceadaítear *a* nó *de*. Tá *a chéaduair* agus *de chéaduair* chomh caighdeánach lena chéile, cuir i gcás. Ba cheart d'eagarthóirí a bheith faichilleach faoin ghné seo den teanga scríofa agus gan *a* a 'chaighdeánú' scun scan.

'An abairt chiotach'

Ní mise, ach Seán Mac Maoláin (1957), a bhaist an t-ainm sin ar abairtí fada ina ndéantar an briathar a athlua i ndeireadh na faisnéise.

> Maireann an tréimhse ghoir, is é sin an t-am idir ócáid an ionfhabhtaithe agus na chéad airíonna teacht, maireann sí deich lá ar an mheán.

Ní chuireann an struchtúr sin as go mór domsa ach is annamh nach féidir an t-athlua a sheachaint ach clásal éigin de chuid na habairte a aistriú chun tosaigh.

> Deich lá, ar an mheán, a mhaireann an tréimhse ghoir, is é sin an t-am idir ócáid an ionfhabhtaithe agus na chéad airíonna teacht.

Ábhartha/ábharach

Tá difear céille idir an dá fhocal seo nach mór a thabhairt slán chun botúin mar seo a sheachaint:

> Tuairiscíonn an t-oide ranga an t-eolas ábharach do na tuismitheoirí. (**an t-eolas ábhartha**)

Is é an chiall atá le *ábharach* ná *nithiúil, fódúil.* Bítear ag trácht, mar shampla, ar *an domhan ábharach* (*the material world*). *Ábhartha* a theastaíonn san abairt thuas, focal a chiallaíonn *material* sa bhrí *pertinent, relevant.*

Absalóidigh

Comhairle a chuirtear ar scríbhneoirí Béarla gan absalóidigh a chéimniú. Ní féidir a bheith *more perfect*, cuir i gcás, nó is cáilíocht absalóideach atá in *perfection.* Bíodh sin mar atá, níl aon locht ar na leaganacha Gaeilge seo:

- Tacú le healaíontóirí aonair de gach disciplín **a bheith níos foirfe** ina ngairm sna healaíona.
- Tá tú **an-cheart** (nó *rócheart* nó *rícheart*).

Is fíor, áfach, go mbíonn blas aisteach ar mheascán d'absalóidigh agus de cháilitheoirí in aon abairt amháin.

> Bhí sí ina haonar, beagnach go hiomlán gan dóchas.

B'fhearr leagan mar seo:

> Bhí sí ina haonar, **ar fhíorbheagán dóchais**.

Ach

Nuair a úsáidtear *ach* sa chiall *only*, ba cheart aire a thabhairt d'ionad an fhorainm agus gan abairtí den chineál seo a scríobh:

> Ba bhreá léi scairt a chur ar a mamaí ach ní raibh ach a guthán póca aici.

Ba cheart pé forainm a bheadh ann a chur roimh an fhocal *ach*:

> Ba bhreá léi scairt a chur ar a mamaí ach **ní raibh aici ach a guthán póca**.

In amanna, b'fhearr malairt friotail a aimsiú chun *only* a chur in iúl.

> Smaoinigh sé ar cheist a chur uirthi fá dtaobh de, ach ní bheadh ach argóint acu dá bharr.

Ní leor ionad an fhorainm a mhalartú chun slacht a chur ar an abairt sin. Caithfear cur chuige ar shlí eile ar fad.

> Smaoinigh sé ar cheist a chur uirthi fá dtaobh de, **ach ní bheadh de thoradh air sin ach go mbeadh argóint acu**.

Achainí

Focal é seo a chuireann mearbhall ar scríbhneoirí.

> D'fhéadfadh údarás áitiúil polasaí a thionscnamh chun go ndéanfar plé ar na hachainí oiriúnacha go léir. (**na hachainíocha**)

Is cosúil go ndéantar talamh slán de gurb é *achaine* an t-ainmfhocal uatha agus gurb é *achainí* an t-iolra. Ach níl in *achaine* ach leagan malartach de *achainí,* de réir FGB. Ainmfhocal uatha is ea *achainí*, in ainneoin an *í* ina dheireadh.

Acmhainn

Is focal é seo a mhílitrítear go minic, mar shampla: achmhainn nó acmhuinn.

Áfach

B'fhearr, ó thaobh na stíle de, gan abairt a thosú le *áfach* mar atá déanta anseo:

> Áfach, tá gá le fócas níos treise ar fhorbairt scileanna cumarsáide tríd an scoil.

Is iomaí leagan eile a d'fhéadfaí a úsáid:

bíodh sin mar atá, ina ainneoin sin, mar sin féin.

Ag

Rómhinic a úsáidtear an réamhfhocal *ag* in ionad an ghinidigh:

- ➢ Gheofar cuntas sa leabhrán seo ar an obair ag an ngníomhaireacht. (**obair na gníomhaireachta**)
- ➢ Míthuiscint é sin ar an ról ag an gCathaoirleach. (**ról an Chathaoirligh**)

Agus

Níl feidhm leis an fhocal *agus* i leaganacha mar lá fuar agus fliuch. **Lá fuar fliuch** a deirtear, toisc go bhfuil an dá aidiacht ag trácht ar aon rud amháin, is é sin cé chomh holc is atá an aimsir.

Nuair a chuirtear dhá réamhfhocal i ndiaidh a chéile sa Ghaeilge, agus an focal *agus* eatarthu, dar leis an léitheoir go bhfuiltear ag tagairt do dhá staid faoi leith. A leithéid seo:

> The money was placed in a bag under a rock.
>
> Cuireadh an t-airgead i mála agus faoi chloch.

Ba le dua a thuigfeadh an léitheoir gur i mála faoin chloch a bhí an t-airgead. Shílfeá gur cuireadh an t-airgead i mála ar dtús agus cuireadh faoi chloch ina dhiaidh sin é. Is furasta é a chur ina cheart:

> Cuireadh an t-airgead **i mála agus cloch sa mhullach air**.

Aibhléis/leictreachas

Is é *leictreachas* an focal is mó stádas sa teanga fhoirmiúil agus i réimsí teicniúla. Tá sé de bhua aige gur furasta téarmaí eile a dhíorthú as, mar shampla *leictreoir, leictreon, leictreamaighnéadach*.

An aidiacht

Aidiacht a chur leis an ainmfhocal mícheart

Corruair, ní léir don aistritheoir cén t-ainmfhocal atá á cháiliú ag an aidiacht in abairtí nó fiú i dtéarmaí Béarla. Sin é is cúis le leaganacha lochtacha ar nós Polasaí Árachais Buansláinte (*Permanent Health Insurance Policy*). Is é an polasaí atá buan murab ionann agus an tsláinte. An *ordinary share holder*, an duine é a bhfuil *gnáthscaireanna* ina sheilbh aige nó an *gnáthshealbhóir scaireanna* atá ann? Má tá cur amach ar chúrsaí gnó ag an aistritheoir, beidh a fhios aige nó aici gur *gnáthscaireanna* atá i gceist. Mura bhfuil, ní mór gaol na n-ainmfhocal agus na n-aidiachtaí a fhiosrú agus a dheimhniú.

Déantar an botún céanna le míreanna i gcomhfhocal, mar shampla an mhicrea-earnáil déantúsaíochta. Ní ag tagairt do mhéid na hearnála atá *micrea-* ach don phróiseas déantúsaíochta féin: **an earnáil mhicridhéantúsaíochta (*the micro-manufacturing sector*)**.

Aidiacht nó ainmfhocal sa tuiseal ginideach?

Is minic a bhíonn rogha ann aidiacht shimplí nó ainmfhocal sa tuiseal ginideach a úsáid mar cháilitheoir ar ainmfhocal. Is ionann ciall, mórán mór, do *lá gaoithe* agus *lá gaofar*. Corruair, áfach, bíonn difear céille suntasach ann. Cuir i gcás gur *Presidential inauguration* atá i gceist. Níl aon rogha ann ach **insealbhú Uachtaráin** a scríobh. Leagan thar a bheith lochtach is ea insealbhú Uachtaránach (*a president-like installation?*)

Ní féidir riail uilíoch a leagan síos, ach gach sampla a mheas ina chomhthéacs féin. Seans gur mhaith leat, mar shampla, *cearta an duine* a úsáid chun trácht ar *human rights*. B'fhéidir go bhfaighfeá locht ar an leagan *cearta daonna* ar an ábhar nach bhfuil na cearta féin 'daonna' ar shlí ar bith. Tá go breá, go dtí go mbeadh a leithéid seo le haistriú: *a person's human rights*. B'ait an leagan é cearta an duine an duine. Sin é an toradh a bhíonn ar dhogmachas i gcúrsaí teanga.

Cleachtadh 1

Ar roghnaíodh an cáilitheoir ceart sna habairtí seo thíos?

1. Rialaítear báid shiamsúla in Éirinn ar shlite difriúla de réir a dtoirte agus de réir na húsáide a bhaintear astu.

2. Is cainteoir dúchasach Gaeilge í as ceantar Chnoc Fola ó dhúchas.

3. Cáipéis thábhachtach dlí is ea do phas.

4. Maraíodh oibrí nuair a tharla pléasc i monarcha cheimiceach, Corden PharmaChem san Oileán Beag i gCorcaigh.

5. Mhaígh breis agus trí chéad duine áitiúil atá ina gcónaí taobh amuigh den cheantar faoi láthair gur mhaith leo bogadh ar ais dá mbeadh fostaíocht oiriúnach ar fáil.

6. Thacaigh cinneadh de chuid na Cúirte Uachtaraí le daltaí gorma agus le daltaí geala a iompar trasna cathracha ar bhusanna chun cothromaíocht chiníoch a bhaint amach i scoileanna poiblí.

An aidiacht shealbhach

Déanann na haidiachtaí sealbhacha Gaeilge an t-ainmfhocal a shainiú ar bhealach nach ndéanann an Béarla. D'fhéadfaí a thuiscint as D'ith mé lón le mo chara nach bhfuil de chairde agat ar an saol seo ach duine amháin. Mar an gcéanna le Is é Seán a dheartháir, a thugann le fios nach bhfuil de dheartháireacha ag an duine ach Seán. D'fhéadfaí an débhríocht a sheachaint dá scríobhfaí rud éigin amhail **D'ith mé lón le cara** nó **le cara de mo chuid**. Is féidir na réamhfhocail *le* agus *do* a úsáid chomh maith chun an bhrí a shoiléiriú: *Thug mé an leabhar ar iasacht do chara dom. Dearthháir leis is ea Seán.*

Gné de Bhéarla na hÉireann a ndéanann cuairteoirí iontas de ná an chaoi a n-úsáidtear an t-alt san áit a mbeadh aidiacht shealbhach in úsáid ag Béarlóirí eile. Deirtear, mar shampla, *Have you met the brother?* in áit *Have you met my brother?* Macalla Gaeilge is ea an nós sin, agus tá difear mór idir úsáid na bhfocal seo sa Ghaeilge agus sa Bhéarla. D'fhéadfadh ógánach Sasanach *There are seven in my family* a rá agus thuigfí gur ag tagairt dá athair, dá mháthair, dá dheartháireacha agus dá dheirfiúracha atá sé, agus nach eisean ceann an teaghlaigh. An t-ógánach a déarfadh Tá seachtar i mo theaghlach, dhéanfaí iontas de, nó tugann an focal *mo* le fios go láidir gurb eisean ceann an teaghlaigh, gur leis an teaghlach. Sheachnófaí an débhríocht sin dá ndéarfaí **Tá seachtar sa teaghlach**.

Aidiacht shealbhach agus an tuiseal gairmeach

Is fada ó d'imigh an tuiseal gairmeach as an Bhéarla, ach maireann sé sa Ghaeilge i gcónaí. Tá claonadh ann aithris ar struchtúir Bhéarla ar nós *my friend*, rud is cúis le habairtí lochtacha mar Dia duit, mo chara seachas an leagan traidisiúnta Gaeilge **Dia duit, a chara**. I dtús litreacha is minice a dhéantar an botún sin: A Pheadair, mo chara. Is é ba cheart a scríobh: **A Pheadair, a chara**. Más mian an leagan sin a dhéanamh níos pearsanta fós, is féidir **A Pheadair, a chara liom** a scríobh.

An eisceacht is suntasaí air seo ná *Ár nAthair atá ar neamh.* (Agus féach gur aistriúchán é sin.)

Breischéim/sárchéim na haidiachta

Go han-mhinic, baintear mí-úsáid as leaganacha mar *is fearrde, is lúide, is móide* ar an tuiscint gurb ionann ciall dóibh agus do *is fearr, is lú, is mó*.

- ➢ Is fearrde, mar sin de, Ballstáit éagsúla ag obair i gcomhar lena chéile.
- ➢ Líon nach lúide ná 20 ball den Dáil nó de Sheanad Éireann.

Glacaimis sampla clúiteach den struchtúr seo: *is fearrde thú Guinness*. Is é atá ann ó cheart ná *is fearr + de + thú + Guinness*, is é sin is fearr a bheidh tú de thairbhe Guinness.

Mar sin de, bheadh *b'fhearrde do na Ballstáit a bheith ag obair i gcomhar* inghlactha, ach bheadh ciall bheag eile leis: is de leas na mBallstát a bheith ag obair le chéile. Más comparáid shimplí atá i gceist, ba cheart na habairtí a athscríobh mar seo:

- ➢ **Is fearr**, mar sin de, Ballstáit éagsúla ag obair i gcomhar lena chéile.
- ➢ **Líon nach lú** ná 20 ball den Dáil nó de Sheanad Éireann.

Bíonn cinneadh le déanamh ag aistritheoirí i dtaobh bhreischéim an

Bhéarla in abairtí den chineál seo: *Part of wider policy for older people.* Tá droch-chlaonadh ag aistritheoirí cloí le struchtúr na breischéime agus a leithéid seo a scríobh: Cuid de bheartas níos leithne do dhaoine níos sine.

Spreagann an *níos* sin ceist in aigne an léitheora: *níos leithne/níos sine ná...*? Níl i gceist ach go bhfuil seo nó siúd **ina chuid de mhórbheartas atá dírithe ar dhaoine aosta**.

Léiríonn an abairt thíos fadhb eile a bhaineann le tionchar an Bhéarla in abairtí comparáideacha:

> Níor luaithe an chaint déanta aige gur tháinig preasráiteas oifigiúil thar an Idirlíon ón Údarás.

Is gnách *ná* a úsáid le breischéim/ sárchéim: *Is airde Dónall ná Eoin. Tá an bus níos fearr ná an traein.* I gcás na habairte thuas, mar sin, bheifeá ag súil le *ná* seachas *gur*.

> Níor luaithe an chaint déanta aige **ná** tháinig preasráiteas oifigiúil thar an Idirlíon ón Údarás.

Sin é an struchtúr atá sna seanleabhair ar fad. Seo dhá shampla as *Caisleáin Óir* le Séamus Mac Grianna.

- Ní luaithe a bhlais sé é **ná** chuir sé cár air féin go dtí an dá chluais.
- Níor luaithe a chuir an ghrian an chéad dealramh os cúl an Eargail ar maidin **ná** bhí Séimidh ar chosa 'n-áirde ag tarraingt ar an chladach.

Is cosúil gur le déanaí a tháinig an *gur* sin isteach sa teanga agus measaim gur leathnú ar chiall an natha *nó go* is cúis leis: *Suigh nó go n-ólfaidh tú cupán tae. Shiúil mé nó gur bhain mé an baile amach.*

Deirí aidiachtúla

Corruair, déanann foclóirithe agus téarmeolaithe iarracht leas a bhaint as deirí éagsúla aidachtúla chun cialla éagsúla a chur in iúl. Ní léir don ghnáthdhuine aon difear céille idir *éifeachtúil* agus *éifeachtach,* cuir i gcás, ach is amhlaidh atá ciall faoi leith ag gach focal acu sa Ghaeilge fhoirmiúil.

Is ionann *éifeachtach* agus *effective.* Cógas ar bith a leigheasann duine tinn, is amhlaidh atá sé *éifeachtach,* is é sin baineann sé amach an toradh a bhí ceaptha dó. Má dhéanann sé an méid sin ar bheagán costais gan mórán réamhchúraim ná iarchúraim, is amhlaidh atá sé *éifeachtúil* (*efficient*).

Cleachtadh 2

Ar aimsíodh ciall cheart na haidiachta sna samplaí seo thíos?

1. Is cathair é Baile Átha Cliath a bhfuil scéal spreagthach aige.
2. Áitreabh a cuireadh ar fáil don Chumann ar chíos ainmneach.
3. Pléann Munday an anailís dhioscúrsach nó teangeolaíocht fheidhmiúil de réir shamhail Michael Halliday.

Dhá aidiacht in aghaidh ainmfhocal amháin

Má tá dhá aidiacht in abairt, agus gan ach ainmfhocal amháin san abairt sin, ní léir i gcónaí cén focal atá á cháiliú ag na haidiachtaí. A leithéid seo:

> D'fholmhaigh sé cúpla Apple Jacks isteach ina bhabhla. Bhí an bainne fuar milis.

Níl i gceist san abairt thuas ach Meiriceánach ag ithe a bhricfeasta. Ní cúrsaí bás agus beatha é. Ach mar sin féin, níl an chiall soiléir. An é go bhfuil blas milis ar an bhainne fhuar nó an amhlaidh atá an bainne fuar agus milis in éineacht? B'fhurasta é a réiteach agus **Bhí blas milis ar an bhainne fhuar** nó a leithéid a scríobh.

Inscne agus leaganacha ilfhoclacha

Is minic a bhíonn meascán inscne i leaganacha ilfhoclacha Gaeilge:

> Bhain Shakespeare clú agus cáil amach dó féin.

Is firinscneach *clú* agus is baininscneach *cáil.* Cuir i gcás gur mian leis an scríbhneoir an aidiacht *síoraí* a chur le *clú agus cáil* – cé acu *clú agus cáil síoraí* nó *clú agus cáil shíoraí* a bheadh ann?

Is ag an ainmfhocal is gaire don aidiacht atá an ceannas: **clú agus cáil shíoraí**.

Sárchéim na haidiachta

Botún coitianta atá ann ainmfhocal a chur sa tuiseal ginideach tar éis shárchéim na haidiachta.

- Tá an páirtí is mó tacaíochta ó thuaidh, an DUP, faoi smacht na hEaglaise Saor-Phreispitéirí. (**an páirtí is mó tacaíocht**)
- Glactar leis an meastachán is oiriúnaí nó an ceann is ísle praghais. (**an ceann is ísle praghas**)
- Is iad alcól, tobac agus raithneach na trí dhruga is mó úsáide ar domhan. (**na trí dhruga is mó úsáid**)

Ó thaobh na stíle de, níor mhiste do scríbhneoirí malairt friotail a ghabháil chucu ó am go chéile, agus a rá linn gurb iad alcól, tobac agus raithneach **na drugaí is mó a úsáidtear** nó **a mbíonn tóir orthu** nó **a mbíonn éileamh orthu** agus mar sin de. Cé nach bhfuil aon locht gramadaí orthu, is ait linn abairtí den chineál seo:

> Nach iad cáipéisí an Rialtais na cinn is mó rúndacht sa Stát?

Is seolta agus is gonta go mór **na cáipéisí is rúnda** a scríobh.

Ní gan dua a aistrítear abairtí Béarla mar *Drivers are advised to take the greatest care.*

> Moltar do thiománaithe an cúram is mó is féidir a ghlacadh. (**a bheith fíorchúramach/airdeallach**)

Tá an struchtúr sin is mó/is fearr is féidir an-leitheadach ar fad. Is annamh nach bhféadfaí leagan níos dúchasaí a chur ina áit.

- Seo cúrsa nua ar líne le Coláiste Chamuis le cabhair a thabhairt duitse an leas is fearr is féidir a bhaint as do chúrsa sa Ghaeltacht. (**lántairbhe a bhaint as do chúrsa**)
- Bainimid úsáid as fianáin chun an úsáid is fearr is féidir ar ár láithreán a áirithiú duit. (**chun úsáid an láithreáin a éascú**)

Áineas/fóillíocht

Is deacair don Bhéarlóir dealú idir *leisure* (*a time or opportunity for ease, relaxation* etc.) agus *recreation* (*refreshment of health or spirits by relaxation and enjoyment, an activity or pastime that promotes this*). Níl sé a dhath níos fusa do lucht na Gaeilge dealú idir *fóillíocht* agus *áineas*.

Tá claonadh sa teanga fhoirmiúil *fóillíocht* a úsáid le haghaidh *leisure* agus *áineas* le haghaidh *recreation*.

- The Department of Culture, Arts and Leisure

  An Roinn Cultúir, Ealaíon agus **Fóillíochta**.

- The Department of Tourism, Spórt and Recreation

  An Roinn Turasóireachta, Spóirt agus **Áineasa**.

An t-ainm briathartha

Is é is ainm briathartha ann, focal a mbíonn (1) feidhm ainmfhocail agus (2) feidhm bhriathair aige, mar shampla *Beimid ag* ***ól*** *is ag* ***ceol*** *go maidin*. Is ainmfhocail iad *ól* agus *ceol*, ach is amhlaidh atá feidhm bhriathair acu san abairt sin; a chomhartha sin an focal *ag* a bheith rompu. Ní i gcónaí a bhíonn an difear idir gnáth-ainmfhocal agus ainm briathartha 'ceart' díreach chomh follasach. Cén dochar ach go mbíonn impleachtaí gramadaí ag baint leis an difear sin a thabhairt slán sa tuiseal ginideach.

An t-ainm briathartha sa ghinideach

Glacaimis, mar shampla, na focail *cleachtadh* agus *iniúchadh*. D'fhéadfadh dhá fhoirm faoi leith a bheith ag na focail sin sa tuiseal ginideach:

1. Foirm an ghnáth-ainmfhocail, is é sin *cleachtaidh, iniúchaidh*.
2. Foirm na haidiachta briathartha, is é sin *cleachta, iniúchta*.

Mar is léir ón iomad téacsanna Gaeilge, ní i gcónaí a roghnaíonn scríbhneoirí Gaeilge an fhoirm chuí. Bítear anonn is anall idir *seisiún cleachta* agus *seisiún cleachtaidh* nó idir *coiste iniúchaidh* agus *coiste iniúchta*. Braitheann an rogha sin, cuid mhór, ar cé acu gnáth-ainmfhocal nó ainm briathartha ceart atá i gceist.

Comharthaí sóirt an ghnáth-ainmfhocail

Féach na samplaí seo thíos:

1. Ba é sin an t-iniúchadh fada crua.
2. Is ar pháirc an bhaile a bhíodh na cleachtaí peile an t-am sin.

De réir na gcritéar in GGBC (18.1–18.3), is gnáth-ainmfhocail iad *iniúchadh* agus *cleachtadh* sna habairtí thuas, ar na cúiseanna seo:

- Gur féidir an t-alt a chur rompu.
- Gur féidir iad a cháiliú (*fada, dian, peile*).
- Gur féidir iad a chur san uimhir iolra (*cleachtaí*).

Thar aon rud eile, níl feidhm bhriathair ag *iniúchadh* ná *cleachtadh* sna samplaí thuas. *Rudaí* is ea iad murab ionann agus gníomhartha. San eolas gramadaí a thugtar i dtaobh na bhfocal seo in FGB, moltar *-aidh* a úsáid mar fhoirm ghinideach nuair atá na focail seo á n-úsáid mar shubstaintigh. Mar seo a bheadh dá gcuirfí sa ghinideach uatha iad:

1. **Deireadh an iniúchaidh** fhada chrua.
2. Ba í páirc an bhaile **láthair an chleachtaidh** peile.

Foirm an ainm bhriathartha

Foirm na haidiachta briathartha a úsáidtear nuair atá cuspóir ag an ainm briathartha:

- coiste **iniúchta** na gcuntas
- lucht **cleachta** dlí
- bean mo **chaointe**
- gléas **braite** dóiteáin

Feidhm aidiachta

Is minic a chuirtear focal a bhfuil cuma ainm briathartha air (mar shampla *taisteal*) le hainmfhocail eile: **leabharlann taistil**. Feidhm aidiachta seachas feidhm bhriathartha atá ag *taisteal*, is é sin tugann *taisteal* breis eolais ar an chineál leabharlainne atá ann. Is minic a infhilltear na cáilitheoirí seo ar nós ainmfhocail ar bith eile, de réir cibé díochlaonadh lena mbaineann siad:

- Litir + gearán = **litir ghearáin.**
- Clár + caint = **clár cainte**.
- Bád + tarrtháil = **bád tarrthála.**

Is í foirm na haidiachta briathartha, áfach, is mó a úsáidtear i gcás focail a bhfuil *-adh* nó guta fada ina ndeireadh:

- Coiste + iniúchadh = **coiste iniúchta**.
- Coláiste + dearadh = **coláiste deartha**.
- Tonn + bá = **tonn bháite**.
- Slí + éalaigh = **slí éalaithe**.

➢ Trealamh + díchódú = **trealamh díchódaithe**

Dá réir sin, is **seisiún cleachta** agus **coiste iniúchta** a bheadh ann má táthar ag sainiú cén cineál seisiúin agus cén cineál coiste atá ann.

Corruair, bíonn ciall an fhocail ag brath ar na difríochtaí seo a thabhairt slán. Féach, mar shampla, mar a mí-úsáideadh na briathra *foghlaim* agus *úsáid* sna habairtí thíos:

➢ Tá áthas orainne an saorshuíomh Gaeilge seo a sheoladh do lucht foghlamtha na Gaeilge.

➢ Ní mór d'úsáideoirí an tSeomra Ríomhaireachta cloí le Polasaí Úsáidte na hOllscoile.

Iad siúd a bhfuil an Ghaeialge acu, ní miste dóibh a rá go bhfuil an teanga sin foghlamtha acu. Ach is **lucht foghlama** fós iad an dream a bhfuiltear ag tagairt dóibh sa sampla thuas. Mar bharr ar an donas, tá ciall eile le *lucht foghlamtha*, is é sin *learned, erudite people*. Tá an débhríocht chéanna sa leagan Polasaí Úsáidte na hOllscoile (*The University's Used Policy? Policy on How to Use the University?*). Níl i gceist ach polasaí na hOllscoile maidir le húsáid an tSeomra Ríomhaireachta: **Polasaí Úsáide na hOllscoile**.

Débhríocht

An té a léifeadh *trealamh díchódaithe*, is dócha go dtuigfeadh sé ón chomhthéacs gur trealamh le haghaidh díchódú atá ann, murab ionann agus *decoded equipment*. D'fhéadfadh débhríocht níos tromchúisí a bheith ann, áfach, i gcás nach mbeadh an comhthéacs díreach chomh soiléir. Sampla atá ag Maolmhaodhóg Ó Ruairc (2007) ná *certificate of conformity*/deimhniú comhlíonta. Is le dua a bhainfí brí ar bith as an leagan Gaeilge ach, dá mbainfí, is baolach gur *fulfilled certificate* nó a leithéid a bheadh ann. Tugtar **deimhniú comhréireachta** ar a leithéid anois le teacht slán ar an débhríocht a bhaineann le ginideach an ainm bhriathartha.

Má fheictear don scríbhneoir go bhfuil débhríocht thromchúiseach ag baint leis an deireadh sin *-ithe*, moltar leas a bhaint as an fhoirceann *-úcháin* (*trealamh díchódúcháin*). Is fearr a bheith spárálach leis, dar liomsa; faighimse blas na cumadóireachta ar leaganacha mar *ionad scrúdúcháin*. An bhfuil aon duine beo a shíleann gur *examined centre* atá in *ionad scrúdaithe*? Ná ní deacair cleasa eile a aimsiú chun an débhríocht a ruaigeadh. Más *funding agency* atá le haistriú agus, más dóigh leis an aistritheoir go bhfuil *gníomhaireacht mhaoinithe* débhríoch (*a funded agency?*), d'fhéadfaí **gníomhaireacht mhaoiniúcháin** a scríobh nó leagan níos timchaintí a úsáid: **gníomhaireacht a chuireann maoiniú ar fáil**.

Ceapadh leaganacha aisteacha eile mar réiteach ar fhadhb seo na débhríochta. Fuarthas locht ar *ciste forbartha* agus cuireadh *ciste forbraíochta* ina áit. Ní dóigh liomsa go bhfuil débhríocht thromchúiseach ar bith in *ciste forbartha* ná gur baol d'aon duine *a developed fund* a thuiscint as.

Rud eile a bhaineann tuisle as scríbhneoirí Gaeilge ná cé acu *-aithe* nó *-uithe* ba cheart a scríobh. Níl aon difear fuaime idir an dá fhoirceann agus ní hionadh ar bith go mbíonn mearbhall ar dhaoine ina dtaobh. Mar seo an úsáid cheart:

➢ *-aithe* san aidiacht bhriathartha: *Níor stop siad den chuardach go raibh an long* ***scrúdaithe*** *ó thosach go deireadh acu.*

➢ *-aithe* i nginideach uatha an ainm: ***páipéar scrúdaithe*** (is é sin, scrúdú amháin).

➢ *-uithe* in ainmneach iolra agus i nginideach iolra an ainm: *Thug mé faoi na* ***scrúduithe*** *i mí na Bealtaine. I lár an tsamhraidh a cuireadh torthaí na* ***scrúduithe*** céanna chugam.

Eisceacht air sin is ea ainmfhocail a bhfuil an foirceann *-aí* leo san uimhir uatha, mar shampla *amhránaithe, sóisialaithe.*

-adh nó -ú?

Is ionann foirm do *ól* agus *ceol* is cuma feidhm ainmfhocail nó feidhm aidiacht bhriathartha atá acu. Ach is iondúil go gcuirtear foirceann éigin le modh ordaitheach an bhriathair chun an t-ainm briathartha a chur ar fáil:

➢ gearr > gearradh

➢ críoch > críochnú

➢ caith > caitheamh

I gcanúintí áirithe, is mar a chéile a fhuaimnítear *-ú, -adh agus -amh*. Is mar gheall air sin, b'fhéidir, a scríobhtar a leithéid seo:

➢ Dá mba mhaith leat éileamh ón aimsir uafásach seo cá háit a rachfá? (**éalú**)

➢ Bhí muid ag cleachtú go crua don lá seo (**ag cleachtadh**)

➢ Cuirfidh an Coimisiún san áireamh freisin go bhféadfaí na tionscadail a leathnadh amach chun Ballstáit eile. (**a leathnú**)

➢ Is scil bhreise í atá ag an duine sin seachas duine eile agus ba cheart iad a chúitiú as an scil sin a bheith acu. (**a chúiteamh**)

➢ Déanfaimid athbhunadh ar an mBord um Chúiteamh Gortaithe Coiriúil. (**athbhunú**)

Réimniú an bhriathair is tábhachtaí sa ghné seo den Ghaeilge scríofa. Is le briathra den chéad réimniú a úsáidtear an foirceann *-adh*. Ní deacair do scríbhneoirí cloí leis sin i gcás briathra nach bhfuil ach siolla amháin sa mhodh ordaitheach acu: *dún* > *dúnadh* nó *bris* > *briseadh*. Tharla, áfach, go bhfuil roinnt briathra ilsiollacha sa chéad réimniú chomh maith. (Tá liosta díobh seo le fáil ar leathanaigh 87–88 den COA.) Seo iad na trí fhocal is minice a mhílitrítear le foirceann *-ú*:

- adhlaic > **adhlacadh**
- ceiliúir > **ceiliúradh**
- seachaid > **seachadadh**

Ní i gcónaí a aithníonn scríbhneoirí gur ag plé le comhfhocail atá siad. Bíodh is gur *imdhíon*, *leithdháil* agus *snáthaidpholl* atá i modh ordaitheach na mbriathra seo thíos, níl i gceist ó thaobh réimniú de ach *díon*, *dáil* agus *poll*.

- Is instealladh é sin chun imdhíonú in aghaidh bruitíní, leicní agus na bruitíní deirge. (**imdhíonadh**)
- Airgead poiblí a leithdháiliú san áit is mó luach (**a leithdháileadh**)
- Má tá sé ar intinn agat polladh cluaise, colainne, tatú nó snáthaidphollú a fháil. (**snáthaidpholladh**)

Fadhb bheag eile nach mbíonn an CO agus na canúintí Gaeilge de réir a chéile ó thaobh réimniú briathra de. Más téacs lánchaighdeánach a theastaíonn, is furasta teacht ar fhoirm chaighdeánach an ainm bhriathartha ar *www.focloir.ie* agus i bhfoinsí eile.

An modh ordaitheach nó an t-ainm briathartha?

Cleas coitianta eile chun an t-ainm briathartha a chur ar fáil ná briathar a bhfuil críoch chaol air sa mhodh ordaitheach a dhéanamh leathan.

- '**Siúil**!' ar seisean. 'Nach bhfeiceann tú mé **ag siúl** ar mo dhícheall?' arsa mise.
- '**Cuir** an litir sin ar leataobh agus ná bí **ag cur** is ag cúiteamh faoi níos mó.'

Ní i gcónaí a dhéanann scríbhneoirí dealú ceart idir an modh ordaitheach (caol) agus an t-ainm briathartha (leathan), mar is léir ó na samplaí thíos:

- An líon íseal daltaí ó chúlra Protastúnach atá ag freastail ar scoileanna lán-Ghaeilge (**ag freastal**)
- Tá Bearna suite ar Bhóthar Réigiúnach an R336, bealach straitéiseach thoir-thiar ag ceangail Cathair na Gaillimhe le réigiún Chonamara. (**ag ceangal**)
- Níorbh fhada go raibh sí ag iompair clainne. (**ag iompar**)
- D'fhéadfaí go ndéanfadh an Painéal Iarratais Bunoideachais cinneadh a chuir siar. (**a chur**)

Bíonn litreoirí dall ar an earráid seo; is focail dhlisteanacha iad *freastail, ceangail, iompair* agus *cuir* agus ní dhéanfar iad a cheartú. Is furasta teacht ar fhoirm cheart an ainm bhriathartha ar *www.focloir.ie* agus i bhfoinsí eile.

Ná ní i gcónaí a dhéantar dealú idir foirm an mhodha ordaithigh agus foirm an ainm bhriathartha i gcás na mbriathra sin a bhfuil *-igh* ina ndeireadh.

- ➢ Má bhíonn aon cheist agat ná bíodh aon leisce ort *a* fhiafraigh. (**a fhiafraí**)
- ➢ Cothaigh nósanna anois ar féidir leat cloígh leo. (**cloí**)
- ➢ Nach uafásach an dochar a dhéanann duine nó beirt leis an gcumhacht go léir nuair a shocraíonn siad ar thír eile a ionsaigh agus daoine a mharú? (**a ionsaí**)

Ní cabhair do scríbhneoirí an litreoir sa chás seo ach oiread, mar is focail dhlisteanacha iad *fiafraigh, cloígh* agus *ionsaigh* ach iad a úsáid mar is ceart.

An foirceann *t*

Go minic, cuirtear *t* le deireadh fhoirm an mhodh ordaithigh chun an t-ainm briathartha a chur ar fáil:

- ➢ fuascail > **fuascailt**
- ➢ cosain > **cosaint**

Ní i gcónaí a bhíonn an nós sin ag teacht leis na foirmeacha den ainm briathartha atá molta sa CO. Tá na foirmeacha sna samplaí thíos coitianta go maith sa chaint ach níor cheart iad a scríobh i dtéacs atá in ainm is a bheith lánchaighdeánach.

- ➢ An leabhar a cheangailt isteach le saol a bpáiste féin (**a cheangal**)
- ➢ Tá an bord bainistíochta tar éis plean a thionscaint trína bhféadfaí rangsheomraí agus seomraí speisialtachta a sholáthar (**a thionscnamh**)
- ➢ Ar aghaidh leis tríd an bhforaois ag léimt ó ghéag go géag. (**ag léim**)
- ➢ Cuireann ríomhshiopaí bac ar dhaoine ó thíortha eile san AE ríomhleabhair, ceol agus scannáin a cheannacht nó a fháil ar iasacht. (**a cheannach**)

Il-leaganacha den ainm briathartha

D'fhéadfadh níos mó ná ainm briathartha amháin fás as briathar faoi leith. Cuir i gcás, ní hé *scrúdú* an t-aon ainm briathartha amháin a díorthaíodh ón bhriathar *scrúdaigh*:

- ➢ Tá HETAC thar a bheith buíoch den Ghrúpa Oibre ar **Scrúdúchán** Seachtrach.
- ➢ Tá an Bord um **Scrúdóireacht** Fhoilseachán bunaithe faoi na hAchtanna um **Scrúdóireacht** Fhoilseachán, 1929 go 1967.
- ➢ Ar an dara dul síos: ní mór dúinn ár luachanna daonlathacha a chosaint i saol ina mbíonn ról níos láidre fós ag an **scrúdán** a dhéanann an pobal.

Téann sé deacair ar scríbhneoirí Gaeilge il-leaganacha den chineál seo a úsáid go slachtmhar. Is le dua a aithnítear aon difear céille eatarthu. De réir GGBC (17.2), bíonn 'leanúnachas, minicíocht, teibíocht, torann, treise, etc.' i gceist le leaganacha 'fada' mar *scrúdúchán* agus *scrúdóireacht*, is é sin go gcuireann siad próiseas in iúl seachas gníomh amháin. Is minic a thugtar an sampla úsáide *léamh* agus *léitheoireacht* chun an dealú céille sin a shoiléiriú.

➢ Bhí a hathair **ag léamh an nuachtáin.**

➢ Cuireann **an léitheoireacht** le tuiscint an pháiste ar an teanga.

Ní fhéadfaí *léamh* agus *léitheoireacht* a mhalartú ar a chéile sna samplaí sin. Níl aon dealramh le Bhí a hathair *ag léitheoireacht* an nuachtáin. Rómhinic ar fad, áfach, a úsáidtear an t-ainm briathartha fada san áit arbh fhearr an leagan gonta simplí:

➢ Is é an míniúchán a tugadh ná gur 'earráid' a bhí i gceist. (**míniú**)

➢ Tá Comhairle Óige an Iúir agus Mhúrn ag earcaíocht baill nua. (**ag earcú**)

➢ ...ag cantaireacht na bhfocal le chéile agus ag déanamh na ngníomhartha. (**ag canadh**)

Maidir le *míniú/míniúchán*, cuirtear an deireadh sin *-chán* le focal chun dealú idir:

1. An t-ainm briathartha: *Bhí sé **ag aistriú** scripteanna teilifíse; Tá an scéal **á fhiosrú** ag na Gardaí.*
2. An táirge nó an toradh: *Chuireadh sé **na haistriúcháin** ar fáil faoin spriocam; Tá torthaí **an fhiosrúcháin** réidh le foilsiú.*

Ní raibh an scéal riamh chomh simplí sin, áfach, mar úsáidtear an t-ainm briathartha simplí chun trácht ar an táirge/toradh chomh maith. Níl locht ar bith ar leithéidí *Tá **léiriú** iontach sa leabhar ar mheon na linne* ná ar *Rinneadh **fiosrú** agus foilsíodh na torthaí.* Corruair, is féidir na focail a mhalartú ar a chéile. Bheadh *Rinneadh **fiosrúchán** agus foilsíodh na torthaí* chomh ceart céanna. B'ait leat, áfach, *Tá léiriúchán iontach sa leabhar...* Tá eagla orm nach féidir comhairle a chur ar scríbhneoirí seachas a rá gur ceist ghnáthúsáide atá ann. Déantar ***scrúdú*** seachas *scrúdúchán*. Déantar ***ceapachán conspóideach*** ar bhord stáit seachas *ceapadh conspóideach*.

Is minic chomh maith a bhíonn cuma ait ar uimhir iolra an ainm bhriathartha. Tá cleachtadh againn ar chinn áirithe (*scrúduithe, fiosruithe*) ach bheifí ag doicheall roimh leithéidí *Is léirithe iontacha iad sin* nó *An ndearnadh na ceartuithe* fós? Is deise **léiriúcháin** agus **ceartúcháin** sa dá chás sin.

An t-ainm briathartha ina nasc idir chlásail

Bíonn cuma chiotach ar *ag* + ainm briathartha mar nasc idir dhá chlásal sa Ghaeilge. Ní miste sin a dhéanamh sa Bhéarla:

> The Speaker is to resign his office, saying that opposition parties are running a campaign against him.

Ach is olc a oireann sé don Ghaeilge:

> Tá an Ceann Comhairle chun éirí as oifig, ag rá go bhfuil feachtas ar siúl ag páirtithe an fhreasúra ina choinne.

B'fhearr, agus ba nádúrtha, a leithéid seo:

> Éireoidh an Ceann Comhairle as oifig **mar gheall ar fheachtas a deir sé atá** ar siúl ag páirtithe an fhreasúra ina choinne.

'Ag déanamh é'

Nuair atá ainmfhocal ina chuspóir ag ainm briathartha, is gnách gur sa tuiseal ginideach a bhíonn sé: *ag moladh cláir, ag labhairt Fraincise.* Ach ní féidir forainmneacha mar *mé*, *muid* nó *é* a chur sa ghinideach. Ní *ag moladh mé* atá sa Ghaeilge. Tá na habairtí thíos mícheart chomh maith.

➢ Mura dtaitníonn ábhar leat ná déan é. Ná déan ábhar mar go bhfuil do chara ag déanamh é. (**á dhéanamh**)

➢ Tá siad ag múineadh iad féin, a deir siad. (**á múineadh féin**)

Is amhlaidh a bhaintear úsáid as an réamhfhocal *do* in abairtí den chineál sin:

> Bhí sé **do mo mholadh**
> Bhí sé **do do mholadh**
> Bhí sé **á mholadh**
> Bhí sé **á moladh**
> Bhí sé **dár moladh**
> Bhí sé **do bhur moladh**
> Bhí sé **á moladh**

Bheadh iontas ar dhuine, b'fhéidir, cár imigh an *do* sa tríú pearsa uatha agus iolra. Cloistear go fóill é sa chaint: *Bhí sé dá mholadh.* Cuirtear séimhiú air sin i gcanúintí áirithe: *Bhí sé dhá mholadh.* D'éirigh an *d* chomh lag sin gur ar éigean a chloistear é. Is mar sin a tháinig *á mholadh* ar an fhód. *Á* a scríobhtar i gcónaí de réir an CO.

Tá struchtúr eile ann a chluintear go hanmhinic i nGaeilge Thír Chonaill: *Bhí sé ag moladh s'agamsa.* Cé gur struchtúr coitianta é sin, níl aon aitheantas tugtha dó sna graiméir ná sna foclóirí.

Aidiacht bhriathartha nó saorbhriathar?

Is minic a úsáidtear aidiacht bhriathartha san áit a mbeifeá ag súil le struchtúr eile i nGaeilge.

➢ Bhí siad pósta anuraidh.

➢ Beidh sé curtha amárach tar éis Aifreann an mheán lae.

➢ Is trua nach raibh sé déanta i bhfad roimhe sin.

Tugann an chéad abairt le fios nach bhfuil an bheirt seo pósta níos mó.

Cuireann na trí abairt béim ar an **staid** nuair is é an **gníomh** ba cheart a bheith i dtreis.

➢ **Pósadh** anuraidh iad.

➢ **Cuirfear** amárach é tar éis Aifreann an mheán lae.

➢ Is trua **nach ndearnadh** i bhfad roimhe sin é.

Tá tuilleadh nótaí faoi seo ag Ó Ruairc (2007): 78–82.

Ainmneacha agus sloinnte

Litriú agus gramadach

Tá treoir an-chuimsitheach i dtaobh chóras ainmneacha agus sloinnte na Gaeilge sa réamhrá le *An Sloinnteoir Gaeilge agus an tAinmneoir* (Ó Droighneáin 2006), leabhar ba cheart a bheith i gcnuasach gach scríbhneoir Gaeilge. Is é atá sna nótaí thíos ná leideanna i dtaobh na mbotún is coitianta a dhéantar.

Iníon + Ní

Tá fonn damhsa ann dar teideal *Miss Scanlon's* a mbíonn an-tóir ag ceoltóirí traidisiúnta air. Cuireadh leagan de ar fáil faoin teideal Gaeilge *Iníon Ní Scannláin*. Níl aon chiall leis sin, mar is coimriú den fhocal *iníon* atá in *Ní*. Is é ba cheart a bheith ann ná ***Iníon Uí* Scannláin**. Dá mbeadh *Miss McLeod's Reel* le haistriú go Gaeilge, is é a bheadh ann ***Ríl Iníon Mhic Leoid***.

Ní chuireann *Ní* an réamhlitir *h* le sloinnte a thosaíonn le guta.

Pádraigín Ní hUallacháin (**Ní Uallacháin**)

Mac

Níor cheart *Fionn Mac Cumhaill* ná *Cormac Mac Airt* a scríobh. Níor tháinig ann do chóras na sloinnte in Éirinn go dtí an 11ú haois. Is é atá sna hainmneacha thuas ná *Fionn son of Cumhall* agus *Cormac son of Art*. Níl feidhm le ceannlitir ar *mac* nuair nach sloinne ceart atá ann: **Fionn mac Cumhaill, Cormac mac Airt**.

Muintir Mhic Grianna

Ní bhíonn séimhiú idir *c* agus *g* i sloinnte: *leabhar Sheáin Mhic Corraidh, Bríd Bean Mhic Grianna*. Tá sin amhlaidh in ainneoin sampla sa CO a thabharfadh le fios gur cheart séimhiú a bheith ann: *teach Sheáin Mhic Chárthaigh*. Ceartaíodh sin sa COA: 'ní iondúil *c* ná *g* a shéimhiú ar lorg *Mhic* ná *Nic*, e.g., *teach Sheáin Mhic Cárthaigh*.'

Áirithe

Cé go ndéanfadh *go háirithe* cúis bhreá is minic a chaitheann daoine *ach* isteach nuair is *especially* nó *in particular* an Bhéarla atá i gceist acu. Seo, mar shampla, treoir a cuireadh ar dhaoine maidir leis an ghalar crúibe is béil.

> Bí cinnte go níonn agus go ndífhabhtaíonn gach cuairteoir iad féin, a gcoisbheart agus a lámha ach go háirithe mar aon lena bhfeithiclí.

Ní hamháin nach gá an focal breise, ach is amhlaidh a athraíonn sé ciall an fhrása. An sainmhíniú atá in *FGB* ar *ach go háirithe* ná *anyway, at any rate.* De réir na tuisceana sin, d'fhéadfaí an abairt thuas a aistriú mar seo:

> Ensure that all visitors wash and disinfect themselves, their footwear and hands at any rate, as well as their vehicles.

Shílfeá gur cúram breise a bheadh ann aon rud eile a ní. Ní dócha gurb é sin a bhí ar intinn an údair.

Féach mar a úsáideadh *ach go háirithe* in *Na hAird Ó Thuaidh* le Pádraig Ua Maoileoin.

- ➢ Ar nós gach báid seoil dá leithéid, bhí ábhar oifigeach ag déanamh a gcúrsa tréineála ar bord uirthi seo, agus focail Bhéarla acu, oiread agus a dhéanfadh a ngnó, **ach go háirithe**.
- ➢ **Ach go háirithe**, níorbh fhada gur dhein broiceallach maith fir de féin agus gur phós sé ár mbean mhuinteartha.

Áisíneacht/gníomhaireacht

Is é *gníomhaireacht* an téarma is mó stádas sa teanga fhoirmiúil. Ba chóir cloí le *áisíneacht* (nó leaganacha eile mar *áisínteacht*) nuair is cuid d'ainm oifigiúil eagraíochta é, mar shampla: *an Áisíneacht Náisiúnta Litearthachta d'Aosaigh.*

Áisitheoir/éascaitheoir

Úsáideann eagraíochtaí áirithe, Údarás na Gaeltachta ina measc, an focal *áisitheoir* le haghaidh *facilitator.* Bíodh sin mar atá, is é **éascaitheoir** an téarma is coitianta agus is mó stádas sa teanga fhoirmiúil. Tá leagan eile fós ag Rannóg an Aistriúcháin (*furasóir*), ach is ar éigean a úsáidtear taobh amuigh den reachtaíocht é.

Aisling/brionglóid

B'ait leat abairtí mar seo:

> Sochaí níos cothroime a chruthú ina mbeidh deis ag daoine a mbrionglóidí a fhíorú.

Bíonn brionglóidí ag daoine trína gcodladh. Is fearr **aisling** a scríobh chun trácht ar fhís nó ar uaillmhian éigin.

Aitheantas/céannacht/féiniúlacht

Teastaíonn focail éagsúla Ghaeilge chun *identity* a aistriú, ag brath ar an chomhthéacs. Ní mór dealú idir *céannacht*, *aitheantas* agus *féiniúlacht*. Tá siad an-trína chéile sna habairtí seo thíos.

- ➢ Ba chóir d'fhorbairt na hÉireann bheith fite fuaite in aitheantas cultúrtha. (**féiniúlacht**)
- ➢ Is maith an rud é na doiciméid sin a bheith leat ar fhaitíos go mbeadh ort d'fhéiniúlacht a chruthú ar chúis ar bith. (**céannacht**)

Féiniúlacht is fearr a úsáid más é an chiall atá le *identity* ná sainiúlacht phearsanta nó chultúrtha. Féiniúlacht chultúrtha na hÉireann atá i gceist sa chéad sampla thuas, cuir i gcás.

Is é is bunbhrí don fhocal *céannacht/identity* ná 'the state of being the same as a person described or claimed (*Collins*).' Seans go mbeadh ar thaistealaí a chéannacht a chruthú, is é sin a chruthú gurb eisean an duine a bhfuil a ainm ar na doiciméid taistil.

Tá blas rud beag teicniúil ar *céannacht*. Tá sé ar an téarma is coitianta a úsáidtear i dtéacsanna oifigiúla ach tá an gnáthfhocal *aitheantas* le fáil ina lán leaganacha, mar shampla *cárta aitheantais, goid aitheantais* (*identity card, identity theft*).

Gné eile den scéal ná gur fearr go minic an gnáthfhocal ná ceann ar bith de na focail thuas. Comhrá gutháin atá i gceist san abairt thíos.

> Ní dúirt an fear eile a ainm... níor rith sé leis nach mbeadh a fhéiniúlacht go hiomlán soiléir.

Níl i gceist ansin ach nár sé rith leis an duine **nach mbeadh a fhios ag an duine eile cé a bhí ag caint leis**.

Aithne

Is ar dhaoine a chuirtear aithne. Is é sin an ghnáthúsáid, bíodh is go dtiocfadh corrshampla a aimsiú i dtéacsanna dea-scríofa nach bhfuil ag teacht leis an úsáid sin. Nuair a deir foghlaimeoir Gaeilge go bhfuil aithne mhaith aige ar Chorcaigh, cuir i gcás, déantar é a cheartú. Comhairle a chuirtear ar a leithéid go han-mhinic ná *eolas* a chur in ionad *aithne*. Bheadh an ceartú sin bailí i gcás chathair Chorcaí ach is minic a theastaíonn malairt friotail.

> Thug sé aghaidh ar bhialann bheag ar chuir sé aithne uirthi i gcaitheamh a chuid múinteoireachta.

Ar dhóigh éigin, níl eolas a chur ar bhialann mórán níos fearr ná aithne a chur ar bhialann. Is é atá i gceist ná **go raibh cuimhne aige ar an bhialann ón uair a bhí sé ina mhúinteoir**.

Áitigh

Is é **áitiú** an t-ainm briathartha caighdeánach agus ní hé áiteamh.

Áitiúil/logánta

Tá roinnt leaganacha ann, mar atá *áitiúil/na háite* agus *logánta*. Is i sainréimsí amhail an leigheas nó an ríomhaireacht is mó a úsáidtear *logánta*, mar shampla, *local anaesthetic/ainéistéiseach logánta*.

B'ait leat abairtí mar seo:

> Is éard is aidhm leis sin feasacht a mhúscailt i measc an phobail logánta ar na háiseanna turasóireachta atá ar fáil sa bhaile. (**i measc mhuintir na háite**).

A lán/go leor

Ní miste *go leor* a úsáid sa chiall *cuid mhór* más i ndiaidh an ainmfhocail a chuirtear é, mar shampla *Tá airgead go leor aige sin.* Tuigtear as sin go bhfuil an t-airgead go fairsing aige. Ach féadann ciall eile a bheith le *go leor* nuair a chuirtear *roimh* an ainmfhocal é, mar shampla: Tá go leor airgid aige sin. D'fhéadfaí a thuiscint as sin go bhfuil a dhóthain airgid aige le haghaidh gnó éigin nach bhfuil luaite. Is fearr, mar sin, *a lán* nó *neart* nó focal den chineál sin a úsáid roimh an ainmfhocal.

Ar ndóigh, ní i gcónaí a bhíonn an débhríocht sin ann. Níl aon locht ar na habairtí seo thíos.

- ➢ Bíonn **go leor focal** ag na daoine fásta nach mbainim meabhair ar bith astu. (Máirtín Ó Direáin, *Feamainn Bhealtaine*)

- ➢ Agus bhí **go leor daoine** sa tír le n-a linn a rabh dóchas aca as a' chruaidhe. (Séamus Mac Grianna, *Thiar i dTír Chonaill*)

Allúntas/liúntas

Is leagan malartach é allúntas. Is é **liúntas** an téarma is mó stádas sa teanga fhoirmiúil.

An t-alt

Ceirdeanna agus gairmeacha

Is faoi thionchar an Bhéarla, measaim, a scríobhtar an t-alt in abairtí ina luaitear ceird nó gairm duine:

> Tá an iris *The Stinging Fly* i ndiaidh an file Aifric Mac Aodha a cheapadh sa ról 'Eagarthóir ar fhilíocht Ghaeilge.'

Is é gnás na Gaeilge **Aifric Mac Aodha, file** a scríobh. Scríobhfaí an t-alt dá ndéanfaí cáiliú ar an ghairm:

> Tá an iris *The Stinging Fly* i ndiaidh **an file iomráiteach Aifric Mac Aodha** a cheapadh sa ról 'Eagarthóir ar fhilíocht Ghaeilge.'

Ionad an ailt

Níl difear céille arbh fhiú trácht air idir leaganacha mar *deireadh na seachtaine* agus *an deireadh seachtaine*. Ní miste an t-alt a bheith i dtús nó i lár an aonaid chéille. Tá claonadh áirithe i gcanúint Chúige Uladh an t-alt a chur i lár baill (*rannóg na gcuntas* seachas *an rannóg cuntas*), ach níl difear suntasach céille idir an dá leagan.

Ní hionann sin agus a rá, áfach, gur cuma faoi ionad an ailt i ngach cás. Más dlúthchuid den ainm é an t-alt (*An*

Ghaeltacht, an tAontas), is i lár baill is gnách an t-alt a bheith:

- ➢ Raidió **na** Gaeltachta
- ➢ Acht **an** Aontais

Is é rud

Déantar rócheartú ar abairtí mar iad seo thíos, in ainneoin iad a bheith láncheart:

- ➢ Nuair do shroich an bád an caladh, dúirt na daoine go raibh bean uasal inti, ach **ba í bean í ná máistreás scoile**.
- ➢ In áit beannú dó mar ba ghnách, **is é rud a bhí siad ag seitgháirí** thall is abhus. Chuir seo iontas air.

Bíonn cathú ar eagarthóirí an t-alt a bhreacadh isteach sna samplaí sin: ba í an bhean í agus is é an rud a bhí siad ag seitgháirí. Na forainmneacha *é* agus *í* is cúis leis sin: ní thuigeann scríbhneoirí cén fáth a gcuirfí *é* agus *í* le hainmfhocail éiginnte mar *rud* agus *bean*. Dar leo go dteastaíonn an t-alt de réir an mhúnla seo: *Is múinteoir é* ach *Is é an múinteoir é*.

Níor dhochar an t-alt a bhreacadh isteach sa chéad sampla thuas ach ní gá an méid sin féin a dhéanamh. In abairtí copaile den chineál thuas, ní miste an t-alt a fhágáil ar lár roimh an ainmfhocal atá á cháiliú sa chlásal a leanann é. Casadh i ngnáth-chomhréir na Gaeilge atá ann a úsáidtear go minic chun cur síos ar rudaí a bhainfeadh preab as duine nó chun treise a chur le smaoineamh. Tá údarás leis an dá shampla – as *An tOileánach* an chéad cheann agus as *Uaigheanna Chill Mhóirne* an dara ceann, aistriúchán a rinne Domhnall Mac Grianna.

De réir FGB, tá *is é rud* ina leagan malartach de *is éard*.

Amach

Rómhinic a úsáidtear *amach* díreach mar a úsáidtear *out* i gcora cainte Béarla. D'fhéadfaí a mhaíomh go bhfuil cuid de na leaganacha sin seanbhunaithe faoin am seo, ach is annamh nach mbíonn friotal níos dúchasaí le fáil.

Cleachtadh 3

An ndéanfá leasú ar na habairtí seo thíos?

1. Thosaigh gach fiontraí clúiteach amach beag.
2. An óráid mhíchlúiteach sin ina ndearna Mrs Thatcher athaontú, comhúdarás agus socrú feidearálach a rialú amach ...
3. Shíl aontachtaithe ag an am gur díoladh amach iad gan trócaire agus go raibh a gcearta á sárú ag náisiúnaithe.
4. Ní féidir a shéanadh go bhfuil ábhair eile ann, ar nós na heacnamaíochta, nach mór dúinn a shórtáil amach.
5. Go follasach, choinnigh na páirtithe polaitíochta amach as an cheist achrannach.

Amárach

Is minic a deirtear agus a scríobhtar a leithéid seo:

> Beidh tuairisc ar an gcruinniú i nuachtáin an lae amáraigh.

De réir an CO, ní dhéantar *amárach* a infhilleadh, mar is léir ón nod *indecl.* (*indeclinable*) in FGB.

Ámh

Ach oiread lena chomhchiallach, *áfach*, níor cheart *ámh* a chur i dtús abairte. Focal atá ann a scríobhtar níos minice ná mar a deirtear, agus ba cheart cuimhneamh air sin má tá an téacs le léamh os ard.

Amhail

Botún atá ann ainmfhocail a chur sa tuiseal ginideach tar éis *amhail*:

> Amhail na n-achar eile léinn, leathann na buntáistí a eascraíonn as forbairt plean scoile sa cheol thar theorainneacha an ábhair féin amach. (**Amhail na hachair**)

Is réamhfhocal é *amhail* agus is é an tuiseal ainmneach a leanann é. 'Amhail an t-éan i gcrann' an sampla a thugtar in FGB.

Amháin

Is minic a úsáidtear *amháin* nuair ab fhearr struchtúr diúltach a úsáid. Féach an abairt Bhéarla *Ticket-holders only will be admitted* agus an t-aistriúchán Gaeilge Ligfear isteach sealbhóirí ticéid amháin. Is deacair brí na habairte Gaeilge a dhéanamh amach. An é go gcaithfidh daoine ticéad amháin a bheith acu? B'fhearr go mór **Ní ligfear isteach ach sealbhóirí ticéid**.

Is deacair ciall a bhaint as abairtí mar 5% den phobal a d'admhaigh go raibh an Ghaeilge amháin acu. Is é a thuigfeadh daoine as sin ná *5% of the population admitted to having the same (kind of) Irish*. Ba shlachtmhaire go mór: **5% den phobal a d'admhaigh nach raibh acu ach Gaeilge**.

Scríobh an tAthair Peadar Ua Laoghaire nóta spéisiúil faoi ghné eile d'úsáid an fhocail seo in *Notes on Irish Words and Usages* (1926):

> *Do tharla, lá*, etc. It happened one day. Note: no preposition before *lá*. *Aon lá amháin* is only used when it is necessary to distinguish the 'one day' from more days than one.

Corruair, úsáidtear *amháin* sa chiall *áirithe*.

> There is one thing I still don't understand.

> Tá **rud amháin** ann nach dtuigim fós.

Deamhan locht air sin, ach caithfear a bheith cúramach gan *amháin* a úsáid sa chiall sin nuair is rud eile ar fad atá i gceist:

She could never make her mind up about anything.

Ní raibh sí riamh ábalta cinneadh a dhéanamh faoi rud amháin.

Is é an chiall atá leis an abairt Ghaeilge ná *There was one thing she could never make up her mind about.* Caithfear cur chuige ar shlí eile chun an chiall a thabhairt slán.

Ní raibh sí riamh ábalta cinneadh a dhéanamh **faoi oiread agus rud amháin**.

Amharcealaíona/ dearcealaíona/físealaíona

Téann sé deacair ar scríbhneoirí, is cosúil, *the visual arts* a aistriú. Is iomaí sin leagan atá in úsáid.

- Tá cur amach againn uilig ar ghnéithe éagsúla de *na hamharcealaíona*, mar ealaíontóirí nó mar chomhordaitheoirí ealaíne.
- Tugadh léiriú sa taispeántas ar fhorbairt na nua-ealaíne in Éirinn idir 1900 agus 1970 tríd *an dearcealaín*, leabhair, dearadh, ailtireacht, scannánaíocht agus ceol.
- Tá sraith léachtaí agus cainteanna ar réimsí éagsúla de *na físealaíona* eagraithe ag IMMA.

D'fhéadfaí *na healaíona físe* agus *na healaíona físiúla* a chur leis an liodán. An bhfuil aon leagan díobh sin níos fearr ná a chéile? Is deacair a rá go bhfuil, ach tá tús áite tugtha do **amharcealaíona** ar *www.tearma.ie*.

Amhlaidh

B'fhearr, ó thaobh na stíle de, gan *amhlaidh* a úsáid mar chuspóir mar atá déanta san abairt seo thíos.

- Choinnigh an Bhreatain a hairgeadra féin agus d'fhéad an tír seo amhlaidh a dhéanamh.
- Tá ár mbunscoileanna ag gnóthú níos fearr ná scoileanna ina lán tíortha eile, ní féidir amhlaidh a rá faoi roinnt dár n-iar-bhunscoileanna.

Is deise, dar liomsa, *amhlaidh* a úsáid mar dhobhriathar nó malairt friotail a aimsiú.

- Choinnigh an Bhreatain a hairgeadra féin agus d'fhéad an tír seo **déanamh amhlaidh**.
- Tá ár gcuid bunscoileanna ag gnóthú níos fearr ná scoileanna ina lán tíortha eile ach **ní féidir an rud céanna a rá** faoi roinnt dár n-iar-bhunscoileanna.

Amhras

Bíonn amhras agat *ar dhuine* nó bíonn tú in amhras *faoi rudaí*. Tá go breá, ach ní *suspicious* atá i gceist san abairt thíos.

Má tá tú in amhras go ndearnadh

> calaois ar líne ort, cuir an chuideachta lena mbaineann ar an eolas láithreach.

Dá ndéanfaí sé sin a aistriú go dílis, is é a bheadh sa leagan Béarla ná *If you doubt that you were the victim of on-line fraud, contact the company concerned immediately*. Nach ait é sin?

> **Má cheapann tú gur féidir go ndearnadh** calaois ar líne ort, cuir an chuideachta lena mbaineann ar an eolas láithreach.

Ann

Tá drochaimsir ann, a déarfadh duine agus é/í ag trácht ar fhuacht agus ar bháisteach. Ní bheadh aon chiall le Tá drochaimsir. Tá *ann* riachtanach chun *in existence, present* a chur in iúl. Mar sin féin, tá droch-chlaonadh ann an focal *ann* a fhágáil ar lár in abairtí fada:

- ➢ Má bhíonn folúntas, rachfar i dteagmháil le baill an phainéil. (**Má bhíonn folúntas ann**)
- ➢ Is cuimhin liom é mar a bheadh an lá inné. (**mar a bheadh an lá inné ann**)
- ➢ Tuigeann sé/sí ag aois an-óg go bhfuil níos mó ná bealach amháin chun cur síos ar rud. (**go bhfuil níos mó ná bealach amháin ann**)

Is in abairtí fada casta a bhfuil an-chuid clásal iontu is minice a fhágtar *ann* ar lár. Is ar éigean a scríobhfadh duine Deirtear nach féidir an bhochtaineacht a chloí. Creidim féin go bhfuil bealach. Duine a bhfuil measarthacht Gaeilge aige, scríobhfadh sé **Creidim féin go bhfuil bealach ann**. Ach tá an tríú sampla thuas fada go leor, agus b'fhéidir gur mar gheall air sin nár cuireadh *ann* léi mar ba cheart.

Aon

Más *one and only* nó *sole* atá i gceist, is fearr *amháin* a chur leis an fhocal *aon*.

> Ní bhfuair sé ach aon vóta. (**Ní bhfuair sé ach aon vóta amháin**.)

Aonair/aonarach

Ní hionann i gcónaí brí an ghinidigh *aonair* agus brí na haidiachta *aonarach*:

- ➢ Dúras cheana, nach bhféadfaí an iomarca béime a chur ar thábhacht pobail do leas an duine aonaraigh. (**leas an duine aonair**)
- ➢ Tithe aonaracha a thógáil dóibh féin ar a gcuid talún féin. (**tithe aonair**)

Bíodh is go bhfuil *sole, solitary, lone* luaite i sainmhíniú an fhocail *aonarach* sna foclóirí, is é an chiall is túisce a spreagfadh sé in aigne léitheora ná *uaigneach*.

Ar/arsa

B'ait leat abairtí mar iad seo thíos.

- ➢ 'Bhí suim agam i ngné na carthanachta daonnúla den scéal; tá imshuí i bhfeidhm agus cosc ar chúnamh dul isteach go Gaza,' ar sé.

- ➢ 'Raight, a chailín,' arsa sí.

Is gnách an fhoirm threise den fhorainm a úsáid leis na focail seo: *ar* agus *arsa.*

- ➢ 'Bhí suim agam i ngné na carthanachta daonnúla den scéal; tá imshuí i bhfeidhm agus cosc ar chúnamh dul isteach go Gaza,' **ar seisean**.

- ➢ 'Raight, a chailín,' **arsa sise**.

Araon

Tá claonadh ann, in aistriúcháin ó Bhéarla, an focal *araon* a úsáid gach áit a bhfuil *both* sa Bhéarla (agus, go minic, áit ar bith a bhfuil dhá pháirtí luaite, bíodh *both* ann nó ná bíodh).

> This is good news for individuals and groups involved in community work.
>
> Is dea-scéal é seo do dhaoine agus do ghrúpaí araon atá páirteach in obair phobail.

Caithfidh an t-aistritheoir nó an scríbhneoir Gaeilge machnamh a dhéanamh faoi cé chomh tábhachtach is atá focail mar *both* nó *equally* san abairt. B'fhearrde an abairt thuas *araon* a fhágáil ar lár.

> Is dea-scéal é seo **do dhaoine agus do ghrúpaí atá páirteach** in obair phobail.

Ar buile/ar bhuille

Bíonn *buile* agus *buille* trína chéile ag daoine.

- ➢ Bricfeasta ar bhuile a hocht agus amach an geata leo go Caladh Thaidhg. (**ar bhuille** a hocht)

- ➢ This is a lovely animated version of the traditional Irish song *An Poc ar Buille*. (***An Poc ar Buile***)

Ar dtús/ar tús

Ar dtús an litriú caighdeánach de réir FGB. Féach, mar shampla, *Baist do leanbh féin ar dtús.* Is leagan malartach é *ar tús* atá láidir i nGaeilge Chúige Uladh.

Ar fáil

Corruair, úsáidtear *ar fáil* san áit a mbeifeá ag súil le *ann.*

> Tá eolas ar an láithreán gréasáin faoi na pleananna éigeandála atá ar fáil.

Is ait liom plean de shórt ar bith a bheith *ar fáil.* Ní hé go bhfuil siad le ceannach ón suíomh.

Ar feadh/go ceann/le

Tá míniú gonta ag an Athair Peadar

Ua Laoghaire (1926) ar cheartúsáid na bhfocal.

> *Bhíos ann ar feadh bliana* means that I spent a year there during some past time. But I have spent a year there is *Táim ann le bliain*. I shall spend a year there, *Bead ann go ceann bliana*.
>
> But suppose a person says, If I stay there until the end of the month, I shall have spent a year there, he must it put into Irish by *Má fhanaim ann go dtí deireadh na míosa seo, bead ann ar feadh bliana*. If he were to say in that sentence *Bead ann go ceann bliana*, the meaning would be that he was about to spend another year there.

Ariamh/riamh

Is leagan malartach é *ariamh*. **Riamh** ba chóir a scríobh má táthar ag iarraidh cloí leis an CO.

Arís

Sa leabhar *Lorg an Bhéarla*, chaith Seán Mac Maoláin amhras ar leaganacha mar seo:

> Bhí aimsir bhreá ann an samhradh seo caite, ach tá an samhradh seo níos fearr arís.

Mhaígh sé gurb é tionchar an Bhéarla *better again* is cúis lena leithéid agus nach bhfuil an chiall chomparáideach sin ag an fhocal *arís* ó cheart. Go deimhin, déarfadh daoine go bhfuil an abairt thuas débhríoch agus gurb é an chiall atá léi go bhfuil samhradh na bliana seo níos fearr *an athuair* – rud nach bhfuil aon dealramh air. Thiocfadh linn an abairt a athscríobh mar seo:

> Bhí aimsir bhreá ann an samhradh seo caite, ach tá an samhradh seo níos fearr **fós**.

Is fíor, áfach, go bhfuil an chiall *still* luaite le *arís* in FGB: **Níos fearr arís,** better still. An t-aon locht a bheadh agamsa ar *arís* ná go bhféadfadh sé abairtí a bhfuil tagairtí do phointí ama iontu a dhéanamh débhríoch, mar shampla

> Bhí sí níos áille arís anuraidh.

Is spéisiúil mar a seachnaíodh *arís* agus *fós* in aistriúcháin mar seo thíos.

> I ask no pity and, what is better still, no one ever offers me any.
>
> Ní rabh mé ag iarraidh truaighe, **agus rud a b'fheárr ná sin**, níor iarr aon duine truaighe a dheánamh damh. (Seosamh Mac Grianna, *Teacht fríd an tSeagal*)

Ar mhaithe

Ní hannamh a scríobhtar abairtí ar an mhúnla seo: Rinne mé ar mhaithe na tíre é. Is cosúil go measann daoine gur réamhfhocal comhshuite é *ar mhaithe* agus gur cheart foirm an ghinidigh teacht ina dhiaidh. Ní hamhlaidh atá.

An réamhfhocal *le* a chuirtear leis: **Ar mhaithe leis an tír a rinne mé é**.

Ar son

Toisc gur féidir *ar son* a aistriú le *for*, déantar talamh slán de gur féidir é a úsáid sa chiall *for the purposes of*.

➢ Foilsíodh an doiciméad seo ar son polasaithe an pháirtí a chur i láthair an phobail.(**chun, le haghaidh, faoi choinne**)

➢ Ansin go teach tábhairne traidisiúnta ar son béile 5 chúrsa. **(le haghaidh, i gcomhair, faoi choinne**)

Art

Glactar leis trí mhíthuiscint gur pearsa de chuid na seanstaire a bhí san Art seo (athair Chormaic, b'fhéidir).

> Is mairg le húdair an leabhair go bhfuil Éire na fáilte is na teolaíochta chomh marbh le hArt!

Seanfhocal liteartha is ea *art*, a chiallaíonn cloch. Is é ba cheart a scríobh: **chomh marbh le hart**.

Athbheochan

Is focail é seo a mhílitrítear go han-mhinic. Scríobhtar athbheochán amhail is gur focal firinscneach den chéad díochlaonadh é, ar aon dul le *leabhrán* nó *guthán*.

Bain le/bainteach le

Go minic, ba dheise agus ba ghonta na leaganacha *a bhaineann le* agus *atá bainteach le* a fhágáil ar lár ar fad.

➢ Tréimhse seacht mbliana a bhaineann leis an oifig.

➢ An bhunreachtúlacht a bhaineann leis an dlí nua a thriail.

➢ Ar mhaith leat eolas margaíochta a fháil faoi tháirgí nó faoi sheirbhísí a bhaineann le huisce ó Uisce Éireann?

Ba dheise na habairtí, de mo dhóighse, ach iad a athscríobh ar an bhealach seo:

➢ **Maireann an tréimhse oifige ar feadh** seacht mbliana.

➢ Féachaint **an bhfuil an dlí nua ag teacht leis an mBunreacht**.

➢ Ar mhaith leat eolas margaíochta a fháil faoi tháirgí nó **faoi sheirbhísí Uisce Éireann**?

Bainisteoireacht/ Bainistíocht

Is cosúil nach léir do scríbhneoirí aon difear céille a bheith idir *bainisteoireacht* agus *bainistíocht*, mar is léir ó na samplaí seo:

➢ Táthar ag lorg Oifigeach Sinsearach Forbartha ag a bhfuil scileanna bainisteoireachta, eolas ar an ghaelscolaíocht agus cáilíocht 3ú leibhéal.

➢ Ar mhaith leat cur le do chuid scileanna bainistíochta agus fiontraíochta?

Is ionann *bainisteoireacht* agus *managership*, is é sin *the theory and practice of being a manager*. Is dócha gur *bainistíocht* an focal is coitianta a úsáidtear inniu le haghaidh *management, the actual business of managing*. Ní thuigfeá an méid sin as na hiontrálacha in FGB, ach tá an teanga i ndiaidh athrú ó bhí 1977 ann.

Tá an dealú céanna céille le déanamh i gcás *cuntasóireacht* agus *cuntasaíocht*. Is ionann *cuntasóireacht* agus gairm an chuntasóra. Bíonn eagraíochtaí ionadaíocha mar Chumann na gCuntasóirí Cairte ag plé le caighdeáin agus le dea-chleachtais chuntasóireachta.

Is é is *cuntasaíocht* ann ná an ghnáthobair a dhéantar ar chuntais a ullmhú agus a dheimhniú.

Beartas/dúnghaois/polasaí

Sa teanga scríofa fhoirmiúil, úsáidtear *beartas* i gcónaí sa chiall 'moltaí i dtaobh na mbeart atá le déanamh chun aidhm éigin a bhaint amach'. Má luaitear *polasaí* sa reachtaíocht is socrú tráchtála a bhíonn i gceist, mar shampla *polasaí árachais*. Taobh amuigh de Thithe an Oireachtais, ar ndóigh, tá *polasaí* i ndiaidh an svae a thabhairt leis, sa chaoi go mbítear ag trácht ar pholasaithe an Rialtais agus na bpáirtithe polaitíochta.

Tá scríbhneoirí agus eagarthóirí Gaeilge ann fós a úsáideann an focal *dúnghaois*, focal a bhainfeadh preab as a lán léitheoirí a thuigfeadh brí *polasaí* agus *beartas* gan dua.

Bileog

Leagan malartach is ea *billeog*.

Bíthin

Sna réamhfhocail chomhshuite *trí bhíthin, dá bhíthin* is mó a scríobhtar an focal seo. Trí bhotún a chuirtear síneadh fada ar *i* sa dara siolla agus a fhágtar an chéad siolla gairid.

Bliain

Bíonn abairtí den chineál seo le fáil i dtéacsanna Gaeilge:

➢ An bhliain seo, tá ag éirí go maith le foirne na hÉireann i gcomórtais na hEorpa. (**I mbliana**)

➢ Is iad Cumann Ard an Rátha a bheidh ag reáchtáil an Chomórtais an chéad bhliain eile agus guíonn muid gach rath orthu. (**an bhliain seo chugainn**)

Is dóigh liom gur faoi thionchar *this year* agus *next year* a scríobhtar a leithéid sin. *I mbliana* agus *an bhliain seo chugainn* atá sa Ghaeilge. Is dobhriathra ama iad, is é sin soláthraíonn siad eolas faoin uair a tharla nó a tharlóidh seo nó siúd: foirne na hÉireann a bheith ag déanamh gaisce nó comórtas a bheith á reáchtáil ag Cumann Ard an Rátha.

Níl aon locht ar *an bhliain seo* ná ar *an chéad bhliain eile* i gcomhthéacsanna eile:

- **Go dtí an chéad bhliain eile** in Ard an Rátha, a chairde!
- Ní dhéanfaidh mé dearmad go deo **ar an mbliain seo**.

Bonn/bun

Is minic an dá fhocal *bonn* agus *bun* trína chéile i dtéacsanna Gaeilge.

- Tá súil agam go leanfaidh siad ar aghaidh ar an mbun sin. (**ar an mbonn**)
- Bhí caint faoi chineálacha nua cadhnraí a dhéanfadh athrú ó bhun ar charranna. (**athrú ó bhonn**)

Tá gaol gairid idir *bonn* agus *bun*, mar atá idir *foundation* agus *basis* sa Bhéarla, ach ní fhágann sin gur féidir iad a mhalartú ar a chéile. Bíonn ciall abairte ag brath ar an fhocal cheart acu a roghnú.

- Níl a fhios **cén bun** a bhí leis an gcinneadh sin. (I don't know upon what authority that decision was made.)
- Níl a fhios agam **cén bonn** a bhí leis an gcinneadh sin. (I don't know upon what basis that decision was made.)

Bonneagar/infreastruchtúr

Tá *bonneagar* i ndiaidh an svae a thabhairt leis, sa Ghaeilge scríofa ar scor ar bith. Bíodh sin mar atá, ba cheart *infreastruchtúr* a choimeád i dteidil oifigiúla, mar shampla *An Clár Oibriúcháin Eacnamaíoch, Sóisialta agus Infreastruchtúir*.

Níl aon stádas ag an litriú coitianta infrastruchtúr.

An briathar saor

An briathar saor agus gníomhaí

Úsáidtear an briathar saor nuair nach bhfuiltear ag iarraidh tagairt do ghníomhaí ar bith, nó nuair nach eol cé hé an gníomhaí. *Goideadh an t-airgead*, a déarfá nuair nach mian leat an ghadaíocht a chur i leith aon duine. *Maraíodh duine aréir*, a déarfá nuair nach bhfuil a fhios agat cé a rinne. Ní hinmholta, mar sin, gníomhaí a lua leis an bhriathar shaor, mar shampla Leagadh ag gluaisteán é. Níl an briathar 'saor' níos mó má luaitear gníomhaí (*gluaisteán*) leis. Is dócha gurb é an struchtúr Béarla *He was knocked down by a car* is cúis lena leithéid a bheith á scríobh i nGaeilge. An Ghaeilge is nádúrtha ar an abairt ná an aimsir chaite shimplí: **Leag gluaisteán é**. Mar an gcéanna leis na samplaí seo:

- Eagraíodh an fhéile ag dream beag daoine.
- Cáineadh an Rialtas ag an bhfreasúra.

Is í an aimsir chaite is fearr a dhéanfadh an gnó:

- **Dream beag daoine a d'eagraigh an fhéile.**
- **Rinne an freasúra an Rialtas a cháineadh.**

Tá comhthéacsanna ann ina mbeadh saorbhriathar + *ag* + gníomhaí láncheart.

- Ceistíodh ag na Gardaí í. (Is é sin, ceistíodh í agus í á coimeád ag na Gardaí.)
- Oileadh ag na Bráithre Críostaí é. (Is é sin, agus é ar scoil ag na Bráithre.)

Sa tseanlitríocht, gheofar leaganacha ar an mhúnla seo: saorbhriathar + *le* + gníomhaí. Féach, mar shampla *Leis a rinneadh feis Teamhrach ar dtús*. Ach ní cuid de ghnáth-Ghaeilge na linne seo é sin.

Meabhraíonn Dónall P. Ó Baoill dúinn in *Úrchúrsa Gaeilge* (1992) gur féidir *le* a úsáid mar cheangal idir gníomhaí agus an briathar saor fad is nach gníomhaí pearsanta é. Ní miste a rá gur maraíodh duine *le* nimh, mar shampla, nó gur briseadh gloine *le* casúr. Ach ní dhéanfadh nimh ná casúr aon dochar gan duine iad a úsáid.

An briathar saor nó an aidiacht bhriathartha?

Nuair a úsáidtear an saorbhriathar, is gnách go dtuigeann an léitheoir ciall leanúnach ghnách a bheith leis, mar atá sna samplaí seo thíos:

- **Cuirtear** i leith an tSeanaid go minic gur beag a bhaintear amach sa seomra uachtarach i dTeach Laighean. (Is é sin, is achasán coitianta é.)
- **Luaitear** cogaíocht shíoraí oir-dheisceart na hEorpa mar shampla den dochar a dhéanann an náisiúnachas. (Is é sin, is minic a bhíonn trácht ar an ghné seo den scéal.)

Amach ó *táthar* agus *bítear*, is ionann foirm an tsaorbhriathair san aimsir láithreach agus san aimsir ghnáthláithreach. Ní i gcónaí, mar sin, a oireann an saorbhriathar chun trácht ar ócáid aon uaire nó ar staid neamhleanúnach nó neamhbhuan, mar atá sna samplaí seo:

- Tagann sé seo sna sála ar fhiosrúchán faoi mhí-iompar gnéis a chuirtear i leith cheannaire an pháirtí.
- Is comhairleoir dlí ar fhoireann na Roinne Oideachais agus Eolaíochta é an té a luaitear thuas.

Bheadh faitíos orm a mhaíomh go bhfuil na leaganacha seo mícheart amach is amach, ach bheadh iontas ar an léitheoir cé chomh minic a d'fhéadfadh polaiteoir a bheith sáite i gconspóidí mí-iompar gnéis. I dtaca leis an dara sampla, níl an comhairleoir dlí luaite ach uair amháin.

- Tá sé seo ag teacht sna sála ar fhiosrúchán faoi mhí-iompar gnéis **atá curtha i leith** cheannaire an pháirtí.

- Is comhairleoir dlí ar fhoireann na Roinne Oideachais agus Eolaíochta é an té **atá luaite** thuas.

B'fhurasta dul thar fóir leis seo agus locht a fháil ar leaganacha seanbhunaithe mar *Tuairiscítear go bhfuil na hairí nua roghnaithe ag an Taoiseach*. Ach ní miste do scríbhneoirí a bheith airdeallach faoi dhébhríocht a d'fhéadfadh a bheith ann mar gheall ar úsáid an tsaorbhriathair.

Briathar saor nó modh ordaitheach?

Úsáidtear an saorbhriathar ar chomharthaí poiblí agus iad ag treorú do dhaoine seo nó siúd a dhéanamh:

- Ná caitear tobac.

- Ná siúltar ar an bhféar.

- Tógtar cóip.

Le tamall anuas, feictear dom gur mó a úsáidtear foirm dara pearsa uatha an mhodha ordaithigh. Seans go measann scríbhneoirí é sin a bheith níos dírí agus níos simplí.

- Ná caith tobac.

- Ná siúil ar an bhféar.

- Tóg cóip.

Briathra a dhíorthú ó ainmfhocail

Teastaíonn gontacht sa nuathéarmaíocht. Corruair, déantar briathra a dhíorthú ó ainmfhocail. Tá *institiúidiúnú* (*institutionalization*) níos gonta ná parafrása ar nós *dul i gcleachtadh* nó *éirí spleách ar ghnáthaimh institiúide, go háirithe institiúidí meabhairshláinte*. Mar sin féin, ba cheart do scríbhneoirí aird a bheith acu ar cé chomh hoiriúnach is atá leaganacha den chineál sin don seánra téacs. Ba cheart fosta a bheith in amhras faoi leaganacha a chumann daoine as a stuaim féin agus nach bhfuil bua na gontachta ná bua na soiléire ag baint leo.

> I gcás bunscoileanna le foirniú de Phríomhoide móide 7 Múinteoir Ranga Príomhshrutha, nó os a chionn sin... (**foireann**)

Bruscar

Bruscar an litriú caighdeánach. Is leagan malartach é *brúscar*.

Buiséad/cáinaisnéis

Is é **buiséad** an focal is mó stádas sa teanga fhoirmiúil, fiú sa chomhthéacs polaitiúil, mar shampla *buiséad éigeandála*. Ní cúrsaí cánach amháin a bhíonn i gceist i mbuiséad, ach caiteachas, íocaíochtaí leasa shóisialaigh agus araile.

Bunaigh ar

Is féidir scannán a bhunú ar úrscéal, nó teoiric a bhunú ar thaighde, ach is fearr a d'oirfeadh friotal éigin eile sna samplaí seo thíos:

➢ Mar gheall ar an athbhreithniú a rinneamar le déanaí ar an tseirbhís oideachais agus traenála s'againn is cinnte go mbeidh ár gcláir bunaithe ar mhic léinn. (**dírithe ar mhic léinn**)

➢ Déantar an roghnú bunaithe ar chóras pointí an CAO. (**de réir chóras pointí an CAO**)

Corruair, is deacair a dhéanamh amach cén chiall atá ar intinn an scríbhneora, mar shampla:

> Is scanóir é seo atá bunaithe ar athshondas maighnéadach núicléach.

Is dócha gurb í meicníocht an scanóra atá i gceist, gur scanóir é a úsáideann athshondas maighnéadach núicléach chun an scanadh a chur i gcrích.

Amanna eile, agus b'fhearr *bunaigh ar* a fhágáil ar lár gan aon ní a chur ina áit:

> Líon isteach an dialann seo, bunaithe ar cad a dhéanann tú ag an deireadh seachtaine de ghnáth. (Líon isteach an dialann seo. **Scríobh faoi na rudaí a dhéanann tú** ag an deireadh seachtaine de ghnáth.)

Bunreacht

Meastar trí mhíthuiscint gur focal baininscneach é seo toisc gur focal ilsiollach é a bhfuil críoch *-acht* air. Ach is comhfhocal firinscneach ó cheart é: *bun + reacht*.

> An Ardchúirt ar dtús a dhéanann cinneadh ar Acht an Oireachtais, nó reachtaíocht ar bith eile, a bheith de réir na Bunreachta nó gan a bheith. (**de réir an Bhunreachta**)

Bunúsach

Úsáidtear *go bunúsach* amhail is gurb ionann é agus *basically* an Bhéarla. Scríobhtar é roimh phríomhtheachtaireacht an údair (nó ina diaidh):

➢ **Go bunúsach**, cuireadh saibhreas ré an Tíogair Cheiltigh amú.

➢ Cuireadh saibhreas ré an Tíogair Cheiltigh amú, **go bunúsach**.

Deamhan locht air sin, ach caithfear a bheith faichilleach gan an dobhriathar a cheangal le briathar ar dhóigh a thugann le fios gur tharla seo nó siúd ar shlí a bhí *bunúsach* (mura bhfuil sin amhlaidh). A leithéid seo:

➢ Is seirbhís do leanaí go bunúsach é Uchtú.

➢ Feidhmíonn Sochar Linbh go bunúsach mar íocaíocht Bhunioncaim.

Is deacair ciall a bhaint as abairtí den chineál sin. Go deimhin, ní chaillfí gné thábhachtach ar bith den chiall dá bhfágfaí *go bunúsach* ar lár ar fad.

Baintear úsáid as *go bunúsach* chun *fundamentally* a chur in iúl fosta. Ach, ó tharla go bhfuil an chiall atá pléite thuas i dtreis, is fearr go minic dul i muinín leaganacha eile.

> Mar thoradh air sin, athraíonn aeráid an Domhain go bunúsach thar na haoiseanna. (**tagann athrú bunúsach/athrú ó bhonn** ar aeráid an Domhain).

Ná níor cheart *bunúsach* a úsáid chun *fundamental to/essential* a chur in iúl:

> Tá na próitéiní bunúsach don bheatha. (**riachtanach**)

Cabhair/cuidiú/cúnamh

Sa ghnáthchaint, is comhchiallaigh iad na focail seo, ach go bhfuil cuid acu níos coitianta ná a chéile i gcanúintí áirithe. Tá nós sa teanga fhoirmiúil *cabhair* a úsáid nuair is tacaíocht airgeadais atá i gceist, mar shampla *cabhair dheontais* (*grant aid*). Tá nós ann, cé nach bhfuil sé iomlán leanúnach, *cúnamh* a úsáid le haghaidh tacaíochta a bhfuil comhairle nó seirbhís i gceist léi, mar shampla *cúnamh dlí* (*legal aid*).

Cách

Is minic a dhéantar *cách* a infhilleadh mar a bheadh focal den chéad díochlaonadh ann. Go deimhin, tá sampla in EID:

> To single s.o. out for praise, *moladh a thabhairt do dhuine as measc cáich.*

De réir FGB, is ainmfhocal den cheathrú díochlaonadh é *cách*. **As measc cách** ba cheart a scríobh i dtéacs lánchaighdeánach.

Caibinéad/comh-aireacht

Ball troscáin is ea *caibinéad* agus níor cheart é a úsáid chun trácht ar thionól airí rialtais. *Comh-aireacht* an téarma ceart i gcomhthéacs na polaitíochta. Tabhair faoi deara gur **comh-aireacht** (seachas comhaireacht) an litriú ceart. Is treoir foghraíochta don léitheoir é an fleiscín.

Caife/caifé

De réir FGB tá *caifé* ina leagan malartach den fhocal *caife*. Luaitear dhá chiall le *caife*, is é sin an deoch agus an bhialann ina gcuirtear caife ar fáil. Bíodh sin mar atá, tá nós ann inniu *caife* a úsáid chun trácht ar an deoch agus *caifé* a úsáid chun trácht ar an bhialann.

Caithfidh/caithfear

Tá sé de nós ag eagarthóirí *caithfidh* a athrú go *caithfear* in abairtí mar seo thíos.

➢ 'Bhail anois' ar sise, ag tabhairt léithe na láimhe, 'tá sé ag éirghe mall agus

caithfidh an sgaramhaint a bheith ann'. (Séamus Mac Grianna, *Mo Dhá Róisín*)

➢ '**Caithfidh** aois mhór a bheith anois aige', arsa Niall Sheimisín a' cur dealáin ar a phíopa'. (Séamus Mac Grianna, *Nuair a Bhí Mé Óg*)

Ní oireann an saorbhriathar sna habairtí thuas nó is amhlaidh atá gníomhaí i ngach ceann acu, mar atá *an scarúint* agus *aois mhór*. Siúd iad na rudaí a chaithfidh a bheith ann.

Caithfidh sé

Athraítear ciall *caithfidh sé* de réir mar a chuirtear claoninsint nó clásal infinideach leis. Ní i gcónaí a thugtar an difear sin slán. San abairt seo as bileog eolais i dtaobh íocaíochtaí leasa shóisialaigh, mínítear na rudaí atá riachtanach le go mbeadh iarrthóirí i dteideal na híocaíochta:

> Caithfidh sé go raibh tú tar éis lá fostaíochta amháin ar a laghad a chailleadh agus go bhfuil tú dífhostaithe 4 lá ar a laghad as 7 lá de dheasca an chaillteanais sin.

You must sa chiall *it is a requirement for you* a bhí i gceist ag an té a scríobh an abairt thuas ach tá ciall eile ar fad sa téacs a cuireadh ar fáil. Is amhlaidh atá *must* eile sa Bhéarla, in abairtí mar seo:

➢ She must be out if she isn't answering the telephone.

Caithfidh sé go bhfuil sí as baile mura bhfuil sí ag freagairt an ghutháin.

➢ You must have been disappointed not to win.

Caithfidh sé go raibh díomá ort nuair nár bhain tú.

Is é an chiall atá le *caithfidh(sé) go* ná *It is surely the case that...* Más mian linn an bhrí cheart a thabhairt slán san abairt shamplach thuas, ní mór í a athscríobh mar seo:

> **Caithfidh tú lá fostaíochta amháin ar a laghad a bheith caillte agat** agus tú a bheith dífhostaithe 4 lá ar a laghad as 7 lá de dheasca an chaillteanais sin.

Tá an méid sin fíor i gcás *ní foláir* chomh maith.

> Ní foláir go bhfuil seoladh bailí ríomhphoist agat. (**Ní foláir duit** seoladh bailí ríomhphoist **a bheith** agat.)

Agus féach mar a athraíonn ciall an natha *ní mór* nuair a leanann *nach* é.

> Ní mór nach mbeadh san obair chúrsa a chuirtear isteach le haghaidh measúnaithe ach do chuid oibre féin.

An chiall atá le *ní mór nach* ná *beagnach*, mar shampla *Ní mór nár thit mé i laige.* Tá an abairt thuas chomh lochtach sin go gcaithfí í a athscríobh.

> **Ní mór gurb í do chuid oibre féin cibé obair chúrsa a chuirfidh tú isteach le haghaidh measúnaithe.**

Tuilleadh eolais: Stockman (1996: 36).

Caomhnú/coimirce/cosaint

Níl aon fhocal Gaeilge ann a chuimsíonn gach ciall den fhocal Béarla *protection*. Seo thíos roinnt samplaí a léiríonn an ghnáthúsáid sa teanga fhoirmiúil.

➢ Rural Environment Protection Scheme
An Scéim um **Chaomhnú** an Chomhshaoil Faoin Tuath

➢ Minister for Social Protection
An tAire **Coimirce** Sóisialaí

➢ Data Protection Act
An tAcht um **Chosaint** Sonraí

Thuigfeá as na samplaí sin go n-úsáidtear *caomhnú* nuair is mian acmhainn éigin a thabhairt slán ó mhilleadh nó ó ídiú. Is beag idir *protection* agus *preservation* sa chás sin. Tá luach polaitiúil leis an fhocal *coimirce* (*guardianship* nó *patronage*), a thugann le fios go bhfuil an stát ag déanamh cúraim dá shaoránaigh.

D'fhéadfaí na focail a mhalartú ar a chéile i gcomhthéacsanna áirithe, ach is léir nach mbeadh ciall ar bith le An tAcht um Choimirce Sonraí, cuir i gcás. Níor cheart don scríbhneoir talamh slán a dhéanamh d'ainm eagraíochta ná ainm reachta, ach an t-ainm oifigiúil Gaeilge a thaighde.

Casta/coimpléascach

Is minic a roghnaítear an focal *coimpléascach* chun an coincheap *complex* a chur in iúl.

➢ Ba dhuine coimpléascach é Diarmaid.

➢ Is ceist choimpléascach í an Eoraip, ba chóir dúinn ár ndícheall a dhéanamh an choimpléascacht sin a mhíniú.

Níl ceann ar bith de na samplaí thuas chomh teicniúil sin nach bhféadfaí an gnáthfhocal *casta* a úsáid. Go deimhin, tá ciall eile le *coimpléascach* a dhéanann an chéad abairt an-débhríoch ar fad: *Of strong constitution. Large of girth.* (FGB) Tá macalla láidir ann de chiall shíceolaíoch an fhocail *coimpléasc* ann chomh maith.

Seans gur chun teacht slán ar an débhríocht a ceapadh an focal *coimpléacsúil*, nach bhfuil in FGB ach atá go mór i dtreis i dtéarmaíocht na heolaíochta, mar shampla *beathachruth coimpléacsúil/complex life form*.

Ceachtar

'Ceann nó ceann eile de phéire' an sainmhíniú a thugtar ar *ceachtar* in *An Foclóir Beag* (1991). Níor cheart é a úsáid má tá rogha le déanamh idir trí rud nó líon ar bith os a chionn sin.

> Níl cóiríocht bhuan ag ceachtar de na trí scoil seo… (**ag ceann ar bith** de na trí scoil)

Céad/*century*

Níl aon locht ar nathanna mar *tús an chéid* nó *scríbhneoirí an chéid seo caite*, ach is cabhair don léitheoir, ar uairibh, *céad bliain* a scríobh seachas an focal lom *céad*. Féach, mar shampla:

> The house has been empty for almost a century.
> Tá an teach folamh le céad, beagnach.

Is soiléire, measaim, Tá an teach folamh **le céad bliain**, beagnach.

Céadchabhair/garchabhair

Tá dhá théarma Gaeilge ar *first aid* in úsáid.

- ➢ Go gcuirfear lámhainní ar fáil agus go gcaithfear úsáid a bhaint astu agus **céad chabhair** á cleachtadh.
- ➢ Beidh bunchúrsa **garchabhrach** ar siúl Dé Sathairn.

Tá *céadchabhair* tugtha i roinnt seanfhoclóirí, ach is é **garchabhair** an téarma is coitianta agus is údarásaí.

Ceann

Deirtear le foghlaimeoirí Gaeilge gan *ceann* a úsáid choíche ag tagairt do dhaoine. *One (of things, of animals)* an nóta atá le *ceann* in FGB. Is fíor ina dhiaidh sin go mbíonn *ceann* in úsáid ar an dóigh sin ag scríbhneoirí breátha Gaeilge.

- ➢ Bhí Gráinne ar cheann de na náimhde ba chúmhachtaighe a bhí roimhe... (Séamus Mag Uidhir, *Fánaidheacht i gConndae Mhuigheo*: 89)
- ➢ 'I dteangain na caillighe go dtéighidh an tsnáthad, an chéad uair eile a bheidh sí ag baint an bhídh as na miongáin', adeir ceann de sna garsúin. (Seán Ó Dálaigh, *Timcheall Chinn Sléibhe*: 67)

Níor thógtha ar scríbhneoir é dá gcloífeadh sé nó sí le comhairle FGB, ar eagla go gcuirfí botún ina leith.

Ceann/cionn

I roinnt mhaith canúintí, níl mórán de dhifear fuaime idir *ceann* agus *cionn*. Bíodh sin mar atá, caithfidh scríbhneoirí aird a bheith acu ar an litriú, mar is minic a bhíonn ciall na habairte ag brath air. Níor tugadh an chiall slán san abairt thíos:

> Mar a mhínigh urlabhraí thar cionn Chomhairle Chontae Chill Chainnigh le linn éisteachtaí Choiste Uile-Pháirtí an Oireachtais ar an mBunreacht. (**thar ceann**)

Is ionann ciall do *thar cionn* agus do *ar fheabhas*. Is é a chiallaíonn *thar ceann* ná *ar son*.

Coinbhinsiúin litrithe seachas cúrsaí céille a bhíonn i dtreis i gcásanna eile: *os cionn* agus *cionn is go* (*toisc go*) a scríobhtar i dtéacsanna caighdeánacha.

Ceannaire/cinnire

Ba cheart, má táthar ag iarraidh cloí leis an CO, *ceannaire* seachas *cinnire* a scríobh nuair is taoiseach nó ceann feadhna atá i gceist. Tá *cinnire* tugtha mar leagan malartach de *ceannaire* in FGB. Tá iontráil faoi leith tugtha do *cinnire* chomh maith (*Person leading an animal by the head; guide, attendant*).

Cearnach/cearnaithe/ cearnógach

Ní hionann ar fad ciall na bhfocal gaolmhar seo. Is féidir iad a mhalartú ar a chéile i gcomhthéacsanna áirithe, ach níl na samplaí seo thíos inghlactha:

➢ Tá 452.7 ciliméadar cearnógach talaimh i gceantar Fhine Gall. (**ciliméadar cearnach**)

➢ Cén uimhir chearnaithe atá cothrom le 36? An freagra, ar ndóigh, ná 6. (**uimhir chearnach**)

Úsáidtear *cearnógach* chun trácht ar rud a bhfuil cruth cearnóige air. Úsáidtear *cearnach* sa mhatamaitic agus chun trácht ar aonaid spáis. Sa nóta mínithe atá le *cearnaithe* ar *www.focloir.ie* tugtar an sainmhíniú *formed into a square shape, ruled into lines to form squares.*

Céatadán

Súil ghéar a d'fheicfeadh an botún litrithe san abairt thíos.

> Agus i measc na cléire féin, níl ach céadatán fíorbheag a bhfuil aon bhaint acu leis na huafáis ghránna a thuairiscítear sna meáin.

Ceimiceáin/ceimicí

Ní hannamh a úsáidtear an t-ainmfhocal iolra *ceimicí* i dtéacsanna Gaeilge chun *chemicals* a chur in iúl.

> Ionoirfiní an t-ainm atá ar na ceimicí seo.

Thabharfadh sin le fios gurb é *ceimic* an uimhir uatha den fhocal. Ní hamhlaidh atá: is é *ceimiceán* an uimhir uatha agus is é **ceimiceáin** an uimhir iolra.

Ceist

Tá droch-chlaonadh ann *cuir ceist* a úsáid i ngach comhthéacs ina mbeadh *ask* sa Bhéarla.

➢ Chuir sé ceist uirthi an bpósfadh sí é. (**D'iarr sé í le pósadh. Chuir sé ceiliúr pósta uirthi**)

➢ Cuireadh ceist air teacht os comhair an choiste. (**Tugadh cuireadh dó** teacht/**iarradh air** teacht)

Choíche

Cúpla pointe faoi úsáid an fhocail seo.

➢ Is minic a chuirtear *a* roimhe sa chaint: *Ní dhéanfaidh sé a choíche é.* (nó *achoíche*) Ná scríobh an *a* más mian leat cloí leis an CO.

- Is ag tagairt don am atá le teacht, is é sin an aimsir fháistineach agus an modh coinníollach, a bhíonn *choíche* de ghnáth. Féach, mar shampla, *Ní fheicfear a leithéid choíche arís.*

An chopail

Is é ceann de na ...

Tá an struchtúr Is é ceann de na chomh coitianta sin anois agus nach léir do scríbhneoirí aon locht a bheith air.

- Is é ceann de na gnéithe is tarraingtí faoin aimsir i nDún na nGall ná an dóigh a n-athraíonn sí de bharr thionchar an Aigéin Atlantaigh.
- Is é duine de na daoine is clúití sa Spáinn.

Níor mhiste a mhíniú cén locht atá ar na samplaí sin sula ndéantar iad a athscríobh.

Úsáidtear *is é* (nó *is í, is iad*, ag brath ar uimhir agus ar inscne) in abairtí ionannais den chineál seo:

- **Is é an dúshlán** is mó atá romhainn ná fostaíocht a chruthú.
- **Is é Pádraig** an peileadóir is fearr acu.

Cuireadh an forainm *é* leis an chopail sna samplaí thuas toisc gur ainmfhocal **cinnte** atá in ainmní gach ceann de na habairtí thuas (*an dúshlán*, *Pádraig*). Éiginnte atá *ceann de na gnéithe* agus *duine de na daoine*. Níor cheart, mar sin, *é* a chur leo.

Tá roinnt bealaí ann chun abairtí lochtacha a dheisiú. Thiocfadh an chopail a fhágáil ar lár nó úsáid a bhaint as an bhriathar *bí*.

- **Ceann de na gnéithe** is tarraingtí faoin aimsir i nDún na nGall ná an dóigh a n-athraíonn sí de bharr thionchar an Aigéin Atlantaigh.
- **Tá sé ar dhuine** de na daoine is clúití sa Spáinn.

Cleachtadh 4

Cuir caoi ar na habairtí lochtacha seo thíos.

1. Tá sé soiléir go bhfuil na baill ar na húdaráis áitiúla an-bháúil don Ghaeilge, agus ba é ceann de na cúiseanna leis sin ná an obair atá déanta ag Foras na Gaeilge.
2. Is é ceann de na leabhair is mó díol riamh é.
3. Áirítear gur fiú €136m an Ghaeilge do Ghaillimh agus do cheantar na Gaillimhe in aghaidh na bliana. Is é ceann de na tionscail is mó é.

Chun críche/chun críocha

Úsáidtear *chun críche* i dtéacsanna oifigiúla chun an nath Béarla *for the purpose of* a aistriú, mar shampla *chun críche sciúradh airgid a chosc*. Tabhair faoi deara go bhfágtar lom céad litir an fhocail *críoch* fiú más ainmfhocal cinnte atá á cháiliú aige, mar shampla **chun críche an ailt seo** seachas chun chríoch an ailt seo.

Úsáidtear *chun críocha* nuair is *for the purposes of* (iolra) atá i gceist.

Ciallachais/impleachtaí

Focal sách coitianta é *ciallachas*, in ainneoin nach bhfuil sé tugtha in FGB ná ar *www.tearma.ie*.

> Céard iad na **ciallachais** do scoileanna atá faoi choimirce na gcoistí gairmoideachais?

Bíodh sin mar atá, tá focal i bhfad níos coitianta ann a bhfuil an chiall chéanna leis, mar atá *impleacht(aí)*.

Cineál/saghas/sórt

Úsáidtear an focal Béarla *sort* chun trácht ar cháilíocht (*What sort of standard of living will Irish people enjoy in the future?*) agus ar chainníocht (*What sort of money are they offering?*). Go minic, ba chomaoin ar an abairt Bhéarla *sort* a fhágáil as (*What standard of living will Irish people enjoy in the future?*) nó focal a bhaineann go sonrach le cainníocht a chur ina áit (*How much money are they offering?*). Mar an gcéanna i gcás focal mar *cineál, saghas* agus *sórt* sa Ghaeilge:

- ➢ Cén cineál caighdeán maireachtála a bheidh ag muintir na hÉireann san am atá le teacht?
- ➢ Cén cineál airgid atá á thairiscint acu?

B'fhearr an dá abairt sin a leasú.

- ➢ **Cén caighdeán maireachtála** a bheidh ag muintir na hÉireann san am atá le teacht?
- ➢ **Cá mhéad airgid** atá á thairiscint acu?

De réir alt 3.2.12 den COA, is í foirm ainmneach an ainmfhocail a leanann na focail seo nuair is tagairt do mhéid éiginnte atá ann. Sna samplaí atá tugtha, tá na focail in úsáid sa chiall *rud beag, roinnt* nó *cineál de*.

- ➢ Tá **saghas ocras** orm. (I'm kind of hungry.)
- ➢ Bhí **sórt deabhadh** orm (I was sort of in a hurry.)
- ➢ Is **cineál aisteoir** eisean. (He's an actor, kind of.)

Féach, áfach, ***Cén cineál aisteora é*** *– aisteoir stáitse nó aisteoir scannáin?*

Cinneadh

Níl uimhir iolra an fhocail *cinneadh* tugtha in FGB toisc, b'fhéidir, gur ainm briathartha é agus nár ghnách é a úsáid mar ainmfhocal. Tá an-chuid leaganacha iolra in úsáid.

- ➢ Níl sé cothrom, dar liom, gur ar bhonn áitiúil a shocraítear na cinnidh seo.

- Ba mhaith an rud taifead foirmeálta ar na cinní seo a chlárú.
- Déantar cinníocha inmheánacha ag leibhéal nach bhfuil níos lú ná Leibhéal 2.

Is é **cinntí** an t-iolra faofa atá tugtha ar *www.tearma.ie*.

Cion/coir

Ach oiread le *offence* agus *crime* sa ghnáthchaint Bhéarla, úsáidtear an dá fhocal Gaeilge seo amhail is gurb ionann ciall dóibh. Ní mór dealú eatarthu, áfach, chun abairt mar seo a aistriú: *Has the accused been previously convicted of a felony, misdemeanour, crime or offence?*

Offence a thuigtear as *cion* sa teanga fhoirmiúil, mar shampla *An tAcht um Chiontaí in Aghaidh an Stáit/The Offences Against the State Act.*

Crime a thuigtear as *coir*, de ghnáth, mar shampla *An Bille um Binsí Coireanna Idirnáisiúnta Cogaidh/International War Crimes Tribunals Bill.*

Ciorcal lochtach/fáinne fí

Ní hannamh a úsáidtear *ciorcal lochtach* chun an nath Béarla *vicious circle* a aistriú. D'fhéadfadh an leagan sin, atá tugtha in EID agus in FGB, a bheith cruinn i gcomhthéacs na loighce agus na fealsúnachta: *a form of reasoning in which a conclusion is inferred from premises the truth of which cannot be established independently of that conclusion.* (*Collins*)

Tá ciall níos coitianta le *vicious circle*, áfach: *a situation in which an attempt to resolve one problem creates new problems that lead back to the original situation.* (*Collins*). Sa chomhthéacs sin is fearr go mór *fáinne fí* a úsáid.

Clamhsán/gearán

Thuigfeá ó na foclóirí gur comhchiallaigh iad seo, ach is amhlaidh atá ceann amháin acu níos diúltaí ná an ceann eile.

> Má cheapann tú go bhfuil míthuiscint éigin ar na húdaráis maidir le do chuid ceart ba chóir duit seasamh le do chuid ceart trí chlamhsán a dhéanamh leis na húdaráis atá i gceist. (**gearán**)

Lochtú míréasúnta cantalach a dhéanfadh an clamhsánaí; gach scans go bhfuil ábhar ag an ghearánaí a bheith míshásta.

Clann/teaghlach/muintir

Is ionann *clann* agus na páistí a bheirtear do thuismitheoirí. Is é atá i *teaghlach* agus *muintir* ná an líon tí go léir, idir pháistí agus tuismitheoirí agus daoine muinteartha. B'ait an rud é, mar sin, déagóir a rá go bhfuil ochtar ina chlann nó gur chaith sé an Nollaig lena chlann. **Tá ochtar sa teaghlach** agus **Chaith**

mé an Nollaig le mo mhuintir atá i gceist aige dáiríre.

Úsáidtear *clann* chomh maith le trácht ar shinsir daoine nó de ghrúpa daoine arb ionann sloinne dóibh: *Duine de Chlann Uí Ruairc é.*

Claochlú

Is minic a úsáidtear an focal seo sa chiall *transformation*. Cinnte, tá an chiall sin luaite leis ach tá blas diúltach ar an fhocal, mar is léir ó FGB:

> Change, deterioration. **Claochlú ar neart, ar aoibhneas, ar chuideachta,** decline in strength, in happiness, in companionship.

Fágann sin blas aisteach ar abairtí mar seo:

- Tá claochlú tagtha ar chúrsaí teicneolaíochta le blianta beaga anuas.
- Sa daichead bliain sin, tháinig claochlú chun feabhais ar ár gcaidreamh leis an Eoraip agus leis an domhan.

B'fhearr go mór liomsa a rá go bhfuil **athrú ó bhonn tagtha** ar an teicneolaíocht agus go bhfuil **athrú chun feabhais** tagtha ar ár gcaidreamh le tíortha eile.

An clásal coibhneasta

Clásal coibhneasta a fhágáil ar lár

Is minic a fhágtar clásal coibhneasta ar lár san áit a mbeifeá ag súil leis in abairt Ghaeilge:

- Bulaíocht ar dhuine toisc gur ball den Lucht Siúil é/í, agus orthu siúd faoi mhíchumas. (**orthu siúd atá faoi mhíchumas**)
- Lorgaíodh tuilleadh eolais ó na daoine ainmnithe sa tuarascáil. (**na daoine atá ainmnithe/a ainmníodh sa tuarascáil**)
- Bíonn ar an Rialtas cloí leis na treoracha leagtha síos ag an AE. (**na treoracha atá leagtha síos ag an AE**).

Is dócha gur earráid aistriúcháin is cúis le leaganacha den chineál seo. Is é atá sa Bhéarla *disabled people* agus *persons named* seachas *people who are disabled* agus *persons who are named.* Bíonn scríbhneoirí Gaeilge ag aithris ar na múnlaí gonta Béarla sin. Minic go leor, níl ann ach go mbeadh ceangal coibhneasta níos deise ó thaobh na stíle de. Tá **an gá a bhíonn ag an gcroí le hocsaigin** níos seolta ná gá ocsaigine an chroí. Rómhinic ar fad, áfach, is abairt lochtach dhébhríoch a chuirtear ar fáil. Cad is brí le na daoine ainmnithe sa tuarascáil? *The nominated people in the report*, an ea? Nó cén chiall a bhainfeadh an léitheoir as Bhí an teaghlach ina gcónaí i dteach tógtha ag Bardas Átha Cliath? Ní cúrsaí stíle amháin atá i gceist, ach cúrsaí céille.

Arna

Maidir leis an sampla deireanach thuas, admhaím go bhfuil fadhb aimsire ann. Mhol mise *na treoracha* ***atá*** *leagtha síos ag an AE* ach cuir i gcás gur rud leanúnach atá i gceist. Sa chás sin, d'oireadh *na treoracha a leagann an tAE síos*. Más ag trácht ar threoracha atá le leagan síos san am atá le teacht atáimid, d'oirfeadh *na treoracha a leagfaidh an tAE síos*. Is deacair, cheal comhthéacs, fios a bheith againn cé acu leagan is fearr. Is é an réiteach a bhíonn ag aistritheoirí oifigiúla air sin ná leas a bhaint as *arna*: **na treoracha arna leagan síos ag an AE**. Le fírinne, tá iarracht láidir den aimsir chaite ann (*ar* = *iar* sa chiall *tar éis* + aidiacht shealbhach) ach ó tharla nach léir sin don ghnáthléitheoir, tá sé saghas neodrach ó thaobh na haimsire de. Roghnaigh Maolmhaodhóg Ó Ruairc an sampla *arna fhoilsiú ag an rialtas* chun an úsáid seo a mhíniú:

> 'Níl aon aimsir i gceist óir is staid bhuan atá clúdaithe, saothar ar bith a d'fhoilsigh an rialtas riamh nó a fhoilsíonn sé inniu nó a fhoilseoidh sé amárach.' (2007: 83)

Is gné shuntasach de Ghaeilge na n-achtanna an *arna* sin ach is fearr a bheith spárálach leis i dtéacsanna neamhoifigiúla.

Míreanna claoninsinte in áit clásal coibhneasta

Tá claonadh i gcanúintí áirithe, i gCúige Mumhan go mór mór, míreanna claoninsinte a úsáid in áit an chlásail choibhneasta, idir dhíreach agus indíreach:

- ➢ Sin an fáth go bhfuil an-spéis ag oideachasóirí sa chluiche seo. (**an fáth a bhfuil**)
- ➢ B'ansin a d'aithin mé gurb é sin an rud gur mhaith liom a dhéanamh le mo shaol. (**an rud ba mhaith liom**)
- ➢ An dream go raibh sé d'ádh orthu ticéid a fháil. (**a raibh sé d'ádh orthu**)

Bíodh is gur nós coitianta é sin, tá sé taobh amuigh den Chaighdeán Oifigiúil agus b'fhearr clásal coibhneasta a scríobh i dtéacsanna atá lánchaighdeánach.

Fiú scríbhneoirí nach mbeadh claonadh canúna iontu i leith na claoninsinte, is minic a bhíonn mearbhall orthu i dtaobh abairtí casta a bhfuil idiraisnéis iontu:

- ➢ Is é sin an t-am a mheastar go mbeidh an chéim seo curtha i gcrích.
- ➢ Cé chomh fada is dóigh leat go mairfidh an comhrialtas nua?

Níl sna nathanna *a mheastar* agus *is dóigh leat* ach clásail atá fite isteach san abairt chun eolas a cháiliú nó a iomlánú. Bheadh na habairtí i gceart fiú dá bhfágfaí an idiraisnéis ar lár. Ná níl aon tionchar gramadaí acu ar an chuid eile den abairt. Mar seo ba cheart iad a scríobh:

- Is é sin an t-am **a mheastar a bheidh** an chéim seo curtha i gcrích.
- Cé chomh fada **is dóigh leat a mhairfidh** an comhrialtas nua?

Gheofar míniú breá ar an ghné seo den Ghaeilge scríofa sa leabhar *Maidir le do Litir* (An Gúm, 1998). Luaitear rud eile sa leabhar sin a bhíonn ina údar mearbhaill ag scríbhneoirí, is é sin frásaí breischéime mar *is mó, is déanaí* nó *is minice*:

- Níl aon cheist ann ach gurbh é John McKenna an ceoltóir is mó go raibh tionchar aige ar an stíl fliúiteadóireachta atá sa tír seo. (**ba mhó a raibh**)
- Sa Phoblacht, ar an taobh eile den scéal, ba mhinice go bhfaca freagróirí a n-eagraíochtaí mar eagraíochtaí deonacha. (**ba mhinice a chonaic**)

Bíodh is go bhfuil na habairtí pas beag níos casta de bharr *is mó* agus *ba mhinice* a bheith iontu, níl aon chúis go ndéanfaí claoninsint den chlásal coibhneasta.

Is fiú cuimhneamh chomh maith go mbíonn difear caolchúiseach céille le focail áirithe de réir mar a chuirtear an mhír choibhneasta *a* nó an mhír chlaoninsinte *go* leo:

- Conas a ghearrtar cáin ar ghnólacht? (Is é sin, cén bealach ina ngearrtar an cháin?)
- Conas gur leag an Rialtas ualach cánach chomh mór sin ar ghnólachtaí? (Is é sin, cad é mar a tharla sé go ndearna an Rialtas é sin?)

An réamhfhocal *le* in áit mír choibhneasta

Ó thaobh na stíle de, is fearr go mór clásal coibhneasta ná an réamhfhocal *le* in abairtí mar seo:

- Daoine le cáilíochtaí tríú leibhéal. (**Daoine a bhfuil cáilíochtaí tríú leibhéal acu**.)
- Tíortha le pobail mhionlaigh. (**Tíortha a bhfuil pobail mhionlaigh iontu**.)

Is fíor go n-úsáidtear an réamhfhocal *le* i roinnt teideal a chuireann síos ar cheird nó ar chúram duine nó eagraíochta, mar shampla *Ollamh le Fraincis* nó *Cumann le Béaloideas Éireann.*

Mír cheisteach in áit clásal coibhneasta

Tá a leithéid de rud sa Ghaeilge agus clásal ceisteach, is é sin clásal a thosaíonn le mír cheisteach mar *an, cad, cén fáth.*

- Ag Dia atá a fhios **cé a rinne é**.
- Fiafraigh de Shiobhán **an bhfuil tae de dhíth uirthi**.

Ní hionann na samplaí sin agus an sampla seo a thug Dónall Ó Baoill sa leabhar *Earráidí Scríofa Gaeilge* (1978–81):

> … gach éinne ag déanamh cad ba mhaith leo.

Níl an sampla sin inghlactha mar táthar ag cur mír cheisteach *cad* in áit an chlásail choibhneasta: …**gach éinne ag déanamh cibé rud is maith leis.**

Is é *cad* go mór fada an mhír cheisteach is mó a mbaintear an úsáid lochtach seo aisti:

> Baineadh mórgheit as Rialtas na Breataine de bharr cad a tharla le linn Éirí Amach na nÉireannach Aontaithe. (**de bharr an méid a tharla**)

Tá an chuma air go measann scríbhneoirí gur féidir *cad* a úsáid mar a úsáidtear *what* an Bhéarla: mar mhír cheisteach (*What do you want to do?*) agus mar fhorainm (*Do what you want.*)

Coibhneas díreach nó indíreach?

Is coibhneas indíreach a leanann *áit, fáth, caoi, dóigh* agus *am* nuair is úsáid dhobhriathartha atá i gceist, is é sin nuair atá na focail sin ag cáiliú an bhriathair ar shlí éigin:

- ➢ Ní maith liom **an chaoi a ndéanann** sé rudaí.
- ➢ Sin **an fáth ar éirigh** sé as.
- ➢ Sin agat **an dóigh a bhfuil cúrsaí** na tíre seo.
- ➢ Tiocfaidh **an t-am a mbeidh** leagan amach eile ar an saol.

Ach féach:

- ➢ Ní maith liom **an chaoi a bhíonn aige** le daoine.
- ➢ **Cén fáth a bhí aige** le héirí as?
- ➢ **Cén dóigh atá ort** inniu?
- ➢ Baineann sé sin **leis an am atá thart**.

Coibhneas díreach a leanann *uair* agus *nuair* i gcónaí. Féadann coibhneas díreach nó indíreach teacht i ndiaidh *am* agus pointí ama eile, mar shampla *lá*.

- ➢ Tiocfaidh **an t-am a bhfeicfidh** duine éigin é.
- ➢ Ba é sin **an t-am a rug** Sasana bua.
- ➢ **An lá a chuaigh** mé abhaile.
- ➢ **An lá ar casadh** an tOllamh orm.

Cé acu

Coibhneas díreach ba cheart a scríobh i ndiaidh *cé acu* ach baintear úsáid lochtach as an struchtúr seo, idir chlaoninsint agus choibhneas indíreach.

- ➢ Ní léir cé acu go mbeidh fórsaí Gaddafi sásta an fód a sheasamh agus cath mór a throid ansin nó an imeoidh siad i bhfolach. (**cé acu a bheidh**)

➢ ...cé acu a mbeidh an toghchán don uachtaránacht féaráilte nó nach mbeidh. (**cé acu a bheidh**)

Míreanna coibhneasta agus an chopail

Is minic a chuirtear an mhír choibhneasta *a* leis an chopail san aimsir chaite agus sa mhodh choinníollach. Bíodh sin mar atá, níor cheart a leithéid seo a scríobh i dtéacs lánchaighdeánach:

➢ Cad a ba mhaith leat a léamh ar sheirbhís nuachta Gaeilge ar líne?

➢ Chaith sé gach lá mar a ba mhian leis féin é.

Caithfear cuimhneamh gur focal coibhneasta atá sa chopail féin. Má tá an chopail ann, níl feidhm leis na míreanna coibhneasta. **Peadar is ainm dom**, a deirtear, ní Peadar a is ainm dom.

Réamhfhocail a athrá i gclásal coibhneasta

Ní deacair teacht ar shamplaí den chineál seo i dtéacsanna Gaeilge:

➢ Leis an méid daoine sa chontae aige bhfuil an Ghaeilge acu, ba chóir don Chomhairle Contae níos mó deiseanna a thabhairt do dhaoine an teanga a úsáid.

Níl feidhm leis an athrá ar an réamhfhocal *ag* san abairt thuas. **Fear darb ainm Peadar**, a déarfá, sin nó **Fear arb ainm dó Peadar**. Níl feidhm leis an réamhfhocal *do* a scríobh faoi dhó: Fear darb ainm dó Peadar. Tá an struchtúr sin coitianta i gcanúintí áirithe ach níor cheart é a scríobh i dtéacs lánchaighdeánach.

An fear a bhuail Seán

Féadann an clásal coibhneasta díreach a bheith ina údar débhríochta, cé gurb annamh nach mbíonn an bhrí soiléir i gcomhthéacs na habairte. Sampla clúiteach a úsáidtear ina lán leabhair ghramadaí ná *Sin é an fear a bhuail Seán*. Ní léir cé acu:

1. Rinne an fear Seán a bhualadh.

2. Rinne Seán an fear a bhualadh.

Cuir i gcás gurb é an dara brí atá ceart, agus gurbh é Seán a bhuail an fear bocht seo. Is féidir gach débhríocht a chur ar ceal ach an coibhneas a dhéanamh indíreach: **Sin é an fear ar bhuail Seán é.**

Bíonn a leithéid de dheisiú le déanamh ar théacsanna Gaeilge thall is abhus, go háirithe ar théacsanna dlí. Féach an téacs Béarla seo agus an t-aistriúchán Gaeilge a rinneadh air:

> Nonexclusive licence authorising the Irish Copyright Licensing Agency Ltd to permit reprography of literary works in copyright.

> Ceadúnas neamheisiach a údaraíonn an Ghníomhaireacht Éireannach um Cheadúnú Cóipchirt Teo. chun athghrafaíocht saothar liteartha atá faoi chóipcheart a cheadúnú.

Bíodh is nach bhfuil débhríocht ar bith sa Bhéarla, d'fhéadfaí a thuiscint as an Ghaeilge gurb í an Ghníomhaireacht atá ag tabhairt údaráis don cheadúnas neamheisiach, seachas an ceadúnas sin a bheith ag tabhairt údaráis don Ghníomhaireacht. Ba cheart a leithéid seo a scríobh chun teacht slán ar an débhríocht: **Ceadúnas neamheisiach a thugann údarás don Ghníomhaireacht...** (nó **a údaraíonn don Ghníomhaireacht**)

Clásal infinideach

A + ainm briathartha

Úsáidtear an réamhfhocal *a* chun ainmfhocal nó forainm a nascadh le hainm briathartha, mar shampla, *airgead a bhaint, é a dhíol.* Níl aon mhórdheacracht leis sin i gcás abairtí simplí, ach is minic a fhágtar an *a* gairid ar lár in abairtí atá níos casta ó thaobh na comhréire de.

> Seo na naoi mbunchéim a chaithfidh tú glacadh le hord agus le heagar a chur ort féin agus ar do chur chuige gnó. (**naoi mbunchéim ... a ghlacadh**)

Tá an abairt seo thíos lochtach ó thaobh na gramadaí de chomh maith.

> Is deacair dúinn tuiscint cén díomá a bhí uirthi nuair nár éirigh léi an post a fháil.

Is é an locht atá ar an abairt ná go bhfuil cuspóir ag an ainm briathartha *tuiscint.* Ba cheart *a* a chur roimhe agus é a shéimhiú, díreach mar a dhéanfaí i gcás abairt shimplí mar *Ní féidir liom Gréigis a thuiscint.* Mar seo a bheadh:

> Is deacair dúinn **a thuiscint** cén díomá a bhí uirthi nuair nár éirigh léi an post a fháil.

Ní léir ar an chéad fhéachaint cá bhfuil an cuspóir sa chéad abairt thuas. Is amhlaidh gur cuspóir atá sa chlásal iomlán *cén díomá a bhí uirthi...* Sin é an rud atá deacair a thuiscint.

'*A* réamhtheachtach' a thugtar ar an *a* seo. Údar eile míchruinnis ná *a* réamhtheachtach a chur san abairt nuair *nach bhfuil* cuspóir ann:

> Thig liom a rá, gan duine ar bith a chur ina éadan, gur dócha nach mbeadh ann do *An tUltach* sa lá atá inniu ann. (**gan duine ar bith cur ina éadan**)

Tá tuilleadh eolais sna foinsí seo a leanas:

➢ Stockman, Gearóid (1996): 61–3.

➢ *Treoir Eagarthóireachta d'Aistritheoirí*: 3.17

Briathra gluaiseachta

Faigheann eagarthóirí locht ar an struchtúr Ultach *ag dul* i bhfrásaí mar *Tá mé ag dul a shiúl abhaile*. Ní hannamh a 'cheartaítear' é agus a scríobhtar *Tá mé chun siúl abhaile* nó a leithéid. Iad siúd a úsáideann *ag dul*, caithfidh siad a bheith aireach gan abairtí lochtacha mar seo a scríobh:

➢ Mar go bhfuilimid ag dul bás a fháil leis an tart.

➢ Táthar ag dul an deontas a bhaint den nuachtán.

Is aithris é sin ar ghnáthchlásal infinideach ar nós *Níor mhaith liom bás a fháil mar sin* agus *Is mian leo an deontas a bhaint den nuachtán*. Ach ní hé sin an struchtúr a úsáidtear i gcás *ag dul*.

➢ Mar go bhfuilimid **ag dul a fháil bháis** leis an tart.

➢ Táthar **ag dul a bhaint an deontais** den nuachtán.

Úsáidtear an struchtúr céanna i gcás briathra eile a chuireann gluaiseacht in iúl. Séimhiú a leanann *a* (má tá an t-ainm briathartha inséimhithe), ach níl na foinsí ar aon fhocal faoi thionchar gramadaí *a* i gcás ainm briathartha a thosaíonn le guta. Loime atá molta in FGB agus in GGBC: *Tháinig sé a iarraidh iasachta orm*. Ní hé sin a deir daoine, áfach. Mar seo a bhíonn ag údair Ghaeltacht Thír Chonaill:

➢ Tháinig sé a dh'iarraidh iasachta orm.

➢ Thosaigh sí a dh'insint scéil dom.

'Ag' in áit 'a'

Botún coitianta eile ná an réamhfhocal *ag* a chur leis an ainm briathartha seachas *a*. Tarlaíonn sé sin nuair nach n-aithníonn an scríbhneoir go bhfuil cuspóir ag an ainm briathartha:

> Deir na nuachtáin nach bhfuil á dhéanamh acu ach ag tabhairt don phobal a bhfuil de dhíth orthu.

Is amhlaidh atá rud le *tabhairt* ag na nuachtáin, is é sin *a bhfuil de dhíth*.

> Deir na nuachtáin nach bhfuil á dhéanamh acu ach **a bhfuil de dhíth orthu a thabhairt don phobal.**

Forainm ina chuspóir

Féadann ainmfhocal nó forainm a bheith ina chuspóir i gclásal infinideach.

➢ D'iarr mé uirthi an t-amhrán a raibh dúil agam ann a chanadh arís.

➢ Bhí dúil agam san amhrán, agus d'iarr mé uirthi é a chanadh arís.

Botún atá ann gan an forainm a scríobh ina leithéid d'abairt.

> D'aithin sé ar an phointe gurbh fhostaithe úra iad a mbeadh air a oiliúint. (**a mbeadh air iad a oiliúint**)

A nó á?

Is minic a mhícheartaítear leaganacha ar nós *Cad é atá sé a dhéanamh?* nó *Ní hé sin an rud atá mé a mhaíomh*. An mícheartú is coitianta a dhéantar ná *á* a chur in áit an *a* agus a leithéid seo a scríobh: Cad é atá sé á dhéanamh? Is trí mhíthuiscint a dhéantar sin. Breathnaímis ar dhá shampla den struchtúr seo as FGB:

➢ **An rud atá sé a scríobh,** what he is writing.

➢ **An fear atáthar a dhaoradh,** the man who is being condemned.

Sa dá chás sin, tagann an t-ainm briathartha ***i ndiaidh*** an chuspóra – *scríobh* i ndiaidh *rud* agus *daoradh* i ndiaidh *fear*. Ní bheadh An rud atá sé ag scríobh ná An fear atáthar ag daoradh inghlactha ar chor ar bith. Is é a theastaíonn ná an struchtúr a úsáidtear in abairtí infinideacha ar nós *Is féidir liom carr a thiomáint*, is é sin cuspóir + *a* + ainm briathartha. Séimhítear an t-ainm briathartha, má tá sé inséimhithe.

Níor mhiste *á* a úsáid dá ndéanfaí an abairt a athscríobh ar an dóigh seo:

➢ **An rud atá á scríobh** aige.

➢ **An fear atá á dhaoradh** acu.

➢ **Cad é atá á dhéanamh** aige?

Claochlú tosaigh

Teastaíonn claochlú tosaigh – urú nó séimhiú – ar chuspóir an bhriathair sna habairtí seo:

➢ Cuireadh socruithe ar bun sa Roinn Cumarsáide leis an plean a chur i bhfeidhm.

➢ Buaileann Jarlath Burns leis an tréidlia Ciarán Ó Doibhlin le fáil amach faoin fheachtas atá ann leis an galar a ruaigeadh.

Leis an bplean agus **leis an ngalar** (nó **leis an phlean** agus **leis an ghalar**) ba cheart a scríobh, de réir GGBC: 9.29. Cuirtear gnáthrialacha an tuisil tabharthaigh i bhfeidhm tar éis *le* fiú nuair a úsáidtear é sa chiall *chun*. Mar sin de, níor cheart an réamhlitir *t* a bheith sna samplaí seo ach oiread:

➢ Nuair a bhí siad te caitheadh isteach san uisce iad leis an t-uisce a théamh. (**leis an uisce a théamh**)

➢ Rinne an Bord cinneadh ar phlean ceart a dhéanamh leis an t-airgead a chaitheamh go cúramach. (**leis an airgead a chaitheamh**)

Ba cheart an réamhlitir *h* a chur i ndiaidh *le*:

Athraíonn sé na rialacha **le hiad** a chur in oiriúint dó féin.

Ní dhéantar ainmfhocal atá ina chuspóir i gclásal infinideach a infhilleadh:

➢ Chuaigh sé chun na Fraince chun **Fraincis** a fhoghlaim.

➢ Bhí sí i gcoinne **cáin** a ghearradh ar dhaoine bochta.

Seans gur de bharr thionchar an struchtúir sin a mheasann daoine nár cheart rialacha an tuisil thabharthaigh a chur i bhfeidhm ar a leithéid d'ainmfhocail i ndiaidh *le*.

Cuspóir an bhriathair

Ba chóir go mbeadh sé soiléir cén cuspóir atá ag an bhriathar. Is deacra sin a dhéanamh nuair atá roinnt briathra agus cuspóirí san abairt, mar shampla D'éirigh sé as drugaí a úsáid chun a shamhlaíocht a spreagadh. Ní léir cé acu (1) a bhíodh drugaí á n-úsáid aige chun a shamhlaíocht a spreagadh agus gur éirigh sé as an nós sin nó (2) d'éirigh sé as na drugaí ag súil go spreagfadh sé sin a shamhlaíocht.

Más (1) atá i gceist, b'fhearr leagan éigin mar seo:

> **Bhíodh drugaí á n-úsáid aige chun a shamhlaíocht a spreagadh, ach d'éirigh sé as an nós sin.**

Más (2) atá i gceist b'fhearr leagan éigin mar seo:

> **Ba chun a shamhlaíocht a spreagadh a d'éirigh sé as drugaí a úsáid.**

Aistreach nó neamhaistreach?

Is aistreach an briathar a bhfuil cuspóir díreach aige: *Inis an fhírinne*. Is briathar neamhaistreach aon briathra nach bhfuil cuspóir díreach aige: *Fan liom*. Ní i gcónaí a dhéantar an dealú ceart idir an dá chineál briathair. Sa chlásal infinideach is mó a dhéantar botúin:

- ➢ D'iarr mé air an fhírinne insint. (**an fhírinne a insint**, mar tá cuspóir ag an bhriathar *inis*, is é sin *an fhírinne*.)
- ➢ D'iarr mé air a fhanacht liom. (**fanacht liom**, mar níl aon chuspóir ag an bhriathar *fan*.)

Ainmneacha briathartha i ndiaidh a chéile

Is deacair do léitheoirí brí a bhaint as abairtí ina mbíonn ainmneacha briathartha i mullach a chéile.

- ➢ Rinne sé an t-airgead a fuair sé ón suíomh a dhíol a chaitheamh go cliste.
- ➢ Ó thaobh na polaitíochta de, ní mór feachtas ar bith ina ndéantar sibhialtaigh a mharú a cháineadh.

Is furasta slacht a chur ar abairtí den chineál sin.

- ➢ An t-airgead a fuair sé ón suíomh a dhíol, chaith sé go cliste é.
- ➢ Ó thaobh na polaitíochta de, ní mór cáineadh a dhéanamh ar fheachtas ar bith ina ndéantar sibhialtaigh a mharú.

Infinideach in ionad ainm briathartha

Is minic, ó thaobh na stíle de, gur deise an

t-infinideach ná an t-ainm briathartha, bíodh is gur ainm briathartha a bheadh ann san abairt Bhéarla. A leithéid seo:

> Chapters in the book include 'Understanding Consumer Behaviour', 'Planning and Executing Change' and 'Fixing Prices for Goods and Services'
>
> Ar na caibidlí atá sa leabhar tá 'Ag Tuiscint Iompar Tomhaltóirí', 'Ag Pleanáil agus ag Cur i nGníomh Athrú' agus 'Ag Socrú Praghsanna Táirgí agus Seirbhísí'.

Is fusa agus is nádúrtha an t-infinideach a chur in áit na n-ainmneacha briathartha go léir:

> Ar na caibidlí atá sa leabhar tá 'Iompar Tomhaltóirí a Thuiscint', 'Athrú a Phleanáil agus a Chur i nGníomh' agus 'Praghsanna Táirgí agus Seirbhísí a Shocrú'.

Clódóir/clóire/printéir

Clódóir atá sa duine a bhfuil sé de shlí bheatha aige/aici ábhair a chur i gcló. Tá cúpla focal Gaeilge ann i gcomhair an mheaisín. Tá *clóire* tugtha in FGB agus ar *www.tearma.ie* ach is coitianta go mór anois *printéir*.

- ➢ Thior i 2002 bhí costas de €60,000 ar chlódóir priontála 3D agus anois gheofá ceann ar €10,000. (**ar phrintéir**)

- ➢ Déanfar gach iarracht an fhoirm iarratais a choinneáil chomh simplí agus is féidir. Rachaidh an Roinn i gcomhchomhairle leis na páirtnéirí sóisialta sula seoltar ar aghaidh go dtí na printéirí í. (**na clódóirí**)

Clois/cluin

Ní leagan malartach de *clois* é an focal *cluin*; is amhlaidh atá an dá leagan chomh caighdeánach lena chéile.

Coinníoll

Is minic a bhítear ag caint ar coinníollacha oibre (*working conditions*) agus ar choinníollacha imeartha (*playing conditions*). Ach *condition* de chineál eile atá i *coinníoll* ó cheart, is é sin *stipulation, a proviso*.

Dálaí nó **cúinsí** nó **tosca** ab fhearr le haghaidh *conditions* nuair is *circumstances* is ciall dó.

Cóir/comhair/comhar

Bíonn daoine idir dhá chomhairle faoi na focail seo, nó idir thrí chomhairle fiú amháin.

- ➢ Rinneadh plé fosta ar phleanáil i gcóir éigeandála. (**i gcomhair éigeandála**)

- ➢ Ná déanaigí dearmad gurb é amárach an spriocdháta le haon rud a chur isteach i gcomhar an dara heagrán de *Tuathal*. (**i gcomhair**)

- Faoi láthair tá clár cuimsitheach taighde ar bun ag Foras na Gaeilge i gcomhair le páirtithe gaolmhara. (**i gcomhar le**)

Mar seo ba cheart na focail a úsáid:

- Is ionann *i gcóir* agus faoi réir, ullmhaithe, in ord. *An bhfuil gach rud i gcóir agat?* a déarfá le duine agus é ag imeacht ar thuras.
- Is ionann brí do *i gcomhair* agus do leaganacha mar le *haghaidh, faoi choinne,* mar shampla *Deontas i gcomhair chostais na féile.*
- Is é an chiall atá le *i gcomhar le* ná *i bpáirt le*, mar shampla *Rinneadh an tsraith clár seo i gcomhar leis an BBC.*

Coireacht/coiriúlacht

Is ionann *coiriúlacht* agus *criminality* sa chiall *the state, quality or fact of being criminal.* Dá mbeadh coiriúlacht ruda faoi chaibidil is amhlaidh a bheifí ag caint ar cé acu atá sé ina choir nó nach bhfuil.

Is cruinne an focal *coireacht* a úsáid chun trácht ar *criminality* sa chiall *criminal acts or practices,* mar shampla *Tá staitisticí nua coireachta eisithe ag an Rialtas.*

Coitianta/comónta/i gcoitinne

Is é an chiall atá le *comónta*, de réir FGB, ná *common, ordinary.* Cuireadh casadh i gciall an fhocail ó shin, agus úsáidtear é chun *in common* a chur in iúl. Cuir i gcás, tá a leithéid de rud ann agus *an Fráma Tagartha Comónta Eorpach do Theangacha* (*Common European Framework of Reference for Languages*). Tá cur síos ann ar na scileanna teanga a mbítear ag súil le foghlaimeoirí a bheith acu ag gach leibhéal cumais i ngach ceann de theangacha na hEorpa. Mar gheall air sin a deirtear é a bheith *comónta.* B'fhearr gan *comónta* a úsáid sa chiall *forleathan* nó *minic.*

- Beidh searmanas oscailte oifigiúil an *Giro*, mar a ghlaoitear air go comónta, i Halla na Cathrach, Béal Feirste. (**go coitianta**)
- Tá an fhoireann Thuaisceartach [Doire] ar fionraí ó chomórtais UEFA mar gheall ar dheacrachtaí airgeadais, fadhb chomónta ag foirne ar fud na hÉireann. (**fadhb choitianta**)

Is é is measa faoi *fadhb chomónta* sa dara sampla thuas ná go gcuireann sé brí eile in iúl: *a jointly held problem.*

Is minic fosta a úsáidtear *i gcoitinne* chun *in common* a chur in iúl.

- Chítear dom gur uirlis aontaithe í an Ghaeilge agus gur cuid ríthábhachtach í den oidhreacht atá **i gcoitinne againn**.
- Tá an méid seo **i gcoitinne againn** – is peacaigh sinn.

Bheadh faitíos orm an úsáid sin a dhamnú, ach tá ciall níos coitianta le *i gcoitinne*, is é sin *trí chéile*. Bítear ag trácht, mar shampla, ar *an pobal i gcoitinne/the general public*.

Colainn/corp

I gcanúintí áirithe, is ionann brí don fhocal *corp* agus don fhocal *corpán*, is é sin corp marbh. Tá iarracht den bhrí sin ag baint le *corp* i ngach canúint, ach ní fhágann sin go bhfuil débhríocht thromchúiseach i leaganacha mar *corpoideachas* ná *cuardach coirp*. Má táthar den bharúil go ndéanfadh *corp* ciotaí den abairt, is féidir leas a bhaint as *colainn*.

Cuir i gcás, d'fhoilsigh an Gúm leagan Gaeilge den phóstaer oideachasúil *The Living Body*. *An Cholainn Bheo* a tugadh ar an phóstaer Gaeilge murab ionann agus *An Corp Beo* – a bheadh ina ábhar magaidh.

Colm Cille

Ainm casta é seo mar gheall ar sheanleaganacha a bheith fós in úsáid. Cuir i gcás, scríobhtar ina chomhainm é: *Colmchille*. Ní comhfhocal é, áfach, ach dhá fhocal faoi leith, is é sin *colm* (*dove*) + *cill* (*séipéal*). Más fíor don seanchas, baisteadh an leasainm ar an naomh toisc é a bheith chomh caomh le colm.

Bhí lá ann agus ba ghnách an dá fhocal san ainm a infhilleadh: *Betha Choluim Chille*. Maireann a rian sin in ainmneacha seanbhunaithe mar *Scoil Choilm Chille*. Inniu, is gnách plé le *Colm Cille* amhail is gur ainm aon mhíre é. Sa tuiseal ginideach, séimhítear an túslitir agus fágtar an dá fhocal gan infhilleadh: *Iomairt Cholm Cille, Gleann Cholm Cille*. Sin é nós na linne seo, ach níor cheart leaganacha seanbhunaithe a chaighdeánú gan a gcomhthéacs a chur san áireamh.

Comharsa

Is focal an-mhírialta é seo, agus ní hionann an t-iolra ná foirm an tuisil ghinidigh ó chanúint go chéile.

Is é *comharsana* an uimhir iolra chaighdeánach sa tuiseal ainmneach: *Duine de na comharsana*. Is iolra malartach é *comharsain*.

Is ionann foirm don fhocal sa tuiseal ginideach uatha agus sa tuiseal ginideach iolra:

➢ Cad é a bheadh ann ach **carr mo chomharsan**? (*my neighbour's car*).

➢ I bhfad **ó shúile na gcomharsan** (*far from the neighbours' eyes*).

An comhfhocal

Inscne an chomhfhocail

Breithlá shona duit a chanann daoine de ghnáth. Is dócha go dtuigtear dóibh gur focal baininscneach é *breithlá* agus gur cheart an aidiacht *sona* a shéimhiú dá réir sin. Is fíor gur focal baininscneach atá i *breith* ach is é an dara mír den chomhfhocal a chinneann an inscne. **Breithlá sona** atá ann ó cheart, ó tharla *lá* a bheith firinscneach. Tá an locht céanna ar na habairtí thíos.

➢ 'Bail ó Dhia ort, a dhuine uasail', arsa an Bhangharda. (**an Bangharda**)

➢ Meicníochtaí a bhunú chun an tírdhreach agus an mhuirdhreach a bhainistiú. (**an muirdhreach**)

Is fíor go bhfuil eisceachtaí ann. Cuir i gcás, is baininscneach atá *bantiarna* de réir FGB.

Comhfhocal a bhriseadh

Struchtúr coitianta sa Bhéarla is ea a leithéid seo: *Pre- and post-exercise meals*. Is é atá i gceist leis sin ná *pre-exercise meals and post-exercise meals* ach ní luaitear *exercise* ach uair amháin agus fágtar bearna idir na chéad mhíreanna den chomhfhocal. Bíonn cuma an-ait ar an struchtúr sin sa Ghaeilge.

Turais réamh agus iar-Chomhdhála (*Pre- and post-Conference trips*.)

Ní i gcónaí a bhíonn scríbhneoirí Gaeilge in ann ag na dúshláin ghramadaí a bhaineann leis an struchtúr ait seo. Ní léir cé acu atá na míreanna scartha ó chéile nó an comhfhocal ilchodach atá ann.

Is fearr i bhfad a oiread maitheasa agus is féidir a bhaint as gnáthfíorbhia in áit forlíonta cothaithe. (gnáth-fhíorbhia?)

B'fhearr é a sheachaint ar fad, dar liomsa.

➢ Turais **roimh an Chomhdháil agus ina diaidh**.

➢ Is fearr i bhfad a oiread maitheasa agus is féidir a bhaint as **gnáthbhia ceart** in áit forlíonta cothaithe.

Comhfhocal nó péire ainmfhocal?

Is beag difear idir, cuir i gcás, *córas ríomhaireachta* agus *ríomhchóras*. *Computer system* a thuigtear as an phéire ainmfhocal agus as an chomhfhocal. Bua atá ag an chomhfhocal ná gur fusa é a fhí isteach in abairtí gan dul in abar i gceisteanna faoi infhilleadh agus faoi chlaochlú tosaigh. Ní mór don scríbhneoir a bheith faichilleach nach bhfuil difríocht chaolchúiseach chéille idir an péire ainmfhocal agus an comhfhocal. Cé chomh hinghlactha nó cé chomh sothuigthe is atá an comhfhocal?

Corruair, is fearr comhfhocal a úsáid chun teacht slán ar dhébhríocht. Tá **comhroinnt comhad** (*file sharing*) níos soiléire ná roinnt comhad (*some files?*)

Comhghleacaí

Is é **comhghleacaí** an litriú caighdeánach, murab ionann agus comhleacaí.

Comhlacht

Is é *comhlacht* an focal is coitianta sa ghnáthchaint le haghaidh *a commercial company*. Bíodh sin mar atá, is gnách an focal *cuideachta* a úsáid i dtéacsanna foirmiúla. Tá ciall bheag eile leis an fhocal *comhlacht* sa Ghaeilge fhoirmiúil, is é sin *a body*. Bítear ag caint, mar shampla, ar na *comhlachtaí trasteorann* a bunaíodh faoi bhun Chomhaontú Aoine an Chéasta (*cross-border bodies*).

Ba chóir cloí le pé acu leagan atá i dteidil oifigiúla, mar shampla *An Oifig Um Chlárú Cuideachtaí, Comhlacht Oideachais na hÉireann*.

Is den seanlitriú é comhlucht, leagan a fheictear thall is abhus i dtéacsanna comhaimseartha agus i roinnt teideal oifigiúil, mar shampla *Comhlucht Groighe Náisiúnta na hÉireann, Teoranta*.

Meastar trí mhíthuiscint gur focal baininscneach é *comhlacht*, toisc gur focal ilsiollach é a bhfuil críoch *-acht* air. Ach is comhfhocal firinscneach ó cheart é: *ainm an chomhlachta*.

Comhordaitheoir/comhordnóir

Is é **comhordaitheoir** an focal a bhfuil stádas aige sa Ghaeilge fhoirmiúil.

Comhpháirtí/páirtí/páirtnéir

De réir FGB, is leagan malartach de *páirtí* atá in *páirtnéir*. Bíodh sin mar atá, tá *páirtnéir* tugtha ar *www.tearma.ie* sa chiall 'comhimreoir i gcluiche'. Tá ciall nua tar éis greamú den fhocal *páirtí* chomh maith, is é sin leannán nó céile. *Copartner, associate* an chiall atá luaite le *comhpháirtí* in FGB, ach tá sé in úsáid go coitianta anois ag freagairt do *partner* an Bhéarla i réimsí gnó agus oibre.

Comhphobal/pobal

Cé go dtugtar *comhphobal* sna foclóirí agus an chiall *community* leis, is fearr a d'oirfeadh an focal simplí **pobal** in abairtí mar seo:

> Comórtas iomráiteach uile-Éireann Ghlór na nGael ar son chur chun cinn na Gaeilge sa chomhphobal áitiúil.

B'fhearr *comhphobal* a úsáid mar shaintéarma socheolaíochta nó chun trácht ar chónaidhm stát, mar shampla *Na Comhphobail Eorpacha*.

Comhshaol/imshaol/timpeallacht

Is gnách, sa teanga fhoirmiúil, *timpeallacht* a úsáid le tagairt don *immediate environment*. Bíonn oideachasóirí ag trácht ar thionchar na timpeallachta ar pháistí, is é sin tionchar na rudaí a bhíonn thart orthu sa bhaile agus ar scoil.

Comhshaol is gnách a úsáid i gcomhthéacs teibí éiceolaíoch.

- Tá Greenpeace ar cheann de na grúpaí **comhshaoil** is mó a bhfuil cur amach ag an bpobal orthu.
- Pléadh téamh domhanda agus ceisteanna eile **comhshaoil**.

Tá an téarma *imshaol* tar éis dul ar gcúl ach ba cheart cloí leis i dteidil oifigiúla, mar shampla *Coiste an Churaclaim d'Oideachas Sóisialta, Imshaoil agus Eolaíochta*.

Commitment

Is focal ilchiallach é *commitment* a bhaineann tuisle as aistritheoirí agus scríbhneoirí Gaeilge go han-mhinic. Ní dhéantar dealú mar is ceart idir na cialla gaolmhara seo (1) *a promise* (gealltanas) (2) *an obligation* (dualgas, ceangaltas) agus (3) *dedication to an aim* (tiomantas, dúthracht). Má tá duine míshásta le polaiteoirí a gheall grian agus gealach do na vótálaithe le linn dóibh bheith sa fhreasúra, ní miste dó a rá nach bhfuil na polaiteoirí sin ag comhlíonadh a gcuid **gealltanas**. I gcás nach bhfuil ag éirí leis an Rialtas spriocanna atá luaite i gcomhaontú idirnáisiúnta a bhaint amach, is amhlaidh atá ag teip air a chuid **ceangaltas** a chomhlíonadh. I gcás ar bith, bheifeá in amhras faoi **thiomantas** an Rialtas, is é sin faoina dhúthracht is faoina dhíograis.

Comparáid

Corruair, baintear úsáid an-aisteach as *i gcomparáid le*, faoi thionchar an Bhéarla *as opposed to*.

> Bhí damhsóirí againn i mbliana, i gcomparáid leis na ceoltóirí a bhí againn an bhliain seo caite.

Níl aon chomparáid i gceist dáiríre. Is amhlaidh a bhí damhsóirí ann i mbliana, **seachas/murab ionann agus** na ceoltóirí, mar a bhí an bhliain seo caite.

Confidential

In amanna, ní hé *rúnda* an focal is fearr chun *confidential* a aistriú.

> Why not book an appointment and speak confidentially with our customer support staff?

> Cén fáth nach ndéanfá coinne chun comhrá rúnda a bheith agat le duine dár bhfoireann tacaíochta?

Tá blas na comhcheilge ar *comhrá rúnda*. Níl i gceist ach **comhrá duine le duine**, nó **comhrá discréideach**.

Contae/condae

Is é *contae* an litriú caighdeánach. Firinscneach atá sé, de réir FGB, cé gur baininscneach a bhíonn sé i gcanúintí áirithe. Mar sin de, **foireann an chontae** atá caighdeánach, bíodh is go gcloisfeá foireann na contae/condae in amanna.

Cosúil le

Is minic a úsáidtear *cosúil le* chun rud amháin a chur i gcomparáid le rud eile, mórán mar a úsáidtear *such as* nó *like* sa Bhéarla:

> Buailfidh sí chomh maith le ceoltóirí cosúil le Séamus Begley agus Éilís Kennedy.

Ba den tsaoithíneacht, dar liomsa, locht a fháil air sin ar an bhonn gurb iad Séamus agus Éilís féin atá i gceist, murab ionann agus ceoltóirí atá cosúil leo. Tuigimid go léir cad é atá i gceist. Is fíor, áfach, go mbíonn an *cosúil le* sin ina údar mearbhaill in amanna. Corruair, cuireann sé ciall dhiúltach in iúl.

> Ligeann coirpigh orthu gur eagraíochtaí dlisteanacha iad, cosúil le bainc agus cuideachtaí cárta creidmheasa, mar chleas chun sonraí pearsanta cosúil le huimhreacha cuntais bhainc nó PIN a fháil uait.

An é go mbíonn bainc agus cuideachtaí cártaí creidmheasa ag ligean orthu gur eagraíochtaí dlisteanacha iad chun cleas a bhualadh ar chustaiméirí? Déarfadh a lán cáiníocóirí go bhfuil cuid den fhírinne san achasán sin, ach ní dócha gurb é a bhí ar intinn an údair.

> Ligeann coirpigh orthu gur eagraíochtaí dlisteanacha iad – bainc nó cuideachtaí cárta creidmheasa, **cuir i gcás**. Is cleas é sin chun sonraí pearsanta a fháil uait, uimhreacha cuntais bhainc nó PIN **nó a leithéid**.

Cothroime/cothromaiocht/ cothromas

Iarradh orm, tráth, m'ainm a chur le hachainí ag lorg cothromaíocht don Ghaeilge. Is dócha gur *equality* sa chiall *fairness* a bhí i gceist. Más amhlaidh a bhí, b'fhearr gan an focal *cothromaíocht* a úsáid, nó is é an chiall atá leis sin ná *equilibrium/balance*. Bítear ag iarraidh cothromaíocht a bhaint amach idir riachtanais an tsaoil oibre agus riachtanais an tsaoil phearsanta, mar shampla. Is dócha gur **comhionannas** leis an Bhéarla a bhí á lorg ag lucht na hachainí.

Is gnách **cothroime** a úsáid nuair is cothrom na Féinne atá i gceist, mar shampla *An Clár um Rathúnas agus Cothroime/The Programme for Prosperity and Fairness.*

Ach oiread le *fairness*, *equality* agus *balance* an Bhéarla, tá gaol gairid idir na coincheapa seo agus d'fhéadfaí iad a mhalartú ar a chéile i gcomhthéacsanna áirithe. Ní bheadh **cothromaíocht inscne** (*gender balance*) mícheart dá mbeadh spriocanna á leagan síos maidir le líon na mban agus líon na bhfear atá fostaithe in eagraíocht, cuir i gcás.

Cá bhfágann sin an focal *cothromas*? Tá an nod *Jur.* leis in FGB. *Equity* an sainmhíniú a thugtar. Is é a thuigtear as *equity* i gcomhthéacs an dlí ná '*a system of jurisprudence founded on principles of natural justice and fair conduct.*' (*Collins*).

Tá brí faoi leith le *equity* i gcúrsaí tráchtála chomh maith, is é sin '*the market value of a debtor's property in excess to all debts to which it is liable.*' (*Collins*) Sin an fáth a dtugtar **cothromas diúltach** ar *negative equity*.

Cothromaíocht san abairt

Bíonn blas ait ar abairtí ina n-úsáidtear struchtúir éagsúla ghramadaí chun trácht ar aon rud amháin. A leithéid seo:

➢ Beidh seirbhísí feabhsaithe agus níos sábháilte uisce ann mar gheall ar infheistíocht a mhéadú.

➢ Féadfaidh tú foirmeacha cláraithe a iarraidh i ndáil le seirbhísí speisialta agus tosaíochta.

Sa chéad abairt, tá *seirbhísí* á cháiliú ag aidiacht bhriathartha (*feabhsaithe*) agus ag breischéim (*níos sábháilte*). Sa dara habairt tá *seirbhísí* á cháiliú ag aidiacht (*speisialta*) agus ag ainmfhocal sa tuiseal ginideach (*tosaíochta*). Níl na habairtí sin mícheart ó thaobh na gramadaí de, ach ba sheolta agus ba dheise cothromaíocht a bheith ann sna struchtúir ghramadaí, sin nó na cáilitheoirí a scaradh ó chéile.

➢ **Cuirfidh an infheistíocht bhreise feabhas ar sheirbhísí uisce agus beidh na seirbhísí sin níos sábháilte feasta.**

➢ Féadfaidh tú foirmeacha cláraithe a iarraidh i ndáil le **seirbhísí speisialta agus seirbhísí tosaíochta**.

Cleachtadh 5

An ndéanfá aon leasú ar na habairtí thíos?

1. Beidh tú incháilithe más duine dall, lagamhairc, bodhar, lagéisteachta thú nó má tá deacrachtaí gluaiseachta agat.
2. Bhí amhránaithe a bhfuil taithí na mblianta acu ar pháirt a ghlacadh i gcomórtais agus amhránaithe óga istigh ar Chorn Uí Riada i mbliana.

Cothrom na Féinne

Is minic a scríobhtar cothrom na féinne, ach is *fiann* faoi leith atá i gceist sa leagan cainte sin, is é sin Fianna Fhinn mhic Cumhaill. Tá gá le ceannlitir ar an ainm: **cothrom na Féinne**.

Mar an gcéanna i gcás leaganacha eile, mar shampla *Oisín i ndiaidh na Féinne.*

Críochnaigh

Ní hionann *críochnaigh* na Gaeilge agus *stop* an Bhéarla. Is mar bhriathar aistreach a úsáidtear *críochnaigh* de ghnáth. Déantar obair, aiste, alt, saothar ealaíne nó eile a chríochnú. Cuir i gcás go bhfuil polaiteoir ag tabhairt óráide agus go stopann sí gan choinne. Seans go ndéarfadh an Béarla *She stopped suddenly* ach ní féidir Go tobann, chríochnaigh sí a rá i nGaeilge nuair nár chríochnaigh sí riamh a raibh le rá aici. **Stop sí** nó **thost sí** a chaithfí a scríobh i nGaeilge.

Ó thaobh na stíle de, tá friotal níos deise sa Ghaeilge ná mar atá sna samplaí seo:

- ➢ Chríochnódh sí leis dá mbeadh splanc chéille inti. (**Chuirfeadh sí deireadh leis an gcumann eatarthu** ...)
- ➢ Chríochnaigh sé le béim a chur ar an ngá atá le rialáil chomh maith le hathchóiriú institiúideach agus struchtúrach. (**I ndeireadh a chuid cainte, chuir sé béim ar**...)

Criticiúil

Tá *cúram criticiúil* ann do dhaoine atá go dona tinn. Cuireann scoláirí *eagráin chriticiúla* de shaothar na bhfilí ar fáil. Tá go breá, ach ní hionann *criticiúil* agus *cáinteach*.

> Is féidir léi a bheith fíorchosantach agus í ag déileáil le daoine agus a bheith an-chriticiúil faoi dhaoine nach n-aontaíonn léi. (**an-cháinteach**)

Is iomaí gnáthfhocal Gaeilge ann a dhéanfadh gnó *criticiúil* sa chiall *crucial*.

> Irish Water has developed a confidential priority services register for residential customers who have a critical medical dependency on water.

> Tá clár rúnda seirbhísí tacaíochta forbartha ag Uisce Éireann do chustaiméirí cónaithe a bhfuil spleáchas criticiúil leighis ar uisce acu.

Níl i gceist ansin ach go mbíonn na daoine seo **ag brath ar sheirbhísí uisce mar gheall ar riachtanais leighis.**

Féach mar a aistríodh *critical* sna habairtí seo as *Tobar na Gaedhilge* (2014).

- ➢ This deficiency was likely to prove perilous in an emergency so critical.

  Agus ba dóiche go gcuirfeadh an fheasbhaidh sin **i gcontabhairt iad i gcás comh h-éigcinnte seo**. (Seosamh Mac Grianna, *Ivanhoe*)

- ➢ ...whose aid, at the most critical moment, had completely turned the fortunes of the day.

  ... chuir a chuidiú **in am an gheibhinn** áthrach i gcúrsaí an lae. (Niall Mac Suibhne, *Néall Dearg*)

Cuid

Tá claonadh sa chaint *cuid* a chur idir an aidiacht shealbhach agus an t-ainmfhocal i gcónaí.

- ➢ Chuir sé air a chuid bríste.
- ➢ Úsáidfidh mé an leithreas i gceart agus nífidh mé mo chuid lámha. [As cód smachta bunscoile.]
- ➢ 'Goitse!' a dúirt mé faoi mo chuid anála.

De réir GGBC (alt 13.8), is gnách *cuid* a úsáid 'nuair atá teibíocht nó iolra nó ábhar do-áirimh i gceist.' Níl ach bríste amháin i gceist sa sampla thuas agus is furasta lámha an duine a áireamh, rud a fhágann cuma ait ar *a chuid bríste* agus *mo chuid lámh(a)*. **Faoi m'anáil** a dúradh sa Ghaeilge riamh – ní hé go mbíonn a sciar féin ag duine den rud do-áirimh seo a dtugtar *anáil* air.

Is dócha gurb é an Béarla *doing one's bit* is ciontach le habairtí mar seo a bheith le feiceáil i dtéacsanna Gaeilge:

> Is léir ón gcás-staidéar a rinneadh ar Chomhairle Cathrach na Gaillimhe go bhfuil siadsan ar a laghad ag déanamh a gcoda.

Tá ciall eile le *déan do chuid*, is é sin *ith an bia a cuireadh amach duit*. Is amhlaidh atá an Chomhairle tar éis **a cion féin den obair** a dhéanamh, nó gur **chomhlíon** an Chomhairle **na dualgais a bhí uirthi**.

Is féidir *cuid de* a úsáid chun *some* a chur in iúl:

- ➢ **Cuid de na daoine** is deise a casadh orm riamh
- ➢ **De réir cuid de** na nuachtáin.

Tá an réamhfhocal *de* riachtanach chun an chiall sin a chur in iúl:

> Ach i gcuid othar, níor éirigh leo na taomanna a mhaolú mórán. (**Ach i gcás cuid de na hothair/i gcás roinnt othar**)

Tabhair faoi deara nach mbíonn séimhiú ar thúslitir *cuid* i bhfrásaí mar *de réir cuid de na nuachtáin*.

Cuir

Tá leaganacha mar *cuir mar seo é* bunaithe anois agus ní féidir iad a ruaigeadh. Ó thaobh na stíle de, ní miste a lua go bhfuil friotal níos dúchasaí ann chun an coincheap a chur in iúl seachas lomaithris ar *put it this way*.

- ➢ Ba mhaith leis béim a leagan arís ar luacha an tsóisialachais do ghlúin a bhí, mar a chuir sé é, faoi thionchar oidhreachta Thatcher agus Reagan. (**más fíor dó, de réir mar a dúirt sé**)
- ➢ Is cinnte nach gcuirfinn mar sin é. (**nach ndéarfainn mar sin é**)

Cúisigh

Ba dheas dá mbeadh focal amháin Gaeilge ann a chuirfeadh *cause* in iúl, ach ní hé *cúisigh* an focal sin.

- ➢ Is minic a chúisíonn víris iompar corrach.
- ➢ Cé gur beag truailliú a chúiseoidh aon charr amháin, bailíonn brobh beart.

Cén dochar ach go bhfuil ciall eile ar fad le **cúisigh** (*to accuse*)?

- ➢ Is minic víreas **ina chúis le** hiompar corrach.
- ➢ Cé gur beag truailliú **a dhéanfaidh** aon charr amháin, bailíonn brobh beart.

Cuma

Is fearr gan *cuma* a úsáid le trácht ar rudaí teibí, mar shampla

- Tá cuma an-réasúnta ar fad ar a chuid tuairimí polaitíochta.

Seans gur *appeared* nó *seemed* an Bhéarla is cúis leis an úsáid sin, ach b'fhearr friotal eile a chur air sa Ghaeilge. A leithéid seo:

- Tá a chuid tuairimí polaitíochta an-réasúnta ar fad, **de réir cosúlachta**.
- **Tá an chuma air** go bhfuil a chuid tuairimí polaitíochta an-réasúnta ar fad.

Cumann Lúthchleas Gael

Is minic a bhítear ag trácht, go hearráideach, ar An Cumann Lúthchleas Gael. Is ainm dílis é *Cumann Lúthchleas Gael.* Is aonad ainmfhoclach cinnte é agus níor cheart an t-alt a chur leis, ach oiread agus a chuirfeá an t-alt le *muintir Chiarraí* nó *Raidió na Life*. Is mar seo a úsáidtear an t-ainm:

- **Uachtarán Chumann Lúthchleas Gael**.
- Is é **Cumann Lúthchleas Gael** an eagraíocht spóirt is mó sa tír.

Curriculum vitae

Tá an-chuid leaganacha ann nach bhfuil stádas acu sa Ghaeilge fhoirmiúil.

- Is gá cuntas beatha a chur ar fáil a thugann léargas ar do shaothar ealaíon go dáta.
- Más spéis leat páirt a ghlacadh sa dráma, seol gairmré chugainn.
- Níor mhór d'iarratasóirí Réamhthogra Taighde agus Cúrsa Beatha ina mbeidh cur síos cuimsitheach ar a dtaithí teagaisc, a sheoladh chugainn.

Is fearr cloí le **curriculum vitae** nó leis an ghiorrúchán **CV**.

Dainséar

Níl síneadh fada sa chéad siolla den fhocal *dainséar*.

Dánlann/gailearaí

Dánlann Náisiúnta na hÉireann a thugtar ar *The National Gallery of Ireland* i bhformhór na reachtaíochta agus i roinnt mhaith ábhar a d'fhoilsigh an institiúid féin. Ach tá *Acht Ghailerí Náisiúnta na hÉireann, 1928* ann agus is *Gailearaí Náisiúnta na hÉireann* atá greanta i gcloch ar éadan an fhoirgnimh i mBaile Átha Cliath. Bítear anonn is anall idir an dá ainm. D'fhéadfaí a mhaíomh gurb é *gailearaí* an focal is cruinne, mar cuimsíonn *na dána* a lán nithe nach mbaineann leis na hamharcealaíona.

Tá athluaiteachas sa leagan coitianta dánlann ealaíne. Is ionann *dánlann* agus *art gallery* agus ní comaoin ar bith air *ealaín* a chur leis.

Daonra

Ó thaobh na sanasaíochta de, tá baint dhíreach idir *people* agus *population*. Bíodh sin mar atá, ní dochar abairt Bhéarla mar seo a scríobh:

> One consequence of the recession is an increase in the population of abandoned horses.

Ní hinmholta *daonra* na Gaeilge a úsáid ar an dóigh sin:

> Toradh amháin ar an gcúlú eacnamaíochta ná méadú ar dhaonra na gcapall tréigthe.

An neach daonna a bhíonn i gceist le *daonra*. B'fhearr go mór *líon* a úsáid:

> Toradh amháin ar an gcúlú eacnamaíochta ná méadú ar **líon** na gcapall tréigthe.

Daoraí

Toisc go bhfuil críoch *-aí* i ndeireadh an fhocail, glactar leis gur san uimhir iolra atá *daoraí*:

> A Thiarna, is annamh a las d'fhearg uaidh féin; ach nuair a chonaic tú lucht déanta airgid ag glacadh seilbhe ar an teampall, chuir sé ar na daoraí tú. (**ar an daoraí**)

Dara

Moltar sa COA gan ainmfhocal sa tuiseal ginideach a infhilleadh tar éis *dara*: *mac an dara bean, mac an dara fear*. Ceadaítear foirmeacha mar *cuid an dara mic* agus *bás na dara mná* in FGB, áfach, agus is léir an dá nós – ainmneach agus ginideach – a bheith sa Ghaeilge.

Botún an-choitianta is ea ainmfhocail a shéimhiú i ndiaidh *dara*.

> Is é seo an dara bhliain is fiche as a chéile go bhfuil Éigse na Brídeoige á reáchtáil ag Comhchoiste Ghaeltacht Uíbh Ráthaigh. (**an dara bliain**)

Ní shéimhítear i ndiaidh *dara* fiú má dhéantar an t-ainmfhocal a infhilleadh: *tús an dara bliana*.

Leaganacha malartacha is ea *darna* agus *tarna*.

Dar le

Is féidir *dar le* a úsáid mar intriacht i dtús abairte. Sa chás sin ní leanann claoninsint é: *Dar liom, is maith do dhuine airgead a chur i dtaisce*. *Methinks* an Béarla a cuireadh air sin in FGB.

Má úsáidtear *dar le* ar aon dul le *is dóigh le*, chun tuairim nó braistint a chur in iúl, is amhlaidh a leanann claoninsint é: *Dar liom gur maith do dhuine airgead a chur i dtaisce*.

Ar ndóigh, is féidir *dar le* a chur ag

deireadh an chlásail ar fad: *Is maith do dhuine airgead a chur i dtaisce, dar liomsa.*

Tá droch-chlaonadh ann *dar le* a chur le rudaí nach bhfuil aon chumas machnaimh iontu:

> Dar leis an tuarascáil, tá sé indéanta 42% dár gcuid leictreachais a bheith á ghiniúint as foinsí in-athnuaite faoi 2020. (**De réir na tuarascála**)

Is ionann sin, de mo dhóighse, agus *Síleann an tuarascáil* nó *Is dóigh leis an tuarascáil.* Rud amháin a thabhairt le fios go bhfuil teagasc nó dearcadh á chraobhscaoileadh ag foilseachán; rud eile ar fad cumas machnaimh a chur ina leith. Struchtúr coitianta atá ann mar sin féin:

- ➢ Luaigh tuairim amháin a bhí ag na daoine óga faoin scoil, dar leis an taighde.(**de réir an taighde**)
- ➢ Dar leis an dearcadh seo, ní bhíonn cearta ag ciníocha, náisiúin ná comhphobail. (**Más fíor don dearcadh seo**)

Seans nach bhfuil scríbhneoirí ag dealú mar is ceart idir *dar* agus *de réir*. Nó b'fhéidir gur éiríomar ceanúil ar *dar* de thairbhe nach mbíonn infhilleadh ina dhiaidh.

Dátaí a scríobh

Lá agus mí

Ní miste, i dtéacsanna neamhfhoirmeálta, an dáta a scríobh ar do rogha bealach. Más téacs caighdeánach a theastaíonn, áfach, ba cheart a bheith comhleanúnach sa ghné seo den teanga scríofa. Moltar nósanna éagsúla sna treoirleabhair stíle agus sna graiméir.

- ➢ Tá leaganacha mar *12ú Aibreán* coitianta go leor ach, mar atá ráite ag Séamas Daltún sa leabhar *Maidir le do Litir* (1998), ní cuid riachtanach ar bith den dáta an *ú* sin. Mhol seisean gan an *ú* a scríobh: *12 Aibreán.*
- ➢ Ceadaíonn an COA (lch 15) dhá fhoirm: *an 12 Aibreán* agus *an 12ú lá d'Aibreán.* De réir an COA, ba cheart an t-alt a chur le huimhir an lae.

Níl na foinsí go léir ag teacht leis an COA maidir le húsáid an ailt. Cibé treoir a nglactar léi, ba cheart don scríbhneoir cloí le nós amháin agus gan a bheith anonn is anall idir *an 12ú Aibreán* agus *12 Aibreán.*

Sa Bhéarla, deirtear *the 21st of June, the 6th of November* agus mar sin de. Seans gurb é tionchar an *of* sin a thugann ar scríbhneoirí Gaeilge ainm na míosa a chur sa tuiseal ginideach:

- ➢ Beidh Féile Píobaireachta William Kennedy ar siúl in Ard Mhacha ón17–20 Samhna. (**ón 17–20 Samhain**)
- ➢ Beidh na leabharlanna dúnta ó Dé Luain 24 Nollag go Dé Déardaoin 27 Nollag. (**an 24–27 Nollaig**)

Ní gá an focal *mí* a chur le dáta, mar shampla *an 12 de mhí Aibreáin*. Is leor *an 12 Aibreán*. Eisceacht air sin is ea míonna atá ainmnithe as féilte: *Samhain* agus *Nollaig*. Dá scríobhfaí *Samhain 2014* nó *Nollaig 2014*, ní bheadh a fhios ag an léitheoir, cheal comhthéacs, cé acu an fhéile nó an mhí atá faoi thrácht. Níl aon débhríocht i leaganacha mar *Mí na Nollag 2014* nó *Mí na Samhna 2014*.

Féach *Treoir Eagarthóireachta d'Aistritheoirí*: 26.

An bhliain

Tá roinnt gnás in úsáid chun macasamhail *the 1950s, the 2010s* a scríobh i nGaeilge:

➢ Bhí cónaí ar an bhfile Éireannach, Louis de Paor, san Astráil sna1980aidí.

➢ Físeán iontach faoi Ghaeil Bhéal Feirste sna 1980í.

➢ Chaith sé seal mar Chigire Cánach Ceantair i nDún na nGall i lár na 1980óidí.

In *Stíl Tí an Ghúim*, moltar **1980idí**, **1820idí**, **2020idí** agus araile a scríobh, leagan a chlúdaíonn na deirí éagsúla atá i bhfocail mar *ochtóidí, nóchaidí*.

I + bliain

Níl aon treoir sa COA faoi cén fhoirm den réamhfhocal *i* is cirte roimh bhliain a scríobhtar ina figiúirí.

➢ Thosaigh an cogadh i 1939.

➢ Thosaigh an cogadh in 1939.

Tá an chuma air gur coitianta *i 1939* i dtéacsanna oifigiúla, de réir na samplaí ar *www.achtanna.ie*:

➢ Ag socrú an lae vótaíochta ag na toghcháin áitiúla a dhéanfar i 1985.

➢ Coinbhinsiún Vársá arna leasú sa Háig i 1955, agus i gCathair Ghuatamala i 1971.

Tá castacht bheag sa scéal i dtaca le blianta ó 2000 ar aghaidh. *In dhá theach, in dhá bhád* a deirtear sa Ghaeilge. Bheifeá ag súil, mar sin, le *in dhá mhíle is a trí* agus *in 2003*. Tá ciall, mar sin, le moladh atá déanta in *Stíl Tí an Ghúim*, is é sin *in* a úsáid i ngach uile chás.

Ar ndóigh, d'fhéadfá teacht timpeall ar an fhadhb agus *Thosaigh an cogadh sa bhliain 1939* a scríobh.

Cleachtadh 6

Cad é mar a scríobhfá na dátaí seo a leanas le go mbeidís de réir ceann de na treoirleabhair stíle?

1. Táimid dúnta inniu le haghaidh Lá Fhéile Pádraig agus beimid ar ais san oifig arís ar an 18ú Márta.
2. Ar an 14 de Mhárta, 1945, a cuireadh deireadh leis an Dara Cogadh Domhanda.
3. Déanta na fírinne, i mblianta

tosaigh na 1980óidí, chailltí corradh le 200 coisí gach bliain, líon níos airde ná líon iomlán na ndaoine a maraíodh i 2011 ar fad.

De

Ceann de na botúin is coitianta sa Ghaeilge scríofa is ea an réamhfhocal *de* a chur idir ainmfhocail seachas an dara hainmfhocal a chur sa tuiseal ginideach:

- Soláthar de bhreisoideachas do dhaoine fásta a bhfuil riachtanais speisialta acu a athbhreithniú. (**soláthar breisoideachais**)
- Tá Uachtarán na Nigéire, Goodluck Jonathan, tar éis fógra a thabhairt go bhfuil an Rialtas ansin chun an praghas de bhreosla a laghdú. (**praghas an bhreosla**)
- Shíl mé gurb é sin deireadh den amhrán. (**deireadh an amhráin**)

Is dócha gur tionchar an Bhéarla *of* (*price of fuel* etc.) is cúis leis an struchtúr seo a bheith chomh coitianta agus atá. Tá cuntas cuimsitheach in GGBC (9.37–9.53) ar úsáid an tuisil ghinidigh agus *de* (an tabharthach rannaíoch). Ba cheart an cuntas sin a léamh. Is leor a rá gur ciall *pháirteach* atá ag *de*. Tá ciall le *beirt de na hAirí* mar tá níos mó Airí ná beirt ann. An chiall pháirteach sin atá i dtreis i gcás *cuid den airgead, duine de bhunadh Ghaoth Dobhair, bailíodh a lán leaganacha den amhrán.* Níl aon chiall le *deireadh den amhrán* mar ní bhíonn ach deireadh amháin ar amhrán ar bith.

Is de ghnás na Gaeilge *de* a úsáid i bhfrásaí mar seo:

- Na comharchumainn agus na daoine eile atá ag gníomhú ar son na Gaeltachta le b'fhéidir naoi nó deich mbliana anois. (**a naoi nó a deich de bhlianta**)
- Ionas go mbeadh leanaí ina léitheoirí maithe, ní mór dóibh cúig nó sé fhocal nua a fhoghlaim gach lá. (**a cúig nó a sé d'fhocail nua**)

Chuirfeadh sé comaoin ar na habairtí seo thíos gan an réamhfhocal *de* a bheith iontu:

- Luach de €10,000.00 de scoláireachtaí a bhronnadh ar an chlár. (**luach €10,000.00**)
- Is cosúil go bhfuil laghdú de 24% i gceist. (**laghdú 24%**)
- Tá duaischiste de €3,800 i lotto an fhochumainn faoi láthair. (**duaischiste €3,800**)

Má tá *de* le húsáid áit ar bith sna habairtí sin, is mar seo ba cheart dó a bheith: **scoláireachtaí de luach €10,000.00, €3,800 de dhuaischiste.**

Tá an leagan malartach *dena* coitianta i dtéacsanna liteartha as Gaeltacht Thír Chonaill.

Maraíodh cara dena chuid féin.

De réir an CO, áfach, is *dá* a scríobhtar nuair a thagann *de* agus an aidiacht shealbhach *a* le chéile (*his, hers, theirs*):

Maraíodh cara dá chuid féin.

Nuair a thagann *de* nó *do* roimh fhocal a thosaíonn le guta (nó fh + guta) bítear idir dhá chomhairle cé acu is cirte: (1) *Lán gloine d'fhíon, véarsa d'amhrán* nó (2) *Lán gloine de fhíon, véarsa de amhrán.* Bíonn an dá leagan le feiceáil i dtéacsanna Gaeilge, ach is é an gnáthnós inniu (1) a scríobh.

Cleachtadh 7

An ndéanfá leasú ar bith ar na habairtí seo thíos?

1. Bíodh cruinniú ann de gach duine san eagras.
2. Ná meas tú féin faoi do luach. B'fhéidir go bhfuil macalla de Donald Trump leis sin, ach is fíric é.
3. I measc na laigí tá leibhéil arda de sceitheadh uisce.
4. Is tír d'áilleacht shéimh í Éire.

Deacracht

Is ait liom abairtí mar Bhí deacracht agam an cló a léamh. Ba dheacair ciall a bhaint as sin in éagmais poncaíochta a chuirfeadh casadh beag sa chiall: **Bhí deacracht agam: an cló a léamh.**

Is dócha gur faoi thionchar an Bhéarla *I had difficulty...* a tháinig an struchtúr isteach sa Ghaeilge. Ní hé go bhfuil sé ag líonadh bearna nuair atá **Ba dheacair dom an cló a léamh** ann nó **Ní gan dua a léigh mé an cló.**

Tá an aistíl chéanna ag baint le habairtí mar seo thíos.

- Lean sí le deacracht é (**Ba le dua a lean sí é**)
- Tháinig fonn gáire uirthi, mothúchán a mhúch sí le deacracht. (**Ba dheacair di gan dul a gháire**.)

Dealraigh

Struchtúr aisteach atá ag éirí coitianta sa Ghaeilge scríofa:

> Dealraítear go bhfuil neamhaird á déanamh ar na héilimh atá ag an earnáil faoi conas í a láidriú. (**Dealraíonn sé go bhfuil**...)

Seans gur tháinig ann don struchtúr seo trí aithris ar leaganacha mar *creidtear go* agus *meastar go*. Cibé faoi sin, is *dealraíonn sé* ba cheart a scríobh, agus ní hé an saorbhriathar.

Déan

Tá *déan* ar cheann de na focail is coitianta sa Ghaeilge. Is minic a chuirtear é in ionad briathra eile i gcomhaonaid mar seo thíos.

- Tá na bearta seo riachtanach chun srianadh a dhéanamh ar chaiteachas.

(**chun caiteachas a shrianadh/ chun srian a chur le caiteachas**)

➢ Is maith is eol dúinn anois nach maith a tuigeadh an stró a bhainfeadh le tarrtháil a dhéanamh ar theanga a bhí i mbéal báis. (**tarrtháil a thabhairt ar theanga**)

➢ I gcaitheamh an ama sin, tá toirmeasc déanta ag an Údarás Iomaíochta in aghaidh cumaisc amháin. (**toirmeasc curtha ag an Údarás Iomaíochta ar chumasc amháin**)

Dear

Úsáidtear an focal Béarla *design* anois sa chiall *ceapadh, cruthú, ullmhú* agus úsáidtear *dearadh* mórán ar an chaoi chéanna sa Ghaeilge. Ní i gcónaí a oireann sé don chomhthéacs.

➢ Tugann sé seo an deis dúinn réiteach a dhearadh. (**réiteach a aimsiú**)

➢ Ba chóir don Roinn Oideachais beartas a dhearadh chun múinteoirí a chur chuig na hoileáin. (**beartas a cheapadh**)

Déardaoin

Ní shéimhítear an focal *Dé*, mar shampla *oíche Dé Máirt*. Níor cheart é a shéimhiú san fhocal *Déardaoin* ach oiread, cé gur minic a dhéantar sin sa ghnáthchaint. *Oíche Déardaoin* ba cheart a scríobh i dtéacs caighdeánach.

Dearfa/dearfach

Ní i gcónaí a dhéantar dealú ceart idir an dá fhocal ghaolmhara seo. Tá *dearfa* ar aon chiall le *cinnte*, mar a thuigfeá ón dúblóg *cinnte dearfa*. Is é ciall an fhocail *dearfach* ná *positive, affirmative*, malairt an fhocail *diúltach*.

Toisc go bhfuil gaol gairid idir an dá fhocal, bíonn amanna ann agus is deacair a rá le cinnteacht an bhfuil an focal ceart roghnaithe ag an údar. Sna treoracha maidir le healaíontóirí a thoghadh ina 'Saoithe', maíonn Aosdána: 'Ní fhógraítear ach toradh dearfa nó diúltach.' Is é atá sa bhunabairt Bhéarla *Only a positive or negative result will be declared*. Is léir, mar sin, go bhfuil *dearfa* mícheart agus gur **toradh dearfach** ba cheart a scríobh. Ach féach an abairt seo i dtaobh Chomhaontú Liospóin, ar dhiúltaigh vótálaithe na hÉireann dó i bhfeachtas reifrinn sa bhliain 2008. Cuireadh i láthair na vótálaithe arís é, an bhliain dár gcionn.

> Toradh dearfa a bhí ar an dara reifreann nuair a vótáil an tromlach ar son an téacs.

D'fhéadfadh sin a bheith ceart más *unambiguous result* atá ar intinn an údair. Ní bheadh amhras ar bith ann dá scríobhfaí **toradh cinnte**.

Dearfach nó diúltach?

Ní mór don scríbhneoir aire a thabhairt ní hamháin do chruinneas gramadaí ach fosta do ghnéithe caolchúiseacha de chiall na bhfocal. An féidir, mar shampla, go mbainfí brí dhiúltach as na habairtí seo?

➢ A recognised first or second class honours degree in psychology.

    Céim aitheanta sa tSíceolaíocht den chéad nó den dara grád.

➢ The less developed areas of the Shannon Region.

    Ceantair neamhfhorbartha de chuid Réigiún na Sionainne.

Cad é a thuigfeadh daoine as *céim den dara grád*? B'fhearr cloí leis an fhriotal thraidisiúnta: **céim céad onóracha nó dara honóracha.** Ní dócha go mbeadh muintir réigiún na Sionainne sásta ceantar neamhfhorbartha a bheith sa dúiche. B'fhearr **na ceantair sin de chuid Réigiúin na Sionainne is lú a ndearnadh forbairt iontu.**

De chuid

Úsáidtear *de chuid* in abairtí mar *Ollscoil de chuid Bhaile Átha Cliath* chun a chur in iúl gur ollscoil amháin as roinnt ollscoileanna sa chathair sin atá i gceist. Is minic fosta a bhaintear úsáid as chun saothar a chur i leith údar: *An cúigiú siansa* ***de chuid*** *Beethoven*. Ní oireann sé gach áit a bhfuil *of* nó *by* sa Bhéarla:

    Léiriú de chuid *Waiting for Godot* de chuid Beckett.

Tá an chéad *de chuid* mícheart mar go dtugann sé le fios gur saothar le neach éigin darb ainm *Waiting for Godot* atá sa léiriú seo. (Dá mbeadh compántas drámaíochta ann agus an t-ainm sin orthu, ní bheadh locht ar bith air.)

Tá an dara *de chuid* mícheart mar tugann sé le fios go bhfuil rud éigin ar an saol ar a dtugtar *Waiting for Godot* agus gurb é seo sciar Beckett de. Is furasta é a chur ina cheart:

➢ **Léiriú de *Waiting for Godot*, le Beckett.**

➢ **Léiriú de *Waiting for Godot*, dráma de chuid Beckett.**

Dein/déin

Tá *dein* ceadaithe de réir CO 1958 agus de réir an COA. De réir FGB, áfach, níl in *dein* agus *déin* ach leaganacha malartacha de *déan*.

Delivery

Is focal ilchiallach é *delivery*. Tá sé de nós ag aistritheoirí an focal *seachadadh* a úsáid i ngach comhthéacs, mar is léir ó shamplaí mar seo:

➢ Tá sé d'aidhm againn seirbhísí a sheachadadh go leanúnach ag amanna agus ionaid a oireann dár gcustaiméirí. (**seirbhísí a sholáthar/a chur ar fáil**)

➢ Ní mór an tionscadal a sheachadadh

faoi dheireadh Bealtaine 2015. (**tionscadal a chur i gcrích**)

Is é ciall an bhriathair *seachaid* ná rud a thabhairt ar láimh do dhuine nó a chur i láthair duine. Níl aon locht ar *litreacha a sheachadadh* ach teastaíonn focail eile chun cialla eile a bhaineann le *delivery* a thabhairt slán, is é sin *providing, achieving*.

Den chéad uair

Scríobhtar don chéad uair go minic ag freagairt do *for the first time* sa Bhéarla. Má táthar ag iarraidh cloí leis an CO, is **den chéad uair** ba cheart a scríobh:

> Beidh Fleadh Cheoil na hÉireann ar siúl i nDoire **den chéad uair** riamh.

De réir

Ní hionann *de réir* agus *de bharr* nó *mar gheall ar*. Is botún atá ann é a úsáid sa chiall sin:

> Ní féidir na comharthaí a bhaint anuas, de réir costais deisiúcháin. (**mar gheall ar** chostais deisiúcháin).

Detailed

Téann aistritheoirí in abar sa choincheap Béarla seo. Is furasta an réimír *mion* a chur le focal, mar shampla *mioneolas*, nó leas a bhaint as an aidiacht *mionsonraithe*. Is sa bhreischéim agus sa tsárchéim is mó a théann scríbhneoirí amú.

- ➢ Cuireann an láithreán gréasáin eolas níos sonraí ar fáil maidir le pleanáil i gcomhair éigeandála.
- ➢ Cuireann foilseachán an lae inniu, Imleabhar 7, figiúirí ar fáil don oideachas agus do cháilíochtaí ag leibhéal níos mione geografaíochta.
- ➢ Tugann an taispeántas seo cuntas níos mine ar Ré na Lochlannach in Éirinn.

D'fhéadfaí **níos mionsonraithe** a chur in áit na lagiarrachtaí thuas. Ní bheadh **níos grinne** i bhfad ón chiall cheart ach oiread.

Diaidh

Ní hionann ar fad *i ndiaidh* agus *after* an Bhéarla. Úsáidtear *after* sa chiall *later on* i mBéarla, mar shampla, rud a bhaineann tuisle as scríbhneoirí Gaeilge.

> Bhí cúpla duine óg sa bhialann a bheadh ag dul amach don oíche ina dhiaidh. (**níos faide anonn**)

Dídeanaí/iarrthóir tearmainn/teifeach

Ba cheart dealú idir *dídeanaí, iarrthóir tearmainn* agus *teifeach* más mian linn trácht ar chúrsaí imirce le cruinneas. Is ionann *teifeach* agus duine atá ar a theitheadh, *a fugitive* nó *runaway*. *Refugee* is ea an *dídeanaí*. Téarma a mhíníonn é féin is ea *iarrthóir tearmainn/ asylum-seeker*.

Disabled

Téann aistritheoirí in abar ag iarraidh an coincheap seo a chur i bhfriotal, mar is léir ó na habairtí thíos:

- Den chéad uair riamh d'aithin na daltaí na dúshláin laethúla a bhíonn le sárú ag *daoine míchumasacha.*
- Tagann bean óg i gcarr chuig stáisiún traenach lena *máthair mhíchumasaithe* chantalach.
- Tá sé i gceist againn go mbeidh *lucht míchumais* in ann teacht ar gach a mbíonn ar siúl i gContae an Chabháin.
- Ag cuidiú le páistí *le míchumas.*

Níl cló dearg ar cheann ar bith de na samplaí thuas mar níl mé a mhaíomh nach bhféadfadh gach ceann acu a bheith ceart i gcomhthéacs áirithe. In ainneoin an aidiacht *míchumasach* a bheith tugtha in FGB, is léir cén débhríocht atá i *daoine míchumasacha* (daoine nach bhfuil aon chumas iontu). Úsáidtear *míchumasaithe* sa reachtaíocht agus i dtéacsanna oifigiúla ach níor neadaigh sé sa ghnáth-Ghaeilge riamh. Seans gurb ait le daoine an aidiacht bhriathartha, a thugann le fios go ndearnadh na daoine a *mhíchumasú* ar dhóigh éigin. Úsáidtear *lucht míchumais* corruair le cur síos ar *the disabled (community)* ach ní leagan coitianta é.

B'ait leat an réamhfhocal *le* sa leagan *duine le míchumas*. Is minic a úsáidtear an struchtúr sin le cur síos ar ghairm nó ar chúram duine, mar shampla *Ollamh le Spáinnis*. An réiteach is éifeachtaí ná **duine faoi mhíchumas**.

Dleathach/dlíthiúil

Is é ciall an fhocail *dleathach* ná *lawful, permitted by law*. Is é ciall an fhocail *dlíthiúil* ná *legal(istic), pertaining to law*. Ach oiread le *legal* agus *lawful* an Bhéarla, is deacair dealú glan a dhéanamh idir an dá théarma Gaeilge.

Cleachtadh 8

Ar roghnaíodh an focal ceart sna haistriúcháin seo thíos?

1. After incorporation, a company is under legal obligation to keep certain records and make certain statutory declarations to the Companies Registration Office.

   I ndiaidh ionchorpraithe, tá sé d'oibleagáid dhleathach ar chomhlacht taifid áirithe a choimeád agus roinnt fógraí reachtúla a dhéanamh le hOifig Chláraithe na gCuideachtaí.

2. It is illegal for anyone under the age of 16 to operate or control a fast powerboat or a jet ski.

   Tá sé mídhlíthiúil d'aon duine faoi bhun 16 bliana d'aois bád chumhacht-thiomáinte luais nó scaird-scí a oibriú nó a stiúradh.

3. The Department's legal advisers have confirmed that this means that the current Boards can remain until the end of the year.

   Dheimhnigh comhairleoirí dlí na Roinne go gciallaíonn seo gur féidir leis na Boird reatha fanacht mar atá go dtí deireadh na bliana.

Do

Tá dhá chiall, ar a laghad, leis an fhocal *for* i mBéarla. Is féidir sin a léiriú le habairtí mar seo

1. I have money for you.
2. I have money for repairs.

An réamhfhocal simplí *do* a d'úsáidfeá sa chéad abairt: *Tá airgead agam duit*. Ní bheinn róthógtha le *do* sa dara sampla, cé gur minic a scríobhtar a leithéid: Tá airgead agam do dheisiúcháin. Is é atá i gceist le *for* sa chomhthéacs sin ná *for the purposes of*. Is fearr sin a aistriú le *i gcomhair, le haghaidh* nó *faoi choinne*: **Tá airgead agam i gcomhair deisiúchán**.

Cuirtear *do* le frásaí mar *ba cheart, ba chóir, ní mór, is indéanta, níor mhiste* agus araile chun dualgas nó riachtanas a chur i leith gníomhaí: *Ba cheart do Lisa cur isteach ar an bpost sin*. Níor cheart *do* a chur leis na frásaí sin nuair nach bhfuil gníomhaí ar bith ann.

- ➢ Ba chóir do vacsaíniú a bheith déanta ort i mí Mheán Fómhair nó i mí Dheireadh Fómhair.
- ➢ Ní mór don fhoirm a sheoladh chugainn roimh 5.30 i.n., Dé Luain, 3 Feabhra.

Ba cheart na habairtí sin a athscríobh agus *do* a fhágáil ar lár (mura bhfuiltear ag iarraidh ar dhuine gníomhú).

- ➢ **Ba chóir (duit) an vacsaín a fháil** i mí Mheán Fómhair nó i mí Dheireadh Fómhair.
- ➢ **Ní mór (d'iarrthóirí) an fhoirm a sheoladh chugainn** roimh 5.30 i.n., Dé Luain, an 3 Feabhra.

Mí-úsáid eile a bhaintear as an réamhfhocal *do* ná le linn do dhaoine a bheith ag trácht ar thinneas. Sa Bhéarla, bítear ag trácht ar *a cure **for** cancer*. Ní leigheas d'ailse a deirtear i nGaeilge ach, **leigheas ar ailse**.

Tá an leagan malartach *dona* coitianta go maith i dtéacsanna liteartha le húdair as Tír Chonaill.

> Shaothraigh Joe a phá lae ag obair le beithíoch capaill ag treabhadh **dona** chuid comharsan.

De réir an CO, áfach, is *dá* a scríobhtar nuair a thagann *do* agus an aidiacht shealbhach *a* le chéile (*his, hers, theirs*):

> Shaothraigh Joe a phá lae ag obair le beithíoch capaill ag treabhadh **dá** chuid comharsan.

Cleachtadh 9

An ndéanfá aon leasú ar na habairtí seo thíos?

1. Ní bhíodh an oiread sin ama aici níos mó do chaife lena cara.
2. Chonaic sí comhartha d'eaglais Bhaisteach.
3. Ach tá scanóirí an-chostasach – ar a laghad milliún euro don ghléas.
4. Feachtas earcaíochta do bhaill an Chonartha faoi lán seoil sa Ghaeltacht.
5. Bíonn gá le fuilaistriú do dhaoine le haemaifilia.

An dobhriathar

Úsáid lochtach

Locht an-choitianta ar théacsanna Gaeilge is ea abairtí den chineál seo:

> Baileoidh an múinteoir na foirmeacha go pearsanta.

Tá tionchar an Bhéarla *The teacher will collect the forms personally* le brath ar an abairt sin. Déanann an dobhriathar *go pearsanta* ciotaí den abairt Ghaeilge, ionann agus a rá go ndéanfaidh an múinteoir na foirmeacha a bhailiú ar shlí éigin atá *pearsanta* – cibé ciall atá leis sin. Is é a déarfaí i nGaeilge: **Is é an múinteoir féin a bhaileoidh na foirmeacha**.

Is deacair 'riail' a leagan síos a chuideodh le daoine abairtí den chineál seo a leasú. Corruair, is féidir an dobhriathar a fhágáil ar lár gan dochar do chiall na habairte. Corruair, ní mór friotal eile ar fad a aimsiú chun an chiall cheart a thabhairt slán.

Cleachtadh 10

Cuir caoi ar na habairtí lochtacha seo thíos.

1. Bhí sé an-néata, go fisiceach agus go pearsanta araon.
2. Tá Ard Mhacha neadaithe go geografach i measc na Seacht gCnoc.
3. Is éard atá sa suíomh *dailwatch.ie* ná ardán neamhbhrabúis atá neodrach go polaitiúil.
4. Bhí deirfiúr aige nach bhfacthas go poiblí ón dara bliain ar an mheánscoil.
5. Scriosadh cuid mhór den chathair le linn an Éirí Amach agus atógadh í ní ba mhoille.

Dobhriathar vs aidiacht

Ba cheart do scríbhneoirí a bheith faichilleach faoi dhobhriathar Gaeilge a úsáid san áit a mbeadh frása aidiachtúil sa Bhéarla.

> He was planning a well-deserved holiday.

Bhí saoire tuillte go maith á pleanáil aige.

Níl dul na Gaeilge ar an abairt sin mar ní féidir *tuillte go maith* a cheangal le *saoire* díreach mar a bheadh aidiacht shimplí ann. Bheadh dhá chlásal san abairt Ghaeilge:

Bhí saoire á pleanáil aige, saoire a bhí tuillte go maith aige.

Ionad an dobhriathair san abairt

Ní mór do scríbhneoirí aire a thabhairt d'ionad an dobhriathair san abairt.

Oibreoidh an té a cheapfar go maith mar bhall d'fhoireann.

Cén briathar atá á cháiliú ag *go maith*? Tá sé níos gaire do *ceap* ná do *oibrigh*. Dar leat go bhfuil an fostaí nua le ceapadh *go maith*. B'fhearr a leithéid seo:

Oibrí maith foirne a cheapfar.

Dóchúil

Aidiacht úsáideach é *dóchúil* a chuireann ar ár gcumas dúinn *probable* a chur in iúl gan dul i muinín frása fada réamhfhoclach. Tá an ghontacht is dual don téarmaíocht i leaganacha mar *uaschaillteanas dóchúil* (*probable maximum loss*). Ach is ait mar a úsáideadh é de rogha ar ghnáthfhocail mar *is dócha* sna samplaí thíos:

- Má thairgeann sé rud éigin atá rómhaith le bheith fíor, is dóchúil nach bhfuil sé fíor. (**is dócha**)
- Má mhothaíonn tú go dearfach fá dtaobh díot féin, is dóchúla go mbeifeá sásta cuidiú agus tacaíocht a iarraidh ar do chairde. (**is mó seans**)

Dreap

Is féidir aill, crann nó dréimire a dhreapadh ach b'ait leat *dreapadh* a lua leis na rudaí seo thíos.

- Dhreap sé as an leaba.
- Léim sé as an mbád agus dhreap sé ar dhroim an turtair.

Climbing an Bhéarla is cúis le leaganacha den chineál sin. Níl i gceist ach **éirí as an leaba** agus **dul suas ar dhroim an turtair.**

Eachtra

Is é is *eachtra* ann ná tarlú neamhghnách iontach. Rómhinic a úsáidtear é chun coincheapa mar *event* nó *occasion* a chur in iúl i nGaeilge:

T-léinte den scoth atá iontu, foirfe i gcomhair cibé féasta nó eachtra a bheidh ar siúl.

Bheadh **ócáid** nó **imeacht** níos oiriúnaí má táthar ag caint ar chóisirí.

Níl aon locht ar *eachtra* chun *incident* a chur in iúl, ach ba cheart an comhthéacs a bheith soiléir.

> Tá sé d'oibleagáid ar gach gnóthas iarnróid eachtraí agus tionóiscí iarnróid a chur in iúl don Choimisiún Sábháilteachta Iarnróid.

Cén chiall a bhainfí as *eachtra iarnróid*? Ba chabhair don scríbhneoir, b'fhéidir, focail mar **teagmhas** agus **tarlú.**

Eacnamaíocht/geilleagar

Is gnách, sa teanga scríofa fhoirmiúil, *eacnamaíocht* a úsáid le trácht ar an disciplín ar a dtugtar *economics* sa Bhéarla:

> Tá **céim san Eacnamaíocht** ó Princeton aige.

Moltar *geilleagar* a úsáid le tagairt don *economy* agus a mbaineann leis: an Stocmhalartán, boilsciú, rátaí úis:

> Tá **drochdhóigh ar an ngeilleagar** le tamall anuas.

Is cabhair dúinn sanas an fhocail *geilleagar*, is é sin *geall* (socrú airgid) & *eagar* (córas).

Mar an gcéanna i gcás na n-aidiachtaí *eacnamaíoch* agus *geilleagrach*.

Éadaigh/éadaí

Bíonn mearbhall ar scríbhneoirí i dtaobh an dá fhocal seo.

➢ Bí cinnte go bhfuil ainm ar gach ball éadaí. (**ball éadaigh**)

➢ Ach duilliúr na gcraobh mar éadaigh leapa os mo chionn. (**éadaí leapa**)

Is é atá in *éadaigh* ná ginideach an fhocail *éadach*, mar shampla *ball éadaigh* (*an item of clothing*). Is gnách foirm an ghinidigh uatha a úsáid sa nath *mo chuid éadaigh.*

Is é atá in *éadaí* uimhir iolra an fhocail *éadach*, mar shampla *éadaí fear, éadaí ban.*

Eadhon

Ní scríobhtar an focal *eadhon* (*namely, that is to say*) i dtéacsanna Nua-Ghaeilge (ach amháin má táthar ag iarraidh blas ársa a bheith ar an téacs).

Ní gnách ach oiread go n-úsáidtear an sean-nod a chuireadh scríobhaithe in ionad an fhocail sin: *.i.*

Is é an gnáthnós leas a bhaint as giorrúchán an natha Laidine *id est*: *i.e.*

Eagraíocht/eagras

De réir FGB, is leagan malartach den fhocal *eagraíocht* é *eagras*. Is amhlaidh a bheifeá ag súil le *eagraíocht* i dtéacsanna caighdeánacha, ach tá *eagras* i roinnt teideal oifigiúil, mar shampla *Eagras Oideachais Eolaíochta agus Cultúir na Náisiún Aontaithe* (UNESCO). Ba cheart cloí leis na teidil oifigiúla sin.

Éagsúil

Chomh minic lena mhalairt, is féidir an focal é seo a fhágáil ar lár gan dochar ar bith do chiall abairte. Go deimhin, ba chomaoin ar abairtí mar seo thíos gan *éagsúil* a bheith iontu.

> Bhí teaghlaigh éagsúla ina suí thart agus an chuma orthu go raibh siad ag baint sult as an tráthnóna.

De réir FGB, is é bunbhrí *éagsúil* ná *difriúil/gan a bheith cosúil* (*éagosúil*). Brí eile is ea *various*, mar shampla *Chastaí orm é ag ócáidí éagsúla*. I gcás na habairte thuas, is san uimhir iolra atá an focal *teaghlach*. Tá a fhios againn, mar sin, nach é an t-aon teaghlach amháin a bhí ann. Is eol dúinn nach bhféadfadh na teaghlaigh sin a bheith díreach cosúil lena chéile. Níl feidhm le tuilleadh faisnéise. Ó tharla *éagsúil* a bheith luaite, dar leis an léitheoir gur mhian leis an údar béim a chur ar neamhionannas na ndreamanna seo, cibé cúis atá leis sin.

Ealaín

Is focal casta mírialta é *ealaín* (ginideach uatha *ealaíne*/ginideach iolra *ealaíon*). An deacracht is mó a bhíonn ag daoine ná cé acu an t-uatha nó an t-iolra a úsáid chun trácht ar an choincheap ghinearálta *art/the arts*. An *iris ealaíne* nó *iris ealaíon* ba cheart a thabhairt ar *arts magazine*? Ní bheadh aon locht ar *iris ealaíne*, ach oiread le *iris cheoil* nó *iris litríochta*. Sa chás sin chuimseodh *ealaín* gach brainse de na healaíona. I gcásanna eile, d'fhéadfadh an ghné iolra a bheith tábhachtach. Tugann an Chomhairle Ealaíon, mar shampla, maoiniú do gach cineál ealaíne, agus bíonn idir thaispeántais, dhrámaí agus scannáin ar siúl in *ionad ealaíon*.

Éigean/éigin

Tá *éigin* tugtha mar leagan malartach de *éigean* in FGB ach ba chóir dealú idir an dá fhocal sin i dtéacsanna caighdeánacha. Ná scríobhtar Is ar éigin a bhí mé in ann éirí ach **Is ar éigean a bhí mé in ann éirí.**

Is botún amach is amach é Tá duine éigean ar do lorg a scríobh.

Is minic gur féidir *éigin* a fhágáil as an abairt gan aon dochar don chiall.

> Más mian le duine ~~éigin~~ taighde a dhéanamh ar chúrsaí ginealais, is mar seo ab fhearr dó tosú.

Ní dócha gur duine faoi leith atá i gceist san abairt sin, ach gach duine a chuireann suim sa ghinealas. Úsáidtear *duine* ar bhealach neamhphearsanta atá cosúil le *one* an Bhéarla, mar shampla *Is leor do dhuine a dhícheall.* (*One can only do one's best.*)

Eile

Ní hionann ar fad *eile* na Gaeilge agus *other* an Bhéarla. Is gnách ainmfhocal a chur le *eile* chun brí na habairte a thabhairt slán.

- Is ar scáth a chéile a mhaireann na tíortha agus athróidh an tSín, bealach amháin nó eile, le himeacht ama.
- Ar thaobh amháin nó eile den cholainn.
- Beidh seasamh á ghlacadh ag an pháirtí a bheas ar thaobh amháin nó eile den scoilt thraidisiúnta ó thuaidh.

Bealach amháin nó bealach eile an nath Gaeilge agus cailltear cuid dá bhrí nuair a ghiorraítear é. *On one side or another* a bhí ar intinn na ndaoine a scríobh an dá abairt dheireanacha sin ach ní hé sin an chiall a bhainfeadh léitheoir Gaeilge astu, ach *on one side or something else*. Ní mór an t-ainmfhocal *taobh* a athrá:

- **Ar thaobh amháin nó ar thaobh eile** den cholainn.
- Beidh seasamh á ghlacadh ag an pháirtí a bheas **ar thaobh amháin nó ar thaobh eile** den scoilt thraidisiúnta ó thuaidh.

Eisceacht air sin an fhoirmle *nó eile* a úsáidtear go minic i gcáipéisí oifigiúla agus an chiall *otherwise* leis:

> Folaíonn 'gléasra' aon fhearas nó trealamh, leictreach **nó eile**.

Níl aon locht ar *agus eile* ná ar *nach iad* in abairtí mar seo thíos:

- Tugann Robert McMillen léargas ar bhorradh mór an cheoil – seisiúin, féilte **agus eile** – atá ag tarlú i gCathair Bhéal Feirste.
- Chaith mé cuid mhór ama ag caint le daoine, idir óg agus aosta, bunadh an oileáin agus **daoine nach iad**.

Níl aon chiall, áfach, le *eile* agus *nach iad* a chur le chéile mar seo:

> Is foilseachán uile-Éireann é, le scríbhneoirí ó gach cuid den oileán: Béal Feirste, Áth Cliath, Corcaigh, Sligeach, Gaillimh agus eile nach iad. (**agus áiteanna eile nach iad**)

Éire

Tá foirm thabharthach ar leith den fhocal *Éire* ann: *in Éirinn, as Éirinn*. Úsáidtear an fhoirm thabharthach fiú nuair is ainm an stáit atá i gceist: *Beidh a cuid custam féin **ag Éirinn***.

Is minic a úsáidtear an fhoirm thabharthach mar ainmneach chomh maith, mar shampla *Beidh Éirinn agus an Fhrainc i gcoinne a chéile sa chluiche leathcheannais*. Tá an úsáid sin lasmuigh den CO, áfach.

Éirigh

Tá droch-chlaonadh ann *éirigh* agus *éirí cosúil le* a úsáid san áit a mbeadh *become* nó *get* sa Bhéarla.

- Ach nuair a tháinig McMaster amach ar an stáitse, d'éirigh daoine ina dtost. (**thit daoine ina dtost/ thit a dtost ar dhaoine**)

➢ Bhronn an Rí John cearta agus saoirsí breise ar shaoránaigh Bhaile Átha Cliath agus de réir a chéile bhí stádas na cathrach ag éirí cosúil le stádas Londan. (**de réir a chéile, bhí stádas Bhaile Átha Cliath ag méadú go dtí go raibh sé inchurtha le stádas Londan féin**.)

Éirigh le

Éiríonn le daoine agus lena gcuid feachtas agus pleananna. Corruair, ba cheart don scríbhneoir malairt friotail a aimsiú chun rath nó éifeacht a chur in iúl.

Cé go mbíonn seans ann i gcónaí go dtiocfaidh an aicíd ar ais ar an duine, éiríonn leis an chóir leighis de ghnáth. (**bíonn an chóir leighis éifeachtach**)

Eispéireas/taithí

Ní i gcónaí a dhéantar dealú mar is ceart idir dhá chiall ghaolmhara de chuid an fhocail Bhéarla *experience*.

1. Cleachtadh ar obair, ar mhodh maireachtála faoi leith nó eile. An chiall sin a bhíonn i dtreis i bhfógráin fostaíochta a thráchtann ar *Experience desirable but not essential.*
2. Rud a bhrath nó blaiseadh de rud. An dara ciall sin atá i dtreis sa mhana turasóireachta *The Dublin Pub Experience.*

An fhadhb a bhíonn le réiteach ag aistritheoirí Gaeilge ná cé acu *taithí* nó *eispéireas* ba cheart a úsáid chun gach ciall acu sin a chur in iúl.

Thuigfeá don scríbhneoir a bheadh ag doicheall roimh an fhocal *eispéireas*. Tá an nod *Phil.* taobh leis in *FGB*, rud a thugann le fios gur saintéarma fealsúnachta é. Ní hamháin sin, ach is minic *experience* ina fhocal folamh sa Bhéarla, sa dóigh is nach miste focal ginearálta a chur ina áit nó é a fhágáil gan aistriú ar fad. Féach an dá abairt seo a bhí le haistriú ag Seosamh Mac Grianna le linn a chuid oibre don Ghúm:

➢ *To me, this party was a new experience.*

Rud nuaidh a bhí sa pháirtí seo agamsa.

➢ *Every experience is serviceable to us.*

Níl **rud dá dtig muid fríd** nach gcuidigheann linn.

Is deise go mór leaganacha Sheosaimh ná *Eispéireas nua a bhí sa pháirtí* agus *Níl aon eispéireas ann nach gcuidíonn linn*. Bíodh sin mar atá, focal úsáideach is ea *eispéireas* sa chomhthéacs cheart. Seans gur saintéarma fealsúnachta a bhí ann tráth a foilsíodh FGB, ach tá sé in úsáid go forleathan anois i réimsí an oideachais, na critice liteartha agus an reiligiúin. Cuireann sé ar a gcumas do dhiagairí, mar shampla, trácht go cruinn agus go gonta ar choincheapa mar *a religious experience*. Tá *taithí ar reiligiún* ag gach duine a chuaigh trí chóras scolaíochta na hÉireann ach ní hionann sin agus *eispéireas reiligiúnach*.

Bíodh sin mar atá, b'ait leat gur *Eispéireas Rás Aigéin Volvo* a tugadh ar *The Volvo Ocean Race Experience*. Ní hionann réim an fhocail *eispéireas* agus réim an fhocail Bhéarla, a bhfuil seanchleachtadh againn air i bhfógráin agus in ábhair bholscaireachta. Is fearr mar a d'éirigh leis an té a d'aistrigh *The Arigna Mining Experience* agus a scríobh *Ar Lorg Mhianadóireacht na hAirgní*.

Saghas béarlagair is ea *experience* i nathanna mar *Enjoy your dining experience with us* agus níl dualgas ar bith orainn meas a bheith againn air faoi mar a bheadh dá mba théarma é. **Bain sult as do bhéile** an t-aistriúchán is fearr air sin.

Eolas/faisnéis

Úsáidtear *eolas* sa ghnáthchaint gan dealú idir na cialla *knowledge* agus *information*. B'éigean d'aistritheoirí oifigiúla an dealú sin a dhéanamh, áfach, agus is mar gheall air sin a úsáidtear an focal *faisnéis* le haghaidh *information* i gcomhthéacsanna oifigiúla agus teicniúla, mar shampla *Information Technology / Teicneolaíocht Faisnéise, Financial Intelligence Unit/An tAonad um Fhaisnéis Airgeadais*.

Ní focal teicniúil amach is amach é *faisnéis*. Go deimhin, úsáidtear i leaganacha gnáthchainte mar *gan fios gan faisnéis*. Ní féidir a rá, mar sin, go mbíonn sé choíche *mícheart* amach is amach. Bíodh sin mar atá, tá *eolas* níos coitianta agus is minic gurb é an focal is oiriúnaí i gcomhthéacsanna neamhoifigiúla, mar shampla *Tourist Information/Eolas do Thurasóirí*.

Ba cheart do scríbhneoirí téarmaí agus teidil oifigiúla Ghaeilge a sheiceáil agus gan talamh slán a dhéanamh de gur *eolas* nó *faisnéis* atá i dtreis.

- Conas iarratais a dhéanamh ar an Osi faoi Achtanna Saoirse Eolais 1997 agus 2003. (**na hAchtanna um Shaoráil Faisnéise**)
- Is leabhrán faisnéise é *Ag Gluaiseacht Suas* do scoileanna, múinteoirí agus tuismitheoirí faoi na bealaí is fearr tacú le daltaí agus iad ag aistriú ó bhunscoileanna go dtí iar-bhunscoileanna. (B'fhearr **leabhrán eolais**, ag cuimhneamh ar sheánra an téacs.)

Fachtóir

Úsáidtear an téarma *fachtóir* sna heolaíochtaí agus sa mhatamaitic. Is fearr gnáthfhocal a úsáid i réimsí neamhtheicniúla.

- Fachtóir eile a chuirfidh an chúirt san áireamh ná cé acu ar chiontaigh tú cheana nó nár chiontaigh. (**Cúinse eile/pointe eile**)

➢ Tá mí-úsáid antaibheathach in ospidéil ar cheann de na fachtóirí is cúis le frithsheasmhacht in aghaidh antaibheathach. (**ar cheann de na cúiseanna atá le frithsheasmhacht**)

Facs/faics

Ba mhinic a scríobhtaí *faics* ar pháipéar ceannteidil agus ar shonraí teagmhála. Is é *facs* (4ú díochlaonadh) an leagan faofa údarásach. Ach is den tseanteicneolaíocht é sin.

Faigh

Úsáidtear *faigh* go coitianta anois sa chiall *to become*. Ní rud nua é sin; tá *ag fáil mór, fuar, dorcha* tugtha in FGB. Ach is deacair maithiúnas a thabhairt don scríbhneoir a roghnódh *faigh* nuair atá *éirigh* agus leaganacha eile sa Ghaeilge.

> Tá laghdú suntasach tagtha ar líon na n-iascairí le fiche bliain agus tá sé seo ag fáil níos measa le blianta beaga anuas. (**ag éirí níos measa/ ag dul in olcas**)

Leaganacha coitianta eile sa chaint ná Faigheann siad ar shiúl leis (aistriúchán focal ar fhocal ar *They get away with it*) agus Tá siad ag iarraidh déanamh ar shiúl leis (aistriúchán focal ar fhocal ar *They're trying to do away with it.*). Arís, tá leaganacha breátha sa Ghaeilge nach bhfuil deacair ná deoranta: **Ligtear leo. Táthar ag iarraidh deireadh a chur leis,** agus mar sin de.

Cleachtadh 11

An ndéanfá aon leasú ar na habairtí seo thíos?

1. Beidh an teas ag fáil isteach mura ndruideann muid an doras.
2. Fuair mé mé féin istigh i seomra dorcha.
3. Ná faigh rúnaí ná cúntóir riaracháin le scairteanna gutháin a dhéanamh duit.
4. Níor shíl mórán daoine go bhfaigheadh Fianna Fáil isteach an t-am sin.

Faireachán/monatóireacht

Is i dtéacsanna oifigiúla, den chuid is mó, a úsáidtear an téarma *faireachán* sa chiall *monitoring.*

> To monitor and assess the causes of crime.
>
> Le faireachán agus meas a dhéanamh ar na cúiseanna a ndéantar coireanna.

Monatóireacht is coitianta i dtéacsanna neamhoifigiúla agus sna meáin ach ba cheart i gcónaí *faireachán* a úsáid má tá sé ina chuid d'ainm nó de theideal oifigiúil, mar shampla *National Disability Strategy Stakeholder Monitoring Group/ Grúpa Faireacháin Pháirtithe Leasmhara na Straitéise Náisiúnta Míchumais.*

Fan

Ní miste pearsantú a dhéanamh ar an choincheap seo i gcomhthéacsanna áirithe. Cuir i gcás, is ionann *Tá an bás ag fanacht linn go léir* agus *Tá an bás i ndán do chách.* B'ait leat, áfach, an pearsantú sna habairtí seo:

- Bhí a fhios ag Charles go mbeadh radharc álainn ag fanacht leis i ndiaidh dó an barr a bhaint amach. (**go mbeadh radharc álainn roimhe**)
- Beidh an bád ag fanacht leat ag a haon déag. (**Beidh an bád ann ar a haon déag.**)
- Na dúshláin agus na contúirtí a bhí ag fanacht leis na Gaeil san Oileán Úr. (**a bhí roimh na Gaeil/a bhí i ndán do na Gaeil)**

Is é *fanacht* an t-ainm briathartha caighdeánach. Leagan malartach is ea *fanúint.*

De réir an CO, is briathar den chéad réimniú é *fan.* Mar sin de, ba chóir *fanfaidh mé* a scríobh má táthar ag iarraidh cloí leis an CO (murab ionann agus *fanóidh mé*).

Fan ar/fan le

Bíodh is go bhfuil leaganacha mar *Ag fanacht ar an mbus a bhí mé* sách coitianta, is fearr **ag fanacht leis an mbus** a scríobh. Ní ar an mbus a bhí an duine ag fanacht in aon chor, ach ag fanacht go dtiocfadh sé.

Farasbarr

Baintear míbhrí as an fhocal seo go hanmhinic.

> Ach má óltar farasbarr fíona, d'fhéadfadh duine ciορóis mharfach an ae a tholgadh. (**an iomarca, barraíocht**).

Is fíor go bhfuil *excess* tugtha mar mhíniú ar *farasbarr* ina lán foclóirí, mar aon le *surplus.* Sin é ciall cheart an fhocail: an méid den bharraíocht atá ann. Seo roinnt samplaí d'úsáid cheart an fhocail.

- Má fhaigheann iarrthóir níos mó vótaí ná an cuóta, aistrítear **an farasbarr vótaí** go comhréireach chuig na hiarrthóirí eile i gcomhréir le roghanna na dtoghthóirí.
- Chuir muid cúpla cúilín eile leis an scór agus faoi leath ama bhí **seacht gcúilín d'fharasbarr** againn 1–05 i gcoinne 0–01.

Fásach/gaineamhlach

Úsáidtear *fásach* le tagairt do cheantar ar bith nach bhfuil aon ní ag fás ann nó atá tréigthe. Fásach atá san Antartach, cuir i gcás. Fásach gainimh is ea *gaineamhlach,* mar shampla *Gaineamhlach Ghóibí.*

Feictear/le feiceáil

Úsáidtear *feictear* agus *le feiceáil* ar bhealaí sách ciotach.

(1) Ar shlí nach gcabhraíonn le brí na habairte:

- Ba i lár na cathrach a bhí na plódtithe ba mheasa le feiceáil.
- Tá sraith d'íomhánna beoga le feiceáil sa dán seo.
- These first castles consisted of defensive earthworks./Créfoirt chosanta a bhí le feiceáil sna chéad chaisleáin seo.

Ní chaillfí a dhath tábhachtach dá bhfágfaí *le feiceáil* ar lár sna habairtí thuas. Go deimhin, bheadh na habairtí níos slachtmhaire dá cheal.

- Ba i lár na cathrach a bhí na plódtithe ba mheasa.
- Tá sraith d'íomhánna beoga sa dán seo.
- Créfoirt chosanta a bhí sna chéad chaisleáin seo.

(2) Ar shlí a thugann le fios go bhfuil cáilíocht theibí éigin infheicthe:

> Feictear an grá a bhí ag Seán Ó Tuama don Ghréig sa chnuasach seo.

Ba cheart friotal eile a aimsiú chun an coincheap sin a chur in iúl i nGaeilge.

> **Tá an grá** a bhí ag Seán Ó Tuama don Ghréig **le brath** ar an gcnuasach seo.

Is léir ón sampla sin go n-úsáidtear *feictear* agus *le feiceáil* chun leaganacha Béarla mar seo a aistriú: *imbued with, tinged with, perceptible.* Ní miste sin, sa chomhthéacs ceart, mar shampla *Tá tionchar mháistrí na hIodáile le feiceáil sa phictiúr seo.* Ach is minic áiféis nó míloighic éigin ag baint leis an rogha focal.

- Albam sách brónach is ea é, ach tá an greann le feiceáil ann freisin.
- Feictear míshásamh an phobail i dtoradh an fhothoghcháin.

Is iomaí leagan dúchasach a d'oirfeadh ansin.

- Albam sách brónach is ea é ach **níl sé gan greann a bheith ann**.
- **Léiriú ar** mhíshásamh an phobail **a bhí i** dtoradh an fhothoghcháin.

Féideartha

Aidiacht úsáideach is ea *féideartha* a chuireann ar a gcumas d'aistritheoirí oifigiúla *feasible* a aistriú i mbeagán focal. Níor cheart, áfach, é a úsáid scun scan in áit leaganacha seanbhunaithe mar *is féidir*:

- Ní bheadh sé féideartha ná cuí a bheith ag brath ar ENRanna chun córas náisiúnta aistrithe a sholáthar do theaghlaigh ina bhfuil leanaí. (**Ní bheadh sé indéanta** ná cuí ...)
- Laghdófaí cuid de na srianta sin trí leasú féideartha ar struchtúir íocaíochta. (**trí leasú a d'fhéadfaí a dhéanamh/dá ndéanfaí leasú**)

Feidhm

Baintear feidhm chomh mór sin as *cur i bhfeidhm* nach léir do scríbhneoirí cén fheidhm atá leis níos mó. Is é bunchiall an fhrása ná *to put into operation, to execute.*

➢ Tá druga faofa le húsáid chun bac a chur ar theacht i bhfeidhm an ghalair seo. (**chun nach ndéanfaidh an t-othar an galar seo a tholgadh**)

➢ Tá comhrialtas i bhfeidhm ó reáchtáladh toghcháin náisiúnta Leosóta i mBealtaine 2012. (**Tá comhrialtas i gcumhacht**)

Úsáidtear *i bhfeidhm* anois amhail is go gcuimsíonn sé gach uile rud atá *in place.* Cuirtear é le focail eile nach ndéanann comhaonad nádúrtha leis.

➢ Díreofar sa seimineár ar chur chun cinn agus ar fhorbairt na litearthachta ag leibhéal na scoile uile. Leagfar béim ar chomhoibriú agus ar idirghníomhú an rannpháirtí agus beidh a lán deiseanna ann an t-ábhar a chur i bhfeidhm go praiticiúil. (**an t-ábhar a thriail/a chleachtadh**)

➢ Cuireadh Foras na Gaeilge ar bun le freastal ar phobal na Gaeilge agus a mianta a chur i bhfeidhm. (**a mianta a bhaint amach**)

Féidir

Úsáidtear *can* sa Bhéarla sa chiall *it is possible/conceivable.* Más í sin an chiall atá i dtreis san abairt Ghaeilge, níor cheart an réamhfhocal *le* a chur le *is féidir* nó *tig*. Is amhlaidh a chuirfeadh sé sin *cumas* in iúl seachas *féidearthacht.*

➢ Is féidir le páistí a bheith i mbaol ar líne.

➢ Tig leis na focail sin a bheith deacair a chloisteáil, ach 99% den am, tá siad fíor.

Bíonn leaganacha traidisiúnta mar *féad, seans* agus *b'fhéidir* an-úsáideach chun an coincheap seo a chur in iúl.

➢ **Tá seans ann** go mbeadh páistí i mbaol agus iad ar líne.

➢ **Is focail iad seo nach mian linn a chloisteáil, b'fhéidir**, ach...

➢ **Seans nach dtaitneodh na focail seo linn**, ach...

Cleachtadh 12

Cén dearcadh atá agat i dtaobh na bhfocal *féadann, tagann le,* agus *ábalta* sna habairtí seo?

1. Bhí sé mall anois, agus ní bheidís ábalta bialann oscailte a aimsiú.
2. Bomaite ina dhiaidh, d'fhéad sé uisce a chluinstin agus coiscéimeanna.
3. Ag an am sin den lá ba ghnách léi cithfholcadh a ghlacadh.

B'aoibhinn an rud é a bheith ábalta mothú glan i ndiaidh a cuid oibre.

4. Bheinn buíoch díot dá dtiocfadh leat freagra a chur chugam a luaithe agus is féidir.

5. Cé go raibh cuma bhreá ghalánta ar Bhaile Átha Cliath, agus múnla nua air, níorbh fhéidir an bhochtaineacht agus na tithe plódaithe a fheiceáil. Is é an teideal a thug duine amháin a fuair locht ar Bhaile Átha Cliath in 1796 'this gorgeous mask of Ireland's distress.'

Fíoras/fíric

Tá an dá fhocal tugtha in FGB agus an chiall *fact* luaite leo. Is ar éigean a d'fhéadfaí a rá go bhfuil difear céille ann. Is fíor, áfach, go bhfuil claonadh ann *fíoras* a úsáid i gcúrsaí dlí. *Fíric(í)* is mó a úsáidtear i gcúrsaí staidrimh agus matamaitice.

Fíorúil/samhalta

Is gnách *fíorúil* a úsáid le haghaidh *virtual* i gcomhthéacs na Teicneolaíochta Faisnéise, mar shampla *virtual memory/ cuimhne fhíorúil*.

In ainneoin an nod *Tchn:* a bheith le *samhalta* in FGB, b'fhearr an focal sin a úsáid chun trácht ar thoradh na samhlaíochta i saothair litríochta agus ealaíne.

Fisiceach/fisiciúil

Ní hamháin go bhfuil *fisiceach* agus *fisiciúil* ann; i gcúinsí áirithe, bheadh *corp-* nó *coirp* le cur san áireamh fosta chun ciall an fhocail Bhéarla *physical* a chur in iúl.

De réir FGB, tá *fisiciúil* ina leagan malartach de *fisiceach*. Bíodh sin mar atá, tá claonadh láidir ann inniu an focal *fisiceach* a úsáid nuair a bhíonn cúrsaí fisice i gceist agus *fisiciúil* a úsáid i gcomhthéacsanna eile. Féach, mar shampla, *analytical physical chemistry/ ceimic fhisiceach anailíseach* ach 'is imreoir thar a bheith fisiciúil é' (www.tearma.ie). Seans gur mar gheall ar an chosúlacht fuaime atá aige leis an fhocal Béarla *physical* a dhéantar sin.

Fiú

Is fíor go gciallaíonn *fiú* rud éigin atá cosúil le *even* an Bhéarla ach caithfidh scríbhneoirí aire a thabhairt d'ionad an fhocail san abairt. Sa sampla thíos, tá altra as na hOileáin Fhilipíneacha ag trácht ar an chiníochas a fhulaingíonn sí féin agus a cuid cairde in Éirinn.

> 'Ní thugann ár n-éide fiú cosaint dúinn,' ar sise.

Is é an chiall atá leis sin ná *Our uniform doesn't give us as much as protection*. Ní dócha gurb é sin a bhí ar intinn an chainteora.

> '**Fiú ár n-éide**, ní thugann sí cosaint dúinn,' ar sise.

Nó d'fhéadfaí dul i muinín na poncaíochta.

> 'Ní thugann ár n-éide, **fiú,** cosaint dúinn,' ar sise.

Focal amháin nó focail scartha?

Maireann litriú traidisiúnta a lán focail Ghaeilge fós, in ainneoin an CO agus FGB. Bíonn scríbhneoirí idir dhá chomhairle faoi leaganacha áirithe a scríobh mar aon fhocal amháin nó mar dhá fhocal. Seo cuid de na samplaí is coitianta:

An seanlitriú (focal amháin)	An nualitriú (dhá fhocal)
macléinn	**mac léinn**
mactíre	**mac tíre**
maraon	**mar aon**
meánlae, meánoíche	**meán lae, meán oíche**
roimhré	**roimh ré**
taréis	**tar éis**

Tá a mhalairt ann chomh maith, is é sin focail áirithe ar ghnách iad a scríobh ina dhá chuid sular caighdeánaíodh litriú na Gaeilge.

An seanlitriú (dhá fhocal)	An nualitriú (focal amháin)
ar aon	**araon**
bun os cionn	**bunoscionn**

Táthar i ndiaidh éirí as fleiscín a chur idir na míreanna i ndúblóga mar *brille bhreaille, cogar mogar, mugadh magadh.*

Focail fholmha

Peter Newmark, tráchtaire ar chúrsaí aistriúcháin, a chum an t-ainm *nearly empty words* le cur síos ar fhriotal nach n-iompraíonn mórán brí san abairt dáiríre. Cuirtear an sprioctheanga as a riocht le linn don aistritheoir a bheith ag iarraidh freastal ar an fhriotal sin

> To promote and to advance the arts.
>
> Na healaíona a chur chun cinn agus a chur chun tosaigh.

Ní bheadh caillteanas mór céille ann dá scríobhfaí **Na healaíona a chur chun cinn**.

Foclóir

Níl aon síneadh fada ar an chéad *o* den fhocal *foclóir*. Rómhinic a deirtear rud éigin atá cosúil le *folklore* an Bhéarla.

Foirmeálta/foirmiúil

De réir FGB, tá *foirmeálta* ina leagan malartach den fhocal *foirmiúil*, ach tá aitheantas tugtha do *foirmeálta* ar *www.focloir.ie*. Is é *foirmeálta*, go mór fada, an focal is coitianta ach fós féin bítear ag trácht ar *gearán foirmiúil* agus *oideachas foirmiúil*. Ceist réime atá ann – is fearr a oireann *foirmeálta* do chomhthéacsanna nach bhfuil foirmiúil.

Folláin/sláintiúil

Is cróga an té a d'fhéachfadh le dealú cruinn a dhéanamh idir *folláin* agus *sláintiúil*. Féadann bia, cuir i gcás, a bheith folláin nó sláintiúil agus is deacair a rá go bhfuil focal amháin níos fearr ná a chéile. Bíodh sin mar atá, b'ait leat a leithéid seo:

➢ Níl aon bhia againn, agus beidh ocras sláintiúil orainn nuair a thiocfaidh muid síos arís.

➢ Chuaigh sé a rothaíocht suas an cnoc, á rá leis féin chomh sláintiúil agus a bhí sé.

Is é atá i gceist sa dá shampla ná sláine. Sílim gur **folláin** is fearr a chuireann an méid sin in iúl.

Forainmneacha

Athrá ar an fhorainm

Ní gá an forainm a athrá in abairtí Gaeilge ach oiread leis an Bhéarla.

> Tháinig Pól isteach agus shuigh sé síos agus thosaigh sé ag léamh an nuachtáin.

Is gonta agus is nádúrtha an forainm a scríobh uair amháin, más é an gníomhaí céanna atá i mbun gach gnímh.

> Tháinig Pól isteach, **shuigh síos agus thosaigh ag léamh** an nuachtáin.

Inscne an fhorainm

Níl inscne an fhorainm ceart sna habairtí thíos.

➢ Ba í an bharúil a bhí ag lucht pleanála na gcathracha ná go mbeadh cumhacht aibhléise agus breosla measartha saor i gcónaí.

➢ Is í an fhadhb ná gur féidir leat a dhath ar bith a rá faoin Eaglais Chaitliceach ag an phointe seo agus creidfear é go forleathan.

➢ Is í mo chomhairle, fanacht glan ar gach cathair.

Dar le daoine gur cheart go mbeadh an forainm agus an t-ainmfhocal (*barúil, fadhb, comhairle*) de réir a chéile ó thaobh na hinscne de. Ó tharla gur ainmfhocail bhaininscneacha iad *barúil*, *fadhb* agus *comhairle*, cuireann scríbhneoirí an forainm baininscneach *í* leis an chopail. Is botún é sin. Ní ag tagairt do *barúil* atá an forainm ach don fhaisnéis sa chlásal *go mbeadh cumhacht agus breosla saor i gconaí*. Ní féidir inscne a lua leis an fhaisnéis sin, agus, nuair nach féidir, glactar leis gur firinscneach atá.

Féach, áfach, *Nach dona an chomhairle í sin? Fadhb í sin atá ag dul in olcas.*

Féach GGBC: 13.27.

Uimhir an fhorainm

Tá míréir in úsáid an fhorainm sna samplaí seo thíos:

➢ Tá **an Rialtas ag déanamh a ndíchill** agus níl a fhios agam conas is féidir leo níos mó a dhéanamh. (forainm iolra)

➢ Tá tuairim is 10% de thalamh na hÉireann faoi chrainn agus tá **an Rialtas ar a dhícheall** cur leis an gclúdach crann sin. (forainm uatha)

Cé acu forainm iolra nó forainm uatha ba cheart a chur le focail mar *rialtas, foireann, páirtí, slua* agus cnuasainmneacha eile? Scéal casta atá ann a ndéantar tagairt dó in GGBC: 13.28:

> Is iondúil go ngéilleann an forainmneach dá ainmfhocal ina uimhir... Ach is gnách go ngabhann cnuasainm uatha forainmneach iolra más iad baill indibhidiúla an chnuais atá i gceist: *tá beirt amuigh agus iad ag troid; an mhuintir a raibh mé leo, cuireadh a dteach trí thine; theithfeadh an tréad dá bhfeicidís faolchú.* Ach *is mór an tréad é.*

De réir na tuisceana sin, b'fhearr *ag déanamh a dhíchill* agus *ar a dhícheall* a scríobh, nó bítear ag súil le Rialtas a bheith d'aon chomhairle.

Níl an Béarla gan tionchar a bheith aige ar an ghné seo den Ghaeilge. I mBéarla na Breataine agus na hÉireann, is gnách forainm iolra a chur le cnuasainmneacha. Tá an gnás sin chomh neadaithe sin in intinn lucht na Gaeilge nach ndéantar iontas d'abairtí mar seo:

➢ Tá an SDLP faoi bhrú millteanach cé gur **choinnigh an páirtí a gcuid** comhairleoirí is baill tionóil.

➢ Comhlíonfaidh **an Chomhairle a gcuid** cúraimí faoin Treoir maidir le Baol Tuile 2007/60/CE.

Ba cheart iarracht a dhéanamh gan meascán d'fhorainmneacha uatha agus iolra a úsáid ag trácht ar an aon rud amháin. A leithéid seo, in alt faoi chúrsaí an Mheánoirthir:

➢ Gach uile dhuine nach Giúdach iad.

➢ Éinne ar mhaith leo bheith ina nIosraelach (**ar mhaith leis ... ina Iosraelach**)

Ba é a bhí an t-údar ag iarraidh a dhéanamh, is dóigh liom, gan inscne faoi leith a cheangal leis na focail *duine* agus *éinne*, atá neodrach ó thaobh na hinscne de. Ach is olc an toradh a bhí air. Bheadh an uimhir iolra níos slachtmhaire (*daoine ar mhaith leo bheith ina nIosraelaigh*), agus ní bheadh an seanmhúnla *é/í* chomh holc sin ar fad: *Gach uile dhuine nach Giúdach é/í.*

Is furasta uimhir an fhorainm a ligean i ndearmad i liostaí agus i bhfoirmeacha ina bhfuil bearna mhór idir an t-ainmfhocal (*iarrthóirí*) agus na forainmneacha atá ag tagairt dó. Art Ó Maolfabhail a chuir an sampla seo chugam, agus a rinne an tráchtaireacht:

➢ Ní mór d'iarrthóirí na critéir iontrála seo a leanas a chomhlíonadh: *(An tríú pearsa iolra)*

– bheith ina náisiúnach de Bhallstát den AE. (*An tríú pearsa uatha*)

Foirmeacha treise

Is féidir foirmeacha treise den fhorainm a úsáid chun comparáid nó codarsnacht a threisiú.

➢ Ba bhreá léi ceist a chur ar a fear céile, ach bhí sé i bhfad chun tosaigh uirthi ar an chosán. (**bhí seisean**)

➢ Tá dílseacht den saghas sin chomh tábhachtach céanna do do ghnó-sa inniu agus a bhí sí dúinn 20 bliain ó shin. (**agus a bhí sí dúinne**)

Corruair, nuair a bhíonn comparáid nó codarsnacht i gceist, cuirtear míreanna taispeána mar *seo, sin* agus *siúd*, leis an fhorainm.

> Cuireann Roinn an Taoisigh comhairle ar an Taoiseach maidir le dualgais na hoifige sin. Anuas air sin, tugann an Roinn tacaíocht do Phríomh-Aoire an Rialtais maidir lena chuid dualgas siúd.

Réamhtheachtach doiléir

I gcás go bhfuil níos mó ná pearsa amháin san abairt, ní foláir na focail atá ag tagairt do na daoine sin (na forainmneacha) a úsáid go cúramach chun go mbeidh brí na habairte soiléir don léitheoir. Rómhinic a bhíonn a leithéid seo ann:

> Thit Máire amach le hEibhlín mar gheall ar a hardú céime.

An é gur dhiúltaigh Eibhlín ardú céime do Mháire nó an é go bhfuil Máire éadmhar faoi ardú céime a tugadh d'Eibhlín? Fiú má tá eolas sa chuid eile den téacs a chuideodh leis an léitheoir an bhrí cheart a fhuascailt, ba cheart abairtí míshlachtmhara den chineál sin a sheachaint, fiú má theastaíonn athrá nó timchaint éigin.

> **Thit Máire amach le hEibhlín nuair nár thug Eibhlín ardú céime di.**

Nó

> **Tugadh ardú céime d'Eibhlín agus thit Máire amach léi mar gheall air sin.**

Cleachtadh 13

Cuir caoi ar na habairtí lochtacha seo a leanas.

1. Nuair a chuir sé a lámh ar mhurlán an dorais, bhí sé ar crith.
2. Cé mise le comhairle a chur ar dhuine ar bith? Ceist mhaith, agus níl freagra agam air.
3. Ní fhacthas dom gur shaothraigh duine ar bith acu a gcuid airgid gan dúthracht dhochreidte a chur isteach ina ngnó.
4. Bhí an ghrian ag scoilteadh na gcloch, agus chuir sé a lámh thar a shúile lena gcosaint.
5. Gléas ar an dóigh chéanna, dar

leat, ar mhaith leatsa go ngléasfadh duine atá ag teacht chugat le haghaidh agallamh poist.

6. Bhí an lá arna mhárach iontach te, fiú ar maidin. Bhí cuileoga ann fosta. Chuir siad isteach orthu agus iad ag déanamh pancóg dá mbricfeasta.

Forbair

Úsáidtear an focal Béarla *develop* in abairtí mar *I developed a taste for it* nó *We developed our own style*. Ní mar sin a úsáidtear *forbair* na Gaeilge.

➢ Táimid ag dul i dteagmháil le gach teaghlach in Éirinn agus tá an leabhrán seo forbartha againn le míniú cén fáth a bhfuilimid ag déanamh amhlaidh

➢ Chaithinn, b'fhéidir, uair go leith ag trascríobh nótaí ó thaifeadadh éigin ionas go bhféadfainn tiúin a fhoghlaim. D'fhorbair mé cluas an-mhaith dá bharr.

Tháinig an briathar *forbair* as *for-beir*. *Cuir le* nó *méadaigh* an bhunchiall atá leis. Agus sin agat foinse na míloighice sa chéad abairt: chaithfí an leabhrán a bheith ann cheana le go bhféadfaí é a 'fhorbairt.' Ach tá an chuma ar an scéal go ndearnadh an téacs seo a scríobh go húrnua. Deamhan locht, mar sin, ar ghnáthfhocal mar **Tá an leabhrán seo curtha ar fáil againn.**

Maidir le cluas an-mhaith a fhorbairt, is aistriúchán focal ar fhocal é ar *I developed a good ear*. Deamhan locht ar **Ba é an deireadh a bhí air ná go raibh cluas an-mhaith don cheol agam.**

Féach mar a aistríodh *develop* sna téacsanna seo as *Tobar na Gaedhilge*.

➢ Sight and scent became remarkably keen, while his hearing developed such acuteness that in his sleep he heard the faintest sound and knew whether it heralded peace or peril.

D'éirigh géire iongantach san amharc agus sa bholadh aige, agus i dtaca leis an éisteacht de d'éirigh sé comh géar sin agus, ina chodladh féin, go mbéadh fhios aige cé aca tuaim charad nó námhad a bhéadh ann. (Niall Ó Domhnaill, *Scairt an* Dúthchais)

➢ He has been under punishment nearly the whole time of his imprisonment; and has developed homicidal tendencies.

Tá sé faoi phionús bunadhas an ama uilig ó cuireadh i bpríosún é, agus d'fhás claontaí dún-mharbhtha fríd. (Domhnall Mac Grianna: *Uaigheanna Chill Mhóirne*)

Gabh/téigh

Is ionann ciall don dá bhriathar i gcomhthéacsanna áirithe, ach tá roinnt frásaí réamhfhoclacha ann ina n-úsáidtear focal amháin acu seachas a chéile.

- ➢ Dianchúrsa Lae i nGaeltacht Ráth Chairn dóibh siúd atá ag dul don mhúinteoireacht. (**ag gabháil don mhúinteoireacht**)

- ➢ Pé íocaíochtaí leasa shóisialta atá ag gabháil duit. (**ag dul duit**)

Gach

Ní hionann *gach* agus *each* an Bhéarla. Ní mór ainmfhocal a chur le *gach*:

- ➢ Tá gach de na comhairlí baile laistigh de limistéar an chontae faoi údarás an Bhainisteora Contae. (**gach ceann de na comhairlí** nó **gach comhairle**)

- ➢ Má theastaíonn deimhniú uait go bhfuil alt áirithe i bhfeidhm fós gan leasú, ba chóir duit gach de na hAchtanna ina dhiaidh sin a scrúdú. (**gach ceann de na hAchtanna** nó **gach Acht**)

Eisceacht air sin an struchtúr uilíochta *D'ól sé gach a raibh aige*. Is é a thuigtear as sin *gach uile rud dá raibh aige*.

Gaire/giorra

Is beag difear fuaime idir *níos gaire* agus *níos giorra*. Is mar gheall air sin, b'fhéidir, a bhíonn an dá fhocal tríd a chéile ag scríbhneoirí.

- ➢ Is í Gaeltacht na Mí an Ghaeltacht is giorra don chathair. (**is gaire don chathair**)

- ➢ Déantar iad a dhímheas thar théarma an léasa nó thar a shaolré eacnamaíoch úsáideach, cibé is gaire acu. (**cibé is giorra acu**)

Breischéim na haidiachta *gar* is ea *níos gaire*. Breischéim na haidiachta *gearr* is ea *níos giorra*.

Gan

Is minic a úsáidtear *gan* ar dhóigh a fhágann dul dearfach ar abairt Ghaeilge nuair ab fhearr dul diúltach a bheith uirthi.

> Ba cheart do dhochtúirí gan frithbheathaigh a thabhairt do dhaoine nuair nach gá é sin.

Sílimse go mbeadh leagan mar seo níos soiléire:

> **Níor cheart do dhochtúirí frithbheathaigh a thabhairt** do dhaoine nuair nach gá é sin.

Bheadh fonn orm abairtí mar seo thíos a athscríobh chomh maith:

> Bhí a hathair i ndiaidh an carráiste a fhágáil taobh amuigh den bhaile mór le gan aird a tharraingt orthu.

B'fhearr *gan* a fhágáil as, dar liomsa.

> Bhí a hathair i ndiaidh an carráiste a fhágáil taobh amuigh den bhaile mór **sa dóigh is nach dtarraingeofaí aird orthu**.

Gnách/gnáth

Ní mór dealú idir an t-ainmfhocal *gnáth* agus an aidiacht *gnách*. Mar seo atá:

> Téim ar saoire i mí Iúil, **de ghnáth**. (ainmfhocal)
>
> **Is gnách liom** dul ar saoire i mí Iúil. (aidiacht)

Gníomhaí/gníomhaire/oibreán

Teastaíonn focail éagsúla Ghaeilge chun *agent* a aistriú, ag brath ar an chomhthéacs.

- Tá gníomhaithe taistil agus tionscnóirí turas faoi oibleagáid dul isteach i mbanna sula dtugann an Coimisiún ceadúnas. (**gníomhairí taistil**)
- Gearóid Ó Cairealláin, ceannródaí agus gníomhaire teanga. (**gníomhaí teanga**)

Gníomhaire is fearr a úsáid chun cur síos ar *agent* a mbíonn gnó faoi leith ar siúl aige nó aici nó a dhéanann ionadaíocht ar dhaoine eile i ngnóthaí dlí, mar shampla *gníomhaire eastáit, gníomhaire liteartha, gníomhaire fioscach*. Maidir le *gníomhaí*, is fearr a oireann sin don chiall *activist*, mar shampla *gníomhaí pobail, gníomhaí ar son chearta an duine*. Tá *chemical agent* ann chomh maith. *Oibreán* is gnách a thabhairt ar a leithéid sin (*oibreán baictéarach, oibreán frithreo*).

Gníomhaíocht/gníomhaireacht

Is minic an dá fhocal seo in aimhréidh ag daoine.

> Is féidir tuismitheoirí a spreagadh le bheith rannpháirteach i saol na scoile agus cur le gníomhaireachtaí ranga. (**gníomhaíochtaí**)

Is ionann *gníomhaireacht* agus *agency*, mar shampla *An Ghníomhaireacht Caighdeán Bia/The Food Standards Agency*.

Is ionann *gníomhaíocht* agus *activity*, mar shampla *gníomhaíochtaí ranga/classroom activities*.

Gnólacht

Measann scríbhneoirí gur focal baininscneach é seo, ach is míthuiscint é sin.

> Chabhraigh iasachtaí ón gCoimisiún Eorpach le borradh a chur faoi 220,000 gnólacht bheag ar fud na hEorpa. (**gnólacht beag**)

Is dócha gur ghlac an t-údar leis gur focal ilsiollach é *gnólacht* agus go gcaithfeadh sé a bheith baininscneach nuair atá críoch *-acht* air. Ach is comhfhocal firinscneach ó cheart é: *gnó* + *lucht*.

Go dtí

Níor cheart *go dtí* a úsáid mar a úsáideadh sa chur síos seo thíos ar aipindicíteas:

> Faoi cheann roinnt uaireanta athraíonn an míchompord go dtí pian níos géire.

Is minic a bhíonn an cumasc sin *athraigh + go dtí* i dtéacsanna Gaeilge.

> Chun an bhainc leis ansin, áit ar athraigh sé an beagán dollar a bhí aige go dtí nótaí euro.

Níl an comhaonad sin *change to/athraigh go dtí* dúchasach don Ghaeilge. Tá bealaí eile ann chun an coincheap a chur i bhfriotal.

➢ Faoi cheann roinnt uaireanta an chloig **ní míchompord a bheidh** ag cur as don othar níos mó, **ach pian** ghéar.

➢ Chun an bhainc leis ansin, áit a ndearna sé an beagán dollar a bhí aige **a mhalartú ar nótaí euro**.

Ní réamhfhocal é *go dtí*, ach an briathar *tar* sa mhodh fhoshuiteach láithreach. Toisc nach réamhfhocal é, ní bhíonn aon tionchar gramadaí aige ar an ainmfhocal a leanann é. Dá bhrí sin, níl na habairtí seo caighdeánach:

➢ Níl sé de chead ag othair ná ag cuairteoirí trealamh leictreach a thabhairt leo go dtí an ospidéal gan cead ón bhfoireann chothabhála. (**go dtí an t-ospidéal**)

➢ Thug Aiken Promotions slua go dtí an gcathair lena sraith *Live at the Marquee* (**go dtí an chathair**)

Is fíor, áfach, go n-úsáidtear *go dtí* mar a bheadh réamhfhocal ann i gcanúintí áirithe. Féach, mar shampla, an t-amhrán Muimhneach *Oileán Dhún an Óir*:

> Mé a thabhairt seal aríst ann, fé mar bhíos fhéin fadó. Go dtí an mbaile atá in aice le hOileán Dhún an Óir.

Is dall an t-eagarthóir a dhéanfadh é sin 'a cheartú' ach ní bheifeá ag súil lena leithéid i dtéacs lánchaighdeánach.

Go minic, is leor an réamhfhocal *go* a chur le briathar.

> **Fan go dtiocfaidh** Pádraig.
>
> **Níor chuala mé faic go raibh** na Gardaí sa mhullach orainn.

Tá claonadh ag eagarthóirí *go dtí* a chur in áit *go* ina leithéid d'abairt, ach is rócheartú é sin.

Rócheartú eile, nó riail gan bhunús, a mhaíomh nach féidir *go dtí* a úsáid in abairtí mar *Chuaigh sé go dtí an siopa.* De réir na hargóna seo, is é is ciall do *go dtí* ná *chomh fada le.* An té a rachadh go dtí an siopa, mar sin, ní dhéanfadh sé ach siúl chomh fada leis gan dul isteach in aon chor. Is den tsaoithíneacht é sin.

Ní fíor ach oiread nach féidir *go dtí* a chur le logainmneacha.

➢ Do cheannuigh sé an t-asal, agus thug sé leis go dtí an Daingean é.

➢ Tháinig sagart paróiste nua go dtí

Baile an Fheirtéaraigh an uair sin. (As *Timcheall Chinn Sléibhe* le Seán Ó Dálaigh an dá shampla.)

Is fíor, áfach, gur sa Mhumhain is treise atá an nós sin. *Go* is mó a úsáidtear le logainmneacha gan an t-alt (*go Gaillimh, go Corcaigh*) agus *chun* i gcás logainmneacha a bhfuil an t-alt leo (*chun an Chlocháin Léith, chun na Fraince*).

Go minic

Sa Bhéarla, úsáidtear *often* sa chiall *in large measure*. Is é an chiall atá le *Young voters are often radical* ná *A large number of young voters are radical.* Is olc mar a oireann an úsáid sin don Ghaeilge: Bíonn vótálaithe óga radacach go minic. Shílfeá go mbíonn siad radacach méid áirithe uaireanta seachas líon áirithe acu a bheith radacach. Is fearr cur chuige ar bhealach éigin eile, mar shampla: **Tá claonadh ag vótálaithe óga i leith an radacachais.**

Go mór mór

Is minic a chuirtear séimhiú air seo:

Chuaigh go leor daoine ar imirce, go mór mhór go Meiriceá.

Níl sé sin mícheart, ach *go mór mór* an leagan caighdeánach atá tugtha in FGB.

Graiméar/gramadach

Ní cheartóidh an scrúdaitheoir do chuid graiméir an chomhairle a chuireann *www.scoil.net* ar dhaltaí atá ag dul faoi scrúdú cainte na hArdteistiméireachta. Leoga is scrúdaitheoir thar a bheith díograiseach a dhéanfadh a leithéid, mar is ionann *graiméar* agus *leabhar gramadaí*. Níl sé comhchiallach le *gramadach*. Ná níl síneadh fada ar an litir *a* sa chéad siolla ach oiread.

Hierarchy

Teastaíonn focail éagsúla Ghaeilge chun *hierarchy* a aistriú, ag brath ar an chomhthéacs. Níl mórán brí sna habairtí seo:

- Mhol sé deireadh a chur le 'cliarlathas na híospartachta'. (*hierarchy of victimhood*)
- I 1785, thréig an tOrdlathas Caitliceach Rómhánach in Éirinn an Ghaeilge, an cultúr Gaelach, agus náisiúnachas na hÉireann. (*Roman Catholic Hierarchy*)

An bealach eile thart ba cheart dó a bheith: *cliarlathas* a úsáid chun trácht ar chéimeanna na cléire ó shagart go Pápa agus *ordlathas* nuair is ord tábhachta nó stádais atá i gceist.

I

Níl aon locht ar abairtí Béarla mar *In professional sport, in business,* agus mar sin de. Tá cuma ait, áfach, ar an réamhfhocal lom i dtús na n-abairtí samplacha seo.

- Mar shampla, i bhfeirmeoireacht sicíní, buaileann galar casachta na sicíní de bharr baictéar.

➢ I ngalar Alzheimer, bíonn néaltrú ann in éineacht le comharthaí eile.

Is é nós na Gaeilge frása éigin mar *i gcás* a úsáid.

Iarratasóir/iarrthóir

Is ar éigean atá dealú céille ar bith idir *iarratasóir* agus *iarrthóir* sa ghnáthchaint, ach tá comhthéacsanna ann inar cheart focal amháin acu seachas a chéile a úsáid.

An té a dhéanann iarratas, is amhlaidh is *iarratasóir* é. Is cuma cad é a bheadh á iarraidh: tearmann, íocaíocht leasa shóisialaigh, paitinn, achomharc, post, cead pleanála nó eile. *Applicant* nó *petitioner* a thugtar ar a leithéid i mBéarla.

Bíonn *iarrthóirí* páirteach i dtoghcháin, i scrúduithe agus i gcomórtais. *Candidate* a thugtar ar a leithéid i mBéarla.

Is léir ó na hiontrálacha ar *www.tearma.ie* go mbíonn lucht na Gaeilge an-trína chéile faoi cé acu focal is fearr i gcomhthéacsanna áirithe. Níl dealú slán idir *candidate* agus *applicant* sa Bhéarla féin. D'fhéadfaí a mhaíomh gur *iarratasóir* atá i nduine a dhéanann iarratas ar phost, mar shampla. Ach bíonn iomaíocht ann le haghaidh poist, de ghnáth, agus d'fhéadfaí a rá gur *iarrthóir* atá i ngach duine atá páirteach san iomaíocht sin.

I bhfoirm

Mar is léir ó na samplaí úsáide faoin cheannfhocal *foirm* in FGB, níl aon ní mícheart le leaganacha ar nós *i bhfoirm aingil* (*in the form of an angel*) nó *i bhfoirm táblaí* (*in tabular form*). Bíodh sin mar atá, ní hannamh a bhaintear úsáid bhreallach as an leagan fónta seo. In *Lorg an Bhéarla*, thug Seán Mac Maoláin an sampla *There was nothing in the form of a book on sale there.*/*Ní raibh aon ní i bhfoirm leabhair ar díol ansiúd.* Ar ndóigh, ní cruth ná cuma na n-earraí atá i gceist sa nath *in the form of a book.* Níl ann ach bealach eile chun a rá nach raibh leabhar ar bith ar díol san áit. Tá an locht céanna ar na habairtí seo thíos:

➢ Féadann freagraí a bheith i bhfoirm scríofa nó i bhfoirm béil.

➢ Cuirfidh Foras na Gaeilge toradh an iarratais in iúl don oide agus don scríbhneoir i bhfoirm litreach.

Sa chéad sampla, is leor a rá **go nglacfar le freagraí scríofa agus le freagraí ó bhéal**. Níl a fhios agam cad é a thuigfí as *freagra i bhfoirm béil* (*an answer in the shape of a mouth?*). **Cuirfidh Foras na Gaeilge litir chuig na n-iarratasóirí** chun toradh a n-iarratais a chur in iúl dóibh.

Idir

Úsáidtear *idir* (agus an leagan malartach *eadar*) ar roinnt bealaí:

1. Mar réamhfhocal simplí sa chiall *between: idir an dá shúil.*

De réir FGB agus GGBC, séimhítear i ndiaidh an *idir* sin de ghnáth: **idir thithe, idir pháirceanna**. Luaitear trí eisceacht air sin in GGBC (4.10):

➢ Nuair is spás nó achar ama atá i gceist: **Idir Corcaigh agus Gaillimh. Idir meán oíche agus maidin.**

➢ Nuair is difríocht atá á cur in iúl: Is mór **idir pingin agus punt.**

➢ Nuair atá dhá rud nó dhá phearsa á gcur os coinne a chéile: **Coimhlint idir Seán agus Maitiú.**

Údar éiginnteachta is ea na heisceachtaí sin. An achar ama atá i gceist le *between meals*, cuir i gcás? An *idir béilí* nó *idir bhéilí* ba cheart a scríobh? Tá bua na simplíochta sa treoir a tugadh in CO 1958 agus sa COA (2012), is é sin gan séimhiú i ndiaidh *idir* sa chiall *between*: *idir tithe, idir béilí.*

2. Úsáidtear *idir* sa chiall *araon* chomh maith: *Tá* ***idir bhuachaillí agus chailíní*** *ar an scoil sin anois.* Úsáidtear é sa chiall *partly* chomh maith, mar shampla: *Bhí sé* ***idir gháire agus ghol.***

Ní mór séimhiú tar éis *idir* nuair a úsáidtear ar na slite sin é. Féach, áfach, nach séimhítear focail dar tús *d, t* nó *s* tar éis an fhocail *agus* (nó an leagan giorraithe *is*): **Idir shúgradh is dáiríre. Idir chléir agus tuath.**

Idirdhealú/leithcheal

Is amhlaidh a úsáidtear *idirdhealú* sa chiall shochpholaitiúil, is é sin caitheamh níos fearr le dreamanna áirithe seachas a chéile. I dtéacsanna oifigiúla is mó a úsáidtear an téarma sin, mar shampla *An tAcht in Aghaidh Idirdhealú (Pá), 1974.* I ngnáth-théacsanna Gaeilge, is minice a bhaintear úsáid as gnáthleaganacha mar *leithcheal/leatrom a dhéanamh ar dhream.*

Idirlíon

Is ainmfhocal firinscneach den chéad díochlaonadh é *Idirlíon.* **Seirbhísí Idirlín** ba chóir a scríobh seachas seirbhísí Idirlíne. Níl aon bhaint aige leis an fhocal *líne.*

Idirnáisiúnta

Rómhinic a úsáidtear *idirnáisiúnta* san áit ab fhearr *eachtrannach* nó *coigríche* nó a leithéid.

➢ Déanann an Bille foráil sna réimsí seo a leanas: ... seirbhísí oideachais do mhic léinn idirnáisiúnta.

➢ Seoladh sceideal Sheachtain na Gaeilge i láthair slua mór de chainteoirí Gaeilge, Béarla agus cainteoirí teangacha idirnáisiúnta.

Is **mic léinn ón choigríoch** atá i gceist sa chéad sampla agus is **teangacha eachtrannacha** atá á labhairt ag na daoine atá luaite sa dara sampla. Ní miste, i gcomhthéacs eile, *teangacha idirnáisiúnta* a thabhairt ar an Bhéarla nó ar an Spáinnis atá á labhairt i dtíortha ar fud na cruinne. Ná ní hé nach féidir *idirnáisiúnta* a úsáid le tagairt do dhuine nó do dhream. Níl aon locht ar *fear gnó idirnáisiúnta* más duine é a bhíonn ag díol is ag ceannach i roinnt tíortha. Bheadh locht air, áfach, mura bhfuil ann ach gur fear gnó ón choigríoch é.

I mbun

Thiocfadh le duine ar bith a bheith i mbun foghlama nó i mbun oibre, ach nuair a luaitear gníomhaíocht faoi leith le *i mbun*, cuirtear casadh beag sa chiall. Is eagarthóir a bheadh i mbun nuachtáin agus is múinteoir a bheadh i mbun ranga, is é sin *i gceannas*.

> Cúpla seachtain ó shin, baineadh an díon de sheomra Rang 6 agus anois tá na daltaí sin i mbun ranga i dtigh tabhairne trasna an bhóthair ón scoil. (**bíonn na daltaí sin ag freastal ar ranganna**)

Imeacht

Is comhfhocal firinscneach é *imeacht* (*im* + *teacht*). Meastar trí dhearmad é a bheith baininscneach toisc dhá shiolla a bheith ann ach críoch *-acht* a bheith air.

➢ Imeacht thábhachtach ba ea an seisiún iomlánach ar na Meáin Chumarsáide agus Céannacht Eorpach. (**imeacht tábhachtach**)

➢ Le linn na himeachta sin, bhí deis ag muintir na háite cibé cúis imní a bhí acu a chur in iúl. (**le linn an imeachta sin**)

In ann/i ndán

Níl mórán de dhifear fuaime idir *in ann* agus *i ndán* agus, nuair nach bhfuil, bíonn siad trína chéile sa Ghaeilge scríofa.

➢ Thuig siad go raibh Páirc an Chrócaigh in ann dóibh anois. (**i ndán dóibh**)

➢ Má bhíonn tú amuigh faoin tuath in Éirinn agus oíche ghlan ann, beidh tú i ndán an cóiméad a fheiceáil gan gléas ar bith. (**in ann**)

Inchurtha/ionchurtha

I dtéacsanna a scríobhadh sular caighdeánaíodh litriú na Gaeilge, bíonn *ionchurtha* san áit a mbeadh *inchurtha* inniu, d'fhonn freastal ar riachtanais *caol le caol, leathan le leathan*. Cibé faoi sin, tá difear céille idir an dá fhocal sa Ghaeilge chaighdeánach.

> Ní raibh na hAngla-Shacsanaigh féin ionchurtha leis na Cruithnigh i dtaca le snoíodóireacht chloch de. (**inchurtha**)

Is ionann *ionchuir* agus *input*. Déantar faisnéis a *ionchur* i mbunachar sonraí, cuir i gcás. Rudaí atá *inchurtha* lena chéile, is féidir iad a chur i gcomparáid nó i gcomórtas lena chéile.

Inequality

Tá roinnt bríonna leis an fhocal Béarla, rud a bhaineann tuisle as scríbhneoirí Gaeilge.

> Dul i ngleic leis na bunchúiseanna atá leis an mbochtaineacht agus leis an neamhionannas. (**éagothroime**)

Úsáidtear *inequality /neamhionannas* san fhealsúnacht, sa chiall *not of the same quality or kind.* Fiú más neamhionann x agus y, ní hé sin le rá go bhfuil éagothroime ann.

Más cúrsaí fabhair nó leatroim atá faoi thrácht, is fearr, de mo dhóighse, *éagothroime* ná ceann ar bith de na leaganacha seo:

- ➢ Níor éirigh go rómhaith leis an Lucht Oibre dul i ngleic leis an neamh-chomhionannas, áfach.
- ➢ Scríobh alt ar an mhíchothromaíocht idir fir agus mná in Éirinn sa lá atá inniu ann.

Inscne

Shílfeá ón nod *Gram,* atá taobh leis an iontráil don fhocal *inscne* in FGB, gur téarma gramadaí amach is amach é. Tá úsáid an fhocail i ndiaidh leathnú amach ó shin: *Comhionannas Inscne, Dioplóma sa Staidéar Inscne.*

Installation

Teastaíonn focail éagsúla Ghaeilge chun *installation* a aistriú, ag brath ar an chomhthéacs. Níl mórán brí sna habairtí thíos:

- ➢ Tá foireann innealtóireachta na seirbhísí foirgníochta freagrach as pleanáil, insealbhú, feidhmiú agus monatóireacht na gcóras meicniúil. (**suiteáil**)
- ➢ Insealbhú ealaíne cruthaithe ag daltaí Coláiste Ghobnatan. (**suiteáil**)

Déantar uachtaráin agus príomhairí a **insealbhú**, is é sin iad a chur i seilbh oifige. Déantar fearas agus cláir ríomhaireachta a **shuiteáil**. *Ealaín suiteála* a thugtar ar *installation art.*

Iomad/iliomad

Ní go rómhaith a thuigtear tionchar gramadaí na bhfocal seo.

Is féidir an uimhir uatha nó an uimhir iolra teacht i ndiaidh *an iomad* agus *an iliomad.*

- ➢ Ar ndóigh, tá **an iliomad buntáistí** le do ghnó féin a bheith agat.
- ➢ Aithním go bhfuil riachtanais agus deacrachtaí ar leith sláinte ag **an iomad duine** a chónaíonn sa tuath.

Ní chuirtear an réamhlitir *t* le ceachtar den dá fhocal tar éis an ailt.

Iomrall aimsire

Is mór idir aimsirí na Gaeilge agus aimsirí an Bhéarla agus is minic a bhíonn tionchar an Bhéarla le sonrú ar abairtí Gaeilge. Tá roinnt míthuiscintí ann atá chomh coitianta sin agus go bhfuil an bharúil ag teacht chugam go gcaithfidh sé go bhfuil siad á múineadh sna scoileanna.

Chuala mé ó dhaoine, mar shampla, nach mór cloí le haimsir amháin san abairt. An tuiscint sin, b'fhéidir, is cúis le habairtí mar Ní bheadh ionadh orm dá mbeadh sé aici i gcónaí. Is léir gur *I wouldn't be surprised if she still had it* a bhí ar intinn an scríbhneora ach is fearr i bhfad a chuirfeadh **Ní bheadh ionadh orm má tá sé aici i gcónaí** an chiall sin in iúl. Níl feidhm ar bith leis an choinníoll dhúbailte.

An aimsir ghnáthláithreach in áit na haimsire fáistiní

Thrácht Seán Mac Maoláin (1957) ar an tionchar a bhíonn ag abairtí Béarla mar seo ar an Ghaeilge:

> Pádraig will be happy when his two sons come home.

Níl aon locht ar an abairt Bhéarla ach níl a leithéid seo d'abairt Ghaeilge inghlactha in aon chor:

> Beidh áthas ar Phádraig nuair a thagann a bheirt mhac abhaile.

Ní oireann an aimsir ghnáthláithreach (*a thagann*) chun trácht ar rud nár tharla fós. Is í an aimsir fháistineach ba cheart a úsáid sa Ghaeilge.

> Beidh áthas ar Phádraig **nuair a thiocfaidh** a bheirt mhac abhaile.

Tá an t-iomrall aimsire sin ar cheann de na botúin is coitianta a dhéantar sa Ghaeilge scríofa.

An modh coinníollach in áit na haimsire gnáthchaite

Tá iomrall aimsire san abairt seo:

> Gach maidin, timpeall leathuair tar éis a naoi, shiúlfadh sé go stáisiún Phort Mearnóg.

Tugann an modh coinníollach (*shiúlfadh*) le fios go ndéanfadh sé an turas de shiúl na gcos ach go raibh bac éigin air. Is í an aimsir ghnáthchaite a theastaíonn chun a chur in iúl gur siúlóid laethúil a bhí ann:

> Gach maidin, timpeall leathuair tar éis a naoi, **shiúladh** sé go stáisiún Phort Mearnóg.

Níl aon difear fuaime idir *shiúlfadh* agus *shiúladh* ach, i gcás cuid de na briathra mírialta, tá difríochtaí suntasacha idir foirmeacha an dá aimsir. Tá cuid d'fhoirmeacha na haimsire gnáthchaite ag dul ar gcúl sa Ghaeilge labhartha, agus tá foirmeacha an mhodha choinníollaigh ag teacht ina n-áit. Níor tugadh aitheantas don nós sin sa CO áfach.

➢ Nuair a bhí mé ag obair i gCearnóg

Mhuirfean rachainn ann go minic. (**théinn**)

➢ Is é a déarfadh an paidrín os cionn achan duine á bheadh marbh thart san áit seo uilig. (**deireadh**)

Aimsir chaite shimplí in áit na haimsire gnáthchaite

Níl foirm faoi leith ag an bhriathar Béarla san aimsir ghnáthchaite.

1. I learned that song a long time ago.

   D'fhoghlaim mé an t-amhrán sin i bhfad ó shin.

2. Back then, children learned their lessons off by heart.

   An t-am sin, **d'fhoghlaimíodh páistí** a gcuid ceachtanna de ghlanmheabhair.

Tionchar an Bhéarla, measaim, is cúis le habairtí lochtacha mar *An t-am sin, d'fhoghlaim páistí a gcuid ceachtanna de ghlanmheabhair.*

Cleachtadh 14

An ndéanfá leasú ar bith ar na habairtí seo thíos?

1. An Bhreatain a cheannaigh formhór mór earraí easpórtála na hÉireann, fiú i ndiaidh bhunú Shaorstát Éireann.
2. Thug sé faoi deara go raibh an bhásmhaireacht ghinearálta níos airde i measc staonairí ó alcól ná mar a bhí ina measc siúd a d'ól méid measartha anois is arís.
3. Beidh ort dul i dteagmháil leis an ábhar custaiméara. Tá sé tábhachtach go dtéann tú i bhfeidhm láithreach ar an duine seo.
4. Le linn bhlianta deireanacha an 18ú haois, ghéaraigh Wilberforce ar an bhfeachtas i gcoinne na sclábhaíochta. Is beag baile mór nár thug sé óráid ann agus is beag nuachtán nár foilsíodh alt óna pheann ann.
5. Líon isteach an chuid seo den fhoirm más mian leat iarratas a dhéanamh ar aon liúntas agus le cinntiú go bhfaigheann tú bille cruinn ceart.

Ionad/lárionad

Centre an sainmhíniú atá tugtha ar *lárionad* sna foinsí tagartha agus as sin a thugtar *lárionad ealaíon/pobail/siopadóireachta* ar *arts centres, community centres* agus *shopping centres* idir bheag agus mhór. Is cruinne *lárionad* a úsáid chun trácht ar cheanncheathrú nó ar oifig láir ina ndéantar gnó brainsí eile a chomhordú, mar shampla *an Lárionad Náisiúnta do Theicneolaíocht san Oideachas,* a dhéanann comhordú ar scéimeanna teicneolaíochta i scoileanna ar fud na tíre.

Ionadach/Ionadaíoch

Is beag idir litriú an dá aidiacht *ionadach* agus *ionadaíoch* ach tá difear tábhachtach céille eatarthu. Mar seo ba cheart iad a úsáid:

- ➢ Cuireann An Scoil Eorpach, Lucsamburg, fáilte roimh iarratais ar an bpost mar: Múinteoir **ionadach** meánscoile (Gaeilge). (Is é sin, múinteoir a thiocfaidh in ionad múinteora eile.)
- ➢ Is í Comhairle na Gaelscolaíochta an eagraíocht **ionadaíoch** don ghaelscolaíocht ó thuaidh. (Is é sin, an eagraíocht a dhéanann ionadaíocht do na scoileanna sin.)

Ní i gcónaí a thugtar slán an difear sin idir *substitute* agus *representative.* Is ann don aidiacht *ionadúil* chomh maith, a úsáidtear go fíorannamh sa chiall *alternative.* Is féidir, mar shampla, **fostaíocht ionadúil** a chur ar fáil do dhuine (*alternative employment*).

Ionann

Féach mar a úsáidtear *ionann* sna haistriúcháin seo:

- ➢ Compliance with such procedures is a term and condition of employment with the Company.

  Is ionann cloí leis na nósanna imeachta sin agus téarma agus coinníoll fostaíochta leis an gCuideachta.
- ➢ Average annual expenditure is €10 million.

  Is ionann agus €10 milliún an meánchaiteachas bliantúil.

Dá mbeadh na leaganacha Gaeilge le haistriú siar go Béarla arís is é a bheadh againn:

- ➢ Fulfilling those procedures is the same as an employment term and condition with the Company.
- ➢ Annual average expenditure is the same as €10 million.

Is fearr, corruair, an chopail *is* a úsáid chun a thabhairt le fios gur X is ea Y:

- ➢ **Is ceann de théarmaí agus de choinníollacha fostaíochta** na Cuideachta é cloí leis na nósanna imeachta sin.
- ➢ **Is é an meánchaiteachas bliantúil** ná €10 milliún.

I rith/le linn

Ní hannamh a scríobhtar abairtí lochtacha mar seo: *Chas mé le Síle i rith an tsamhraidh.*

Is ionann *i rith* agus *during* sa chiall ó thús deireadh. *Chas mé le Síle* **le linn an tsamhraidh**, ba chóir a scríobh, ag trácht ar an ócáid áirithe sin.

Is (agus)

Corruair, déanann eagarthóirí an focal *is* a scriosadh agus an focal *agus* a chur ina áit, ar an mhíthuiscint nach bhfuil in *is* ach leagan malartach den fhocal *agus*. Ach is amhlaidh atá an dá leagan ar comhstádas. Féach an iontráil 'is' (3) in FGB.

Is fíor go seachnaítear *is* san aistriúchán oifigiúil, toisc gurb ionann litriú dó agus don chopail *is*; rud a d'fhéadfadh a bheith ina údar débhríochta.

Is beag (an)

Ní hannamh a fheictear abairtí mar seo:

> Is beag an duine a léann na tuairiscí seo i mBéarla nó Gaeilge.

Tá difear céille idir *is beag* agus *is beag an*, difear a chaithfear a thabhairt slán:

1. Is beag duine a léann na tuairiscí seo i mBéarla nó i nGaeilge. (Is é sin, níl mórán daoine a léann iad.)
2. Is beag an duine a léann na tuairiscí seo i mBéarla nó Gaeilge. (Is é sin, aon duine a léifeadh na tuairiscí, chaithfeadh sé/sí a bheith beag.)

Botún coitianta eile ná ainmfhocail a infhilleadh i ndiaidh *is beag*. Níl cúis ar bith faoin spéir ann go ndéanfaí amhlaidh.

- ➢ Is beag suime atá againn i gcúrsaí an *catwalk* sna bólaí seo. (**Is beag suim**)
- ➢ Is beag cabhrach a bhíonn le fáil acu ó na foinsí ar líne. (**Is beag cabhair**)

Lainseáil

Is focal é seo a mhílitrítear go minic: láinseáil. Is dócha gur faoi thionchar *au* san fhocal Béarla *launch* a scríobhtar an síneadh fada ar an chéad siolla den fhocal Gaeilge.

Lán

Nuair a úsáidtear *lán* mar ainmfhocal, agus nuair a bhíonn ainmfhocal sa tuiseal ginideach ag teacht ina dhiaidh, is é an rud a bhíonn i gceist ná *full* nó *a full complement of*. Féach, mar shampla, **lán seomra** (oiread agus a líonfadh seomra), **lán doirn** (an méid a choinneofá i do dhorn).

Níl mórán céille, áfach, le lán tairbhe. Is mar réimír i gcomhfhocal a úsáidtear *lán* sa chomhthéacs sin: **lántairbhe, lándáiríre, lándícheall**.

Lean

Ní hionann *lean* na Gaeilge agus *follow* an Bhéarla. Cloistear a lán samplaí mar na samplaí seo thíos, ach ba cheart a bheith faichilleach sa scríobh:

- ➢ Lean mé comhairle m'athar. (**Ghlac mé comhairle m'athar** nó **Rinne mé de réir chomhairle m'athar**.)

- Seans maith nach féidir le roinnt acu siúd comhrá Gaeilge a leanstan. (... **comhrá Gaeilge a thuiscint**.)

Leath

Nuair a úsáidtear *leath* mar ainmfhocal, is gnách an t-ainmfhocal ina dhiaidh a chur sa tuiseal ginideach, mar shampla:

- Tá **leath na tíre** ag caint air.
- Ní thuigim é, **leath an ama**.
- Caitheadh **leath an airgid** ar chíos agus ar thuarastal.

Is deise go mór é sin ná leath den tír, leath den am agus leath den airgead.

Is gnách *de* a úsáid má cháilítear *leath* ar shlí éigin:

- Le linn **an chéad leath den chluiche**.
- Níl agat ach **leath amháin den scéal**.
- **Sa leath thoir thuaidh den** Eoraip.

Leibhéal

Níl síneadh fada sa chéad siolla den fhocal *leibhéal*.

Leithéid

Is cabhair don scríbhneoir smaoineamh ar an difear idir na leaganacha Béarla *such* agus *such as*.

- Did you ever hear such rubbish?

  Ar chuala tú riamh **a leithéid de raiméis**?

- Many great composers, such as Mozart and Beethoven, spent time in the city.

  Is iomaí cumadóir mór, **leithéidí Mozart agus Beethoven**, a chaith seal sa chathair.

Dá mbeadh an dealú sin soiléir in intinn an scríbhneora, ní scríobhfadh sé/sí leaganacha lochtacha mar leithéidí de Mozart agus Beethoven.

Dheamhan locht, áfach, a bheadh ar **Leithéid Mozart de chumadóir**. (*Such a composer as Mozart.*)

Le nó chun?

Tá *le* agus *chun* chomh ceart agus chomh caighdeánach lena chéile sa dá shampla seo:

- Chuir mé glaoch ar Shíle **chun an scéal a insint di**.
- Chuir mé glaoch ar Shíle **leis an scéal a insint di**.

Is fíor, áfach go mbíonn *chun* níos soiléire ar uairibh, i gcás go mbeadh an chuma ar *le* gur gnáth-réamhfhocal atá ann, mar shampla

> Cuireadh an t-aguisín seo leis an Tuarascáil Bhliantúil leis na cinntí a bhaineann le caiteachas a éascú.

Is fusa don léitheoir an abairt leasaithe seo a thuiscint ar an chéad léamh:

> Cuireadh an t-aguisín seo leis an Tuarascáil Bhliantúil **chun na cinntí a bhaineann le** caiteachas a éascú.

Líon/méid

Is fíor gur féidir *méid* a úsáid ag tagairt do líon daoine nó do líon rudaí. Tá samplaí mar *an méid fear atá aige* agus *an méid sin fear* tugtha in FGB. Ní mór a bheith airdeallach, áfach, gan abairt dhébhríoch mar seo a scríobh.

> Tá dúblú tagtha ar mhéid na ndaoine atá i riaráistí morgáiste 90 lá nó níos mó. (**ar líon na ndaoine**)

Is ionann é sin agus a rá go bhfuil gach duine díobh siúd atá i riaráistí dhá oiread níos mó ná mar a bhí cheana.

B'fhéidir go gcuideodh *líon* le scríbhneoirí teacht slán ar fhriotal débhríoch athráiteach mar seo:

> Cé go bhfuil ceann de rátaí deonta orgán is airde timpeall na cruinne againn in Éirinn, tá méid na ndaoine ar an liosta feithimh ag síormhéadú. (**tá líon na ndaoine... ag síormhéadú**)

Liostaigh/liostáil

Tá difear céille idir *liostaigh* agus *liostáil* is fiú a thabhairt slán sa Ghaeilge scríofa, díreach ar aon dul le *to list* agus *to enlist* sa Bhéarla. Is ionann *liostáil* agus dul san arm nó i seirbhís éigin – sin nó ballraíocht nó síntiús a bhaint amach. Is ionann *liostú* agus liosta a dhéanamh de rudaí.

Liteartha/litriúil

Bíonn an dá fhocal seo go mór in aimhréidh i dtéacsanna Gaeilge.

- Tá na *prefabs* lofa (go liteartha, nílim á rá mar nath cainte) agus tá francaigh iontu.
- Tá gach seans ann gur féidir le *Bród Club* an teanga a chur ar ais i mbéal an phobail – go liteartha.

Is cosúil gur *literally* a bhí i gceist ag na daoine a scríobh na habairtí sin. Ach roghnaigh siad focal a chiallaíonn *literary*, nó bainteach le cúrsaí litríochta. Is dócha gurb é **litriúil** an focal a bhí uathu ach tá leaganacha eile sa Ghaeilge is oiriúnaí ná sin.

- **Ní áibhéil dom a rá** go bhfuil na *prefabs* lofa....
- Tá gach seans ann gur féidir le *Bród Club* an teanga a chur ar ais i mbéal an phobail – **sa chiall is cruinne den fhocal**.

Bíonn daoine ag gearán, corruair, faoin aistriúchán liteartha a dhéantar ó Bhéarla go Gaeilge. Más aistriúchán focal ar fhocal atá i gceist acu b'fhearr **aistriúchán litriúil** a rá (*literal translation*).

Logainmneacha

Litriú agus gramadach

Bítear ag beachtú litriú logainmneacha Gaeilge de réir mar a thagann eolas nua chun solais. Fágann sin go gcaithfear bheith amhrasach faoi sheanfhoinsí eolais mar *EID*. Féach, mar shampla, iontrálacha mar *Enniscorthy*/Inis Coirthe (**Inis Córthaidh**).

Is iomaí seanriail ghramadaí atá 'reoite' sna logainmneacha.

- Is minic a ghlacann an tabharthach ionad an ghinidigh, mar shampla *crois* in ionad *cros* nó *tulaigh* in ionad *tulach*.
- Tá iarsmaí den sean-neodrach le brath ar ainmneacha mar **Loch nEathach** agus **Sliabh gCua**, mar shampla.
- Is é an litriú ceart Gaeilge ar *Ballinamore* ná **Béal an Átha Móir**, rud a chuirfeadh ionadh ar dhaoine, b'fhéidir. Seans go mbeifí ag súil le séimhiú ar an aidiacht *mór* ar aon dul le *chun an chuain mhóir* nó *ceantar an Bhóthair Bhuí*. Ach bhí uair ann nár ghnách séimhiú a chur ar an aidiacht i ndiaidh ainmfhocail a chríochnaíonn ar ghuta. Iarsma den tseanriail sin is ea *Béal an Átha Móir*.

Focal amháin nó focail scartha?

Is mar aon fhocal amháin ba ghnách a lán logainmneacha a scríobh sular caighdeánaíodh litriú na Gaeilge, mar shampla Leitirceanann, Portláirge. Ina dhá fhocal is gnách iad sin a scríobh inniu: **Leitir Ceanainn, Port Láirge.**

I gcás go bhfuil níos mó ná mír amháin sa logainm, ní mór a dheimhniú cé acu an fhoirm tháite nó an fhoirm scartha atá sa leagan údarásach. Is fearr an cuardach sin a dhéanamh ar *www.logainm.ie* seachas foinsí eile ar líne.

Is gnách an fhoirm tháite a úsáid, is é sin an logainm a scríobh mar fhocal amháin gan bhriseadh gan bhearna, nuair is aidiacht atá i mír amháin: **Fionnradharc** (seachas Fionn Radharc).

Is gnách an fhoirm scartha a úsáid nuair is ainmfhocal atá i ngach mír den logainm: **Ros Muc** (seachas Rosmuc).

Ionad na haidiachta

I gcás go bhfuil péire ainmfhocal agus aidiacht amháin sa logainm nó sa sráidainm, caithfear a bheith cinnte cé acu ainmfhocal atá á cháiliú ag an aidiacht. Mí-aistriú is ea Sráid na Trá Bige ar an sráidainm *Little Strand Street*, mar ní hí an trá atá beag ach an tsráid féin. **Sráid Bheag na Trá** nó **Sráid na Trá Bheag** a theastaíonn. Mar an gcéanna le *Great James Street* i nDoire, ar cheart **Sráid Mhór Shéamais** nó **Sráid Shéamais Mhór** a thabhairt uirthi, murab ionann agus Sráid Shéamais Mhóir. Is í an tsráid atá mór, agus ní hé Séamas. Is dócha gur ginearálú ar ghnáthleaganacha ginidigh ar nós *saol an bhaile mhóir* agus *oíche na gaoithe móire* is cúis leis an bhotún áirithe sin.

Ainmneacha oinigh

Cé acu is cirte, *Sráid Uí Chonaill* nó *Sráid Ó Conaill?* Tá daoine ann a déarfadh leat gur in ómós don Fhuascailteoir a athainmníodh príomhshráid Bhaile Átha Cliath, agus gurbh ionann a shloinne a chur sa ghinideach agus a thabhairt le fios gur *leis* an tsráid. Tá réiteach na ceiste sa leabhrán *Sráidainmneacha: Treoirlínte* a d'fhoilsigh an Coimisiún Logainmneacha sa bhliain 1992.

> Is sa tuiseal ginideach a bhíonn formhór mór na sloinnte a thagann i gceist in ainmneacha sráideanna. Mar sin, tagann siad faoi réir ghnáthrialacha an ghinidigh, mar aon le fo-rialacha na n-ainmneacha dílse. Féach na samplaí seo a leanas…:
>
> Túr Mhic Dhiarmada McDermott Tower
>
> Sráid Uí Chonaill O'Connell Street

Leasainmneacha fileata

Gné eile den scéal is ea na leasainmneacha a chuirtear mar eireaball fileata le logainmneacha. Bíonn pobail bródúil as na hainmneacha seo, cé nach cuid den logainm stairiúil iad.

Ainm Béarla	**Ainm oifigiúil Gaeilge**	**Leasainm Gaeilge**
Bray (Cill Mhantáin)	Bré	Brí gCualainn
Rush (Baile Átha Cliath)	An Ros	Ros Eo
Ring (Port Láirge)	An Rinn	Rinn Ó gCuanach
Newry (An Dún)	An tIúr	Iúr Cinn Trá
Nenagh (Tiobraid Árann)	An tAonach	Aonach Urmhumhan
Maghera (Doire)	Machaire Rátha	Machaire Rátha Lúraigh
Dingle (Ciarraí)	An Daingean	Daingean Uí Chúis(e)

Níltear ag maíomh, ar ndóigh, go bhfuil na leaganacha traidisiúnta seo 'mícheart' ná gur cheart iad a chosc. Ach ní hiad na hainmneacha oifigiúla iad agus ba chóir a bheith spárálach leo nuair a bhíonn na bailte sin faoi thrácht i ngnóthaí oifigiúla.

Gnéithe aiceanta

Tá claonadh sa Bhéarla, nuair a luaitear oileán nó sliabh faoi leith, focail mar *island* nó *mount* a chur leis an ainm, mar shampla *Tory Island, Mount Errigal.* Ní i gcónaí a oireann an nós sin don Ghaeilge. **I dToraigh**, **an Eargail** is mó a deirtear seachas In oileán Thoraigh nó Sliabh an Eargail. Tá iarracht láidir den athluaiteachas ar a leithéid mura bhfuil an ghné gheografach ina cuid dhílis den ainm Gaeilge, mar atá i gcás *Sliabh Bladhma* nó *Inis Meáin*. Is minic a bhíonn toradh an-ait ar an úsáid seo, mar shampla turas go hOileán Inis Bó Finne.

Is cabhair don léitheoir, áfach, an ghné gheografach a lua i gcás logainmneacha iasachta. A leithéid seo: *I was standing on the bank of the Goltva*. Níor mhiste sin a aistriú le *Bhí mé i mo sheasamh* **ar bhruach Abhainn an Goltva**, chun go mbeidh a fhios ag an léitheoir gur abhainn atá ann.

Logainmneacha faoi leith

An Áise

Bíodh is go bhfuil *an Áis* an-choitianta sa chaint, is é **an Áise** an t-ainm caighdeánach ar *Asia*.

Albain

Ní bhíonn an t-alt le *Albain* ach amháin sa tuiseal ginideach: *Tá saibhreas mór ceoil* ***in Albain****, agus ní miste* ***do mhuintir na hAlban*** *a bheith bródúil as sin.*

Tá *Alba* an-leitheadach sa tuiseal ainmneach i gcanúintí áirithe in Éirinn, ach níor tugadh aitheantas don fhoirm sin sa CO.

Boirinn (An Clár)

Bíonn an-éiginnteacht ann i dtaobh an logainm seo.

- Is minic a chuirtear an t-alt leis an ainm sa tuiseal ainmneach: an Bhoirinn (nó an Bhoireann, agus, corruair, an Boireann).
- Corruair, is sa tuiseal ginideach amháin a chuirtear an t-alt leis an ainm: croílár na Boirne.
- Ní hannamh a chuirtear síneadh fada ar an litir *o*: Brú na Bóirne.
- Is minic nach séimhítear an t-ainm sa ghinideach: Suaitheantas Uí Lochlainn Boirne.

Cibé faoi sin, molann an Brainse Logainmneacha **Boirinn** a thabhairt ar an dúiche sa tuiseal ainmneach agus **Bhoirne** sa tuiseal ginideach (**ceantar Bhoirne**).

Connachta

Cúige Connacht atá tugtha in EID. Níl séimhiú ar an ainm mar is é an chiall atá leis ná *the province of the Connacht people*. Inniu, is gnách plé le Connacht mar a bheadh ainm dílis ann seachas ainm cine. **Cúige Chonnacht** atá tugtha in GGBC agus is fearr cloí leis sin.

Connachta a deirtear sa tuiseal ainmneach agus sa tuiseal tabharthach, mar shampla **thiar i gConnachta**. Baineann sin tuisle as daoine mar tá *Connachta* cosúil le ginideach ar aon dul le *cumhachta* nó *bunreachta*. Seans gur mar gheall air sin a tugadh Cló Iar-Chonnachta ar an chomhlacht foilsitheoireachta Gaeilge. Athraíodh an t-ainm go **Cló Iar-Chonnacht** ó shin. Sin é an ceart.

Cúil Raithin (Doire)

Is é **Cúil Raithin** litriú ceart Gaeilge an logainm seo, in ainneoin Cúil Rathain a bheith coitianta toisc, b'fhéidir, é a bheith in EID. *Cúil Raithne* a deirtear i nGaeltacht Thír Chonaill.

Dún Dealgan (Lú)

Mílitrítear an logainm seo go minic, ar an tuiscint gur ainm pearsanta atá sa dara mír. Cuirtear síneadh fada leis an *a* i ndeireadh an fhocail chomh maith.

➢ Institiúid Teicneolaíochta Dhún Dealgáin. (**Dhún Dealgan**)

➢ Tharla an eachtra ar an bhóthar idir Dún Dhealgáin is Carraig Mhachaire Rois. (**Dún Dealgan**)

Dún na nGall/Tír Chonaill

Ní hionann ar fad *Dún na nGall* agus *Tír Chonaill.* Tá ceantair faoi leith i gContae Dhún na nGall atá taobh amuigh de chríoch stairiúil Chonaill, mar shampla Inis Eoghain.

Ní cruinn mar sin, Contae Thír Chonaill a scríobh, cé gur minic a dhéantar sin.

Durlas (Tiobraid Árann)

Tá claonadh ann síneadh fada a chur ar *u* sa chéad siolla den ainm: Coláiste Phádraig, Dúrlas Éile. Leasainm atá sa dara focal: **Durlas** ainm oifigiúil an bhaile.

India

Is é *an India* an leagan caighdeánach, bíodh is go bhfuil *an Ind* sa chaint agus i dtéacsanna neamhchaighdeánacha.

Leitir Ceanainn

Mílitrítear an logainm seo ar dhá shlí:

1. É a scríobh ina aon fhocal amháin: Leitirceanainn.

2. An dara focal a shéimhiú amhail is gur ainm dílis é: Leitir Cheanainn.

Londain

Is ainmfhocal baininscneach de chuid an chúigiú díochlaonadh é *Londain* agus is críoch leathan atá air ó cheart sa tuiseal ginideach: **sráideanna Londan**.

Luimneach

Is minic a scríobhtar cathair Luimní agus Contae Luimní ach níl an litriú sin stairiúil ná ceart. **Cathair/Contae Luimnigh** ba cheart a scríobh. Is dócha go bhfuiltear ag aithris ar *cathair Chorcaí* ach féach gur ainmfhocal baininscneach *corcach*.

Nua-Eabhrac

Bíonn an fleiscín idir an dá fhocal, is cuma cé acu litreacha beaga nó ceannlitreacha a bheadh ann: **Nua-Eabhrac**.

Nua-Eabhrach a deirtear i bpáirt mhór den Ghaeltacht, ach ní bheifeá ag súil leis sin i dtéacs lánchaighdeánach.

Sionainn

Bíonn a lán leaganacha den logainm seo i dtéacsanna Gaeilge. Is é is cúis leis sin ná seanleagan d'ainm na habhann a bheith fós in úsáid (*abhainn na Sionna*) agus éiginnteacht maidir le húsáid an ailt. Mar seo a scríobhtar an t-ainm i dtéacsanna caighdeánacha:

➢ **An tSionainn** (nó **Abhainn na Sionainne)** a thabhairt ar an abhainn.

➢ **Sionainn** a thabhairt ar an bhaile agus ar an cheantar, mar shampla *Forbairt Shionainne* (*Shannon Development*), *Limistéar Shionainne* (*Shannon Zone*).

Bíodh sin mar atá, ní i gcónaí a thugtar slán an difear sin idir ainm na habhann agus ainm an cheantair. Tá *Aerfort na Sionainne* seanbhunaithe agus tá an seanleagan *Sionna* le fáil in achtanna áirithe, mar shampla *Na hAchtanna um Chuideachta Forbartha Aerfort Neamhchustam na Sionna Teoranta, 1959 go 1980.*

Lonnaigh

Ní hionann *lonnaithe* agus *suite*. Déantar fostaithe, saighdiúirí etc. a lonnú in áit faoi leith. Má chuireann daoine fúthu in áit ar leith, ní miste a rá go bhfuil siad *lonnaithe* ann. Ach bheifeá in amhras faoi abairt mar seo thíos:

Scéinséir comhaimseartha atá lonnaithe i saol phobal an bháid tarrthála amach ó chósta Chonamara. (**suite**)

Lucht

Ná cuirtear aidiacht le *lucht*. Is é an gnáthstruchtúr a bhíonn ann ná *lucht* + ainmfhocal sa ghinideach.

➢ Dá mbeadh lucht polaitiúil na hÉireann chomh tapa ag úsáid na Gaeilge bheimis i bhfad ní b'fhearr as. (**lucht polaitíochta**)

➢ Uair amháin eile tá an Rialtas tar éis buiséad a thabhairt isteach a thugann buntáistí don lucht saibhir. (**lucht an tsaibhris**)

Ní mór dealú idir *lucht* agus focail mar *pobal, muintir, bunadh*.

➢ Cluinim lucht Bhéal Feirste ag gearán go minic fá na 'Culchies'. (**muintir/bunadh Bhéal Feirste**)

➢ Bhí gréasán cumarsáide deas idir lucht na hÉireann ar fad agus cabhraíonn sé seo go mór le tacaíocht a chinntiú sa todhchaí. (**muintir na hÉireann**)

Ní miste a mhaíomh, mar riail ghinearálta, gurb é atá i gceist le *lucht* ná aicme áirithe nó cineál faoi leith daoine. Le linn do chluiche a bheith á imirt, bíonn idir **lucht imeartha** agus **lucht féachana** i gceist, gach dream is a ngnó féin acu. Ní miste a bheith ag caint ar **lucht cathrach** nó is dream ar leith iadsan seachas **lucht tuaithe**.

Ní fhéadfaí focal chomh leathan le *pobal* a úsáid in aon chás díobh gan an chiall a athrú. Is ionann *pobal tuaithe* agus *rural community* an Bhéarla. Is léir freisin go bhfuil *lucht* róchúng le cur síos ar phobal iomlán daoine a bhfuil, gan amhras, an-éagsúlacht ina measc.

Má nó dá?

Tugtar *coinníoll an amhrais* ar *dá*, is é sin bíonn amhras ann go dtarlóidh pé rud atá luaite san abairt.

- **Chreidfinn** sna sióga **dá bhfeicfinn** duine acu. (Is é sin, caolseans go bhfeicfidh.)
- **Má bhíonn** Brian anseo amárach, **tabharfaidh mé** an t-airgead dó. (Is é sin, seans maith go mbeidh Brian ar fáil.)

Níl aon chiall, mar sin, le leaganacha mar seo thíos.

> Dá mbeifeá ag aistriú ón mbaile roimh an 1 Deireadh Fómhair 2014, glaoigh orainn le do thoil. (**Má tá tú chun cónaí a aistriú**...)

Maidir le

Bíonn aistritheoirí ag brath an iomarca ar an nath seo (agus ar a ghaol gairid *i dtaca le*) i dtús abairtí casta. A leithéid seo:

> Any material misrepresentation shall lead to the summary termination of this contract.
>
> Maidir le mífhaiséisniú ábhartha, is é an toradh a bheidh air an conradh seo a fhoirceannadh go hachomair.

Imíonn an t-aistriúchán ón téacs foinseach gan chúis. Ní *As regards any material misrepresentation*...a bhí sa Bhéarla. Is iomaí aistriúchán níos dílse a d'fhéadfaí a chur ar fáil:

> **Is é an toradh a bheidh ar aon mhífhaisnéisiú ábhartha ná** an conradh seo a fhoirceannadh go hachomair.

Cleachtadh 15

An ndéanfá aon leasú ar na habairtí seo thíos? Aistriúcháin atá sa chéad trí abairt acu.

1. For both metered and unmetered homes, domestic water charges will apply from 1 October.

   Maidir le tithe méadraithe agus tithe neamh-mhéadraithe, beidh táillí uisce teaghlaigh i bhfeidhm ón 1 Deireadh Fómhair.

2. Has the Board received and minuted the periodic summary reports of the Principal?

An bhfuil an Bord sásta go bhfuair an Bord na tuairiscí achoimre tréimhsiúla ón bPríomhoide agus ar glacadh miontuairiscí maidir leo?

3. The applicants' names will not be published.

   Ní fhoilseofar aon sonraí maidir le hainmneacha na n-iarratasóirí.

4. Tá tuiscint ag an eagraíocht ar dhúshláin an tumoideachais ag leibhéal na luathbhlianta sa dlínse seo. Ní bheidh sé seo ag eagraíocht atá lonnaithe i ndlínse eile nó ag eagraíocht nach raibh ag freastal go dtí seo ar shainriachtanais na luathbhlianta nó nach bhfuil tiomanta maidir leo.

Maith/maitheas

Ainm teibí atá i *maitheas*, a chiallaíonn *leas, sochar* nó *feabhas*. Ní gnách é a úsáid chun trácht ar chaighdeán rudaí. Cuir i gcás go léifeá leabhar nár thaitin leat agus gur mian leat an méid sin a fhógairt don saol. B'ait le daoine dá ndéarfá Níl aon mhaitheas sa leabhar sin. Ní ráiteas gan chiall atá ann ach is é a thuigfí as nach bhfuil sochar ná tairbhe ar bith sa leabhar. Is deacair an focal simplí a shárú: **Níl aon mhaith sa leabhar sin**.

Mar

Ní miste cuimhneamh ar bhunbhrí an fhocail *mar*, is é sin *like* nó *as*. Tá sampla in FGB a léiríonn úsáid an fhocail Ghaeilge: '**Bhí sé mar athair acu**, *he acted as a father to them*'. Lena rá ar shlí eile, chaith sé leo faoi mar a bheadh a n-athair féin ann, ach níorbh é dáiríre. Bheifeá in amhras, mar sin, i dtaobh abairtí den chineál seo:

➢ Tá sé mar Bhainisteoir Stiúrtha ar an Fhiontarlann Teo.

➢ Gráinne atá mar phríomhoide sa scoil anois.

➢ Oibríonn sí mar ealaíontóir pobail.

➢ Labhair sé mar dhuine príobháideach.

Níl cló dearg ar na samplaí sin mar bheadh faitíos orm a mhaíomh go bhfuil siad mícheart – as EID an abairt dheireanach (*He spoke in his individual capacity.*). Is é a mheasaim, áfach, gur dheise an struchtúr *ina* a úsáid sa chéad dá abairt agus malairt friotail a aimsiú sa dá abairt dheireanacha.

➢ Tá sé **ina Bhainisteoir Stiúrtha** ar an Fhiontarlann Teo.

➢ Gráinne **atá ina príomhoide** sa scoil anois.

➢ **Is ealaíontóir pobail í**.

➢ **Ina cháil phríobháideach** a labhair sé.

Fiú má cheadaítear *mar phríomhoide* agus a leithéid, ní mór cuimhneamh ar chomhairle Stockman (1996), is é sin nach féidir *mar* ná *ina* a chur le hainmfhocail chinnte. Tá na samplaí seo mícheart amach is amach:

➢ Bhuaigh sé trí chluiche ceannais as a chéile le Gaillimh agus bhí sé mar chaptaen na foirne i 1965 agus 1966. (**ina chaptaen ar an fhoireann**)

- Agus Margaret Thatcher ag fágáil na polaitíochta sa RA, ceapadh Mary Robinson ina hUachtarán na hÉireann. (**ina hUachtarán ar Éirinn**)

Tá cialla eile le *mar* sa Ghaeilge. Úsáidtear é mar threisitheoir in abairtí mar seo: *Tá guth binn aici, **mar Lisa***. B'ait leat, mar sin, abairtí mar seo: *Níorbh fhéidir le hAhern fanacht ina phost mar Thaoiseach* agus fonn láidir ort *Níorbh fhéidir le hAhern **fanacht i bpost an Taoisigh*** a chur ina áit.

Go han-mhinic, déantar aithris ar an nath Béarla *acts/serves as*:

- D'fheidhmigh an t-aerfort mar mhol do chuid mhaith den Eoraip.
- Gníomhaíonn sé mar uirlis chun pleanáil leanúnach d'ardchaighdeán a chur chun cinn.

Struchtúr copaile ab fhearr san abairt Ghaeilge:

- **Mol** do chuid mhaith den Eoraip **ba ea** an t-aerfort.
- **Uirlis is ea é** chun pleanáil leanúnach d'ardchaighdeán a chur chun cinn.

Cleachtadh 16

An ndéanfá aon leasú ar na habairtí seo thíos?

1. Tabhair cuairt ar na gnólachtaí uile ar mhaith leat mar chustaiméirí iad.
2. Tugadh freagracht d'Uisce Éireann i ndáil leis an acmhainn ríthábhachtach seo agus, mar chaomhnóirí uirthi, ba mhaith linn bheith ag obair leat chun í a chosaint.
3. Fógraíodh Coiste Bhailte Slachtmhara Chathair na Mart go hoifigiúil mar bhuaiteoir an ghradaim.
4. Bhí sí mar dhuine de na daoine a bhunaigh Amharclann na Mainistreach.

Mar gheall ar

Tá roinnt bríonna leis an leagan *mar gheall ar*. As *An Mothall Sin Ort* le Seán Ó Ruadháin an dá shampla.

1. Ba bheag bídeach nach raibh éirí amach sa tír **mar gheall ar an athrú**. (Is é sin, de thoradh ar an athrú.)
2. Ní mó ná go maith a réitíodh an dá dhream manach le chéile, **mar gheall ar cheist seo na Cásca** agus b'éigin an scéal a chur ar thaobh éigin ar deireadh. (Is é sin, maidir le ceist na Cásca.)

Ba cheart go mbeadh sé soiléir i gcomhthéacs na habairte cé acu ciall atá i dtreis.

It is not possible to obtain a divorce by agreement between the parties.

Ní féidir colscaradh a fháil mar gheall ar chomhaontú idir na páirtithe.

Shílfeá gurb é an comhaontú idir na páirtithe atá ag cosc orthu colscaradh a fháil.

Ní féidir teacht ar chomhaontú idir na páirtithe chun go mbeidh colscaradh ann.

Méid/méad

Cleas coitianta i dteangacha áirithe inscne an fhocail a athrú chun casadh a chur sa chiall. Ní heol domsa ach focal amháin i nGaeilge a úsáidtear ar an dóigh sin, is é sin *méid*.

Líon nó *suim* (cainníocht) an chiall atá le *méid* (firinscneach).

➢ B'iontach **an méid daoine** a bhí ann.

➢ Déarfaidh mé **an méid seo** leat…

Toirt nó miosúr an chiall atá le *méid* (baininscneach).

➢ **Cén mhéid** a chaitheann tú sna bróga?

➢ Tá **méid mhór** sa ghloine sin.

Tá focal eile le cur san áireamh, is é sin *méad*. Tá *méid* agus *méad* trí chéile i gcanúintí Gaeilge ach tá ciall faoi leith le *méad* de réir an CO. Is ainm teibí céime é a úsáidtear le míreanna mar *cá* agus *dá*. An uimhir uatha a leanann é i gcónaí.

➢ **Cá mhéad bliain** a chaith tú ansin?

➢ **Níl saibhreas, dá mhéad**, nach gcaitear.

Is é tuiseal ainmneach an ainmfhocail a leanann an t-ainm teibí céime.

➢ Tá sé tugtha faoi deara ag an mbainisteoir, dá mhéad airgid a lorgaíonn siad ar na fáinní, is ea is lú díobh a dhíolann siad. (**dá mhéad airgead**)

➢ Dá laghad Fraincise a bhí agamsa, ba mheasa fós m'fhear céile. (**Dá laghad Fraincis**)

Mian

Ní hionann ar fad *mian* agus *maith* i dtaca le haimsir de. Is é a thuigtear as *Ba mhaith liom an cúrsa sin a dhéanamh* ná *I would like to do that course.* Rud eile a thuigtear as *Ba mhian liom an cúrsa sin a dhéanamh*, is é sin *I wanted to do that course.* Samhlaítear *mian* leis an aimsir chaite.

Tá claonadh sa Bhéarla i leith an mhodha choinníollaigh nuair nach bhfuil aon choinníoll i gceist ar chor ar bith: *I would be a great enthusiast for drinking water and would easily drink five pints a day*. Tá a thionchar sin le brath, measaim, ar abairtí Gaeilge mar seo:

- Ba mhian le Parlaimint na hEorpa aistritheoirí Gaeilge a earcú ar chonradh sealadach. Bheadh na haistritheoirí ag obair i gcuideachta na foirne atá lonnaithe i Lucsamburg. (**Is mian... beidh**)

- Ar mhaith leat do chuid Gaeilge a fheabhsú? Dá mba mhaith leat, féach thíos. (**Má ba mhaith leat**)

Millteanach

Is focal diúltach é *millteanach*, ach oiread le *uafásach*. Is treisitheoir fosta é, áfach, agus féadann rud a bheith *millteanach maith*. Corruair, nuair nach bhfuil aidiacht ná cáilitheoir le *millteanach*, is deacair a dhéanamh amach cé acu ciall atá i dtreis, ciall dhiúltach nó ciall dhearfach:

> Ní raibh a leithéid déanta aige [cluiche leadóige a imirt] ó bhí sé ar scoil. Fiú ag an am sin, ba mhillteanach an t-imreoir é.

Theastaigh ón údar a rá gur imreoir lag a bhí ann, ach is geall le moladh *Ba mhillteanach an t-imreoir é.*

Monarcha

Bíonn fadhbanna le litriú, le huimhir agus le hinfhilleadh an ainmfhocail seo:

- Lena chois sin, druideadh monarchán i mBaile Átha Cliath le déanaí a bhí ag athchúrsáil gloine. (**monarcha**)

- Táimid ag fanacht go foighdeach leis an mhonarchain seo i dTír Chonaill. (**leis an mhonarcha**)

- Arú, níl mórán ráchairte ar an iasc anois níos mó. Imíonn an chuid is mó de suas go Baile Átha Cliath nó go dtí na monarchain.(**na monarchana**)

Mar seo atá: **an mhonarcha úd thíos, bainisteoir na monarchan, monarchana móra.**

Morálta

Níl síneadh fada sa chéad siolla den fhocal *morálta*.

Muintir

Tugtar foirm iolra in FGB, ach b'fhearr an cnuasainm seo a choimeád san uimhir uatha. Is ait le léitheoirí samplaí den chineál seo:

> I measc na dteaghlach a shíolraigh ó Niall Naoighiallach, tá muintireacha Uí Chatháin agus Uí Dhochartaigh.

B'fhearr an t-athrá féin ná sin:

> I measc na dteaghlach a shíolraigh ó Niall Naoighiallach, tá **muintir Chatháin agus muintir Dhochartaigh**.

Féach fosta gur *muintir Chatháin, muintir Dhochartaigh* is gnách a scríobh i gcás sloinnte, murab ionann agus muintir Uí Chatháin, muintir Uí

Dhochartaigh. Féach GGBC: 10.8.

Is san uimhir iolra a bhíonn aidiachtaí a cháilíonn *muintir*: **an mhuintir bheaga**.

Ná

Níl an focal *ná* riachtanach in abairtí den chineál seo:

> Is é an aidhm atá againn (ná) cuidiú le daoine lán a gcumais a bhaint amach.

Dar ndóigh, ní hionann neamh-riachtanach agus mícheart; is minic a chabhraíonn *ná* le brí na cainte a shoiléiriú in abairtí fada.

Ná/nó

Is beag difear idir fuaim an dá fhocal *ná* agus *nó* agus is minic a bhíonn scríbhneoirí idir dhá chomhairle faoin fhocal ba cheart a úsáid.

- ➢ Dar liom, ní raibh sé ceart nó cóir brú a chur ar cheoltóirí mar seo. (**ceart ná cóir**)
- ➢ Ná bí beag nó mór leis an gcléir. (**beag ná mór**)
- ➢ Clúdaíonn an reachtaíocht idirdhealú ar bhonn gnéis, cine, creidimh ná eile. (**nó eile**)

Riail úsáideach atá sna graiméir go léir *ná* a úsáid in abairtí a bhfuil cor diúltach iontu (*Níl bun ná barr air.*) agus *nó* a úsáid in abairtí deimhnitheacha agus in abairtí a bhfuil cor ceisteach iontu (*An ólfá tae nó caife?*) Níl de locht ar an treoir sin ach gur deacair dealú glan a dhéanamh idir deimhnitheach agus diúltach nó idir diúltach agus ceisteach. Féach, mar shampla:

> I gcríocha na teorann, is annamh **duine fásta ná páiste** nach bhfuil líofa sa dá theanga.

Bíodh is gur ráiteas deimhnitheach atá in *is annamh,* tá cor diúltach san abairt, a chuireann síos ar easpa daoine aonteangacha. I gcás mar sin is deacair a rá go mbeadh ceachtar den dá fhocal *nó* agus *ná* níos fearr ná a chéile.

> I gcríocha na teorann, is annamh **duine fásta nó páiste** nach bhfuil líofa sa dá theanga.

Tá ciall, mar sin, le moladh Stockman (1996:82–86) an dá fhocal a cheadú in abairtí den chineál sin agus i gceisteanna reitriciúla:

- ➢ An féidir go bhfuil **duine ná daonnaí** ann nár chuala trácht air?
- ➢ An féidir go bhfuil **duine nó daonnaí** ann nár chuala trácht air?

Tá *nó* chomh láidir sin i gcanúintí áirithe gur beag nár chuir sé an ruaig ar *ná* go huile is go hiomlán.

- ➢ Cuimhnigh nach mbíonn níos mó nó cúig nó sé chloigne fear i mbearaiceacha 'sna háiteacha cúil seo. (Domhnall Mac Grianna: *Uaigheanna Chill Mhóirne*: 91)

- An locht atá agamsa air nó go bhfuil an próiseas iarratais róchasta.

Más téacs lánchaighdeánach a theastaíonn, *ná* ba cheart a úsáid mar chónasc in abairtí den chineál sin.

Naomh/san

Sa leabhrán *Sráidainmneacha: Treoirlínte*, tá treoir tugtha faoi úsáid na bhfocal *naomh* agus *san*:

> Níl sé riachtanach *naomh* a úsáid i sráidainmneacha ná i dteidil, mar shampla *Corrán Phádraig, Coláiste Bhríde*. Má cuirtear *naomh* le hainm ní théann infhilleadh ar bith ar an ainm sin, mar shampla *Faiche Naomh Caitríona, Eastát Naomh Marcas*.

Tá claonadh ann *san* a chur le hainmneacha iasachta, rud a chuireann an ginideach ar ceal díreach ar aon dul le *naomh*, mar shampla *Sráid San Aindrias*.

Navigation

Díorthaíodh an focal Béarla *navigation* ón fhocal Laidine *navis* (long), ach ní mairnéalaigh amháin a bhíonn ina *navigators*. An duine atá i gceist san abairt thíos, is ag spaisteoireacht i bhforaois atá sé.

> Ó am go chéile, thógadh sé léarscáil amach as a phóca chun loingseoireacht a dhéanamh.

Dar liom, tá gné na mara níos follasaí sa téarma Gaeilge *loingseoireacht* ná mar atá san fhocal Béarla *navigation*. Is **ag iarraidh eolas na slí** a bhí an siúlóir, nó ag iarraidh **a chúrsa a rianú**.

Next

Ní i gcónaí a oireann an struchtúr *an chéad x eile* chun trácht ar sheicheamh ama ná ar ord.

- Ba mhaith an rud é nach mbeadh na mic léinn anseo go dtí an chéad seachtain eile. (**go dtí an tseachtain dár gcionn/go dtí an tseachtain ina dhiaidh sin**.)
- Comharsa dár gcuid. Bhí an chéad siopa eile aige. (**An siopa béal dorais**)

Normalach/normálta

Tá difear céille idir an dá fhocal ghaolmhara seo. Téarma matamaitice agus ceimice is ea *normalach*, is é sin le rá 'de réir norm éigin'. Bíonn lucht staitistice ag trácht ar *dháileadh normalach/normal distribution*, cuir i gcás. An rud atá *normálta*, is é an gnáthrud é, an rud a mbeifeá ag súil leis. Úsáidtear é i gcúrsaí leighis agus i gcúrsaí síceolaíochta chun cur síos ar phróiseas nádúrtha folláin.

> Tar éis saolú do linbh d'fhéadfadh sreabhán nó blocáil ghearrthéarmach a bheith sna cluasa. Is rud **normálta** é seo agus imeoidh sé tar éis tamaill ghearr.

An mhí-úsáid is coitianta a bhaintear as an dá théarma theicniúla seo ná iad a úsáid san áit arbh fhearr an gnáthfhocal.

- Ó thús a mhisin, ba chuid de shaol normálta Íosa an diúltú agus an doicheall a fháil. (**ba chuid de ghnáthshaol Íosa**)
- Bhí 20% ar drugaí go fóill ach bhí siad faoi smacht agus thiocfadh leo beatha normalach a bheith acu. (**saol mar chách**)

Nuair

Tá abairtí den chineál seo, agus ní gann iad, an-lochtach ar fad:

- Tá an t-am nuair a thiocfadh leat brath ar na páirtithe móra seasamh leat, tá sin thart. (**an t-am a thiocfadh leat**)
- Chuimhnigh sé ar an uair nuair a chuaigh siad ar saoire i ndeisceart na Fraince. (**an uair a chuaigh siad**)

Is léir gur *the time when* an Bhéarla is cúis le *an t-am nuair* a bheith chomh coitianta agus atá. Ach níl san fhocal *nuair* ach an t-alt *an* móide *uair*, focal atá ar aon bhrí le *am*.

Nuálach/nuálaíoch

Is leor focal amháin ar *innovative*.

> An ríthábhacht a bhaineann leis an nGaeilge a chur ag croílár fhiontraíocht nuálaíoch na hÉireann amach anseo. (**nuálach**)

Is deacair a rá cén fáth ar tháinig *nuálaíoch* isteach sa Ghaeilge, mura bhfuil baint éigin aige leis an fhocal *nuálaí* (*innovator*).

Ó

Is é *de* (seachas *ó*) a úsáidtear chun trácht ar ghalair a thugann bás daoine. Faightear bás den ocras, d'ailse, de SEIF agus mar sin de. Níor roghnaíodh an réamhfhocal ceart san abairt seo ach oiread:

> An gcuidíonn caiféin le daoine a chosaint ó ailse? (**a chosaint ar ailse**)

Obair/oibriú

Is ainm briathartha é *obair*, mar is léir ó abairtí mar *Tá sé ag obair*. Bíodh sin mar atá, is annamh a úsáidtear i gclásal infinideach é: *Sin iad na huaireanta is fearr liomsa a obair.*

Oibriú is coitianta ina leithéid sin de chás: *Sin iad na huaireanta is fearr liomsa a oibriú.*

Tá an leagan malartach *oibir* iontach coitianta, go háirithe san aimsir chaite: *D'oibir sé i monarcha.*

Oifigí/oifigigh

Is minic na focail seo in aimhréidh.

> Comhghairdeas a ghabháil le hoifigí an chontae as ucht an sárobair a dhéanann siad go léir. (**le hoifigigh**)

Toisc, gan amhras, gurb ionann fuaim

don dá fhocal seo (taobh amuigh de chanúintí na Mumhan), is minic a bhíonn siad trína chéile i dtéacsanna Gaeilge. Is é atá in *oifigí* ná uimhir iolra an fhocail *oifig* (ionad oibre). Ní mór dealú idir sin agus iolra an fhocail *oifigeach* (feidhmeannach).

Oiread

Ní furasta dealú idir *oiread* agus *méid*. Go minic, nuair is *toirt* nó *líon* is brí don dá fhocal, is féidir iad a mhalartú ar a chéile. Is ionann brí do *Déarfaidh mé an méid seo leat* agus *Déarfaidh mé an oiread seo leat*. Ach is minic a bhíonn gné chomparáideach i gceist le *oiread:*

➢ Dá dtabharfainn sin agus **an oiread eile**, ó, ní raibh mo phas le fáil agam. (Is é sin, an méid a tugadh agus an méid chéanna anuas air sin.)

➢ Níl **a oiread clú** airsean agus atá ar a dheartháir.

➢ Tá **a sheacht n-oiread** ann. (Is é sin seacht n-uaire níos mó.)

Ní fhéadfaí *méid* a chur in áit *oiread* in abairt ar bith acu sin.

Féach chomh maith mar a úsáidtear *oiread* sna habairtí seo:

➢ Bhí **oiread oilc** ar na heagraíochtaí faoin ráiteas úd gur éiligh siad go dtarraingeofaí siar é.

➢ Go deimhin, bhí **oiread muiníne** ag a bhainisteoir Ger Loughnane as, gur roghnaigh sé uair amháin Brian a fhágáil ar an bpáirc agus é leonta.

Sa dá shampla sin, tá *oiread* i dtús na habairte (an príomhchlásal). Leanann clásal eile é – an clásal iarmhartach – a mhíníonn an toradh a bhí ar pé faisnéis atá luaite sa phríomhchlásal. Arís, ní fhéadfaí *méid* a chur in áit *oiread* sna habairtí samplacha. Botún coitianta a dhéantar in abairtí den chineál seo ná *an méid sin* a scríobh seachas *oiread.* Ní bheadh aon locht air sin dá mbeadh méid áirithe luaite cheana: *D'iarr sé céad euro orm ach ní raibh* **an méid sin** *airgid agam.*

Ach níor cheart an struchtúr sin a úsáid i gcás nach bhfuil an méid luaite cheana.

➢ Tá an méid sin míthuisceana ann gur shocraíomar suirbhé simplí a eagrú. (**an oiread sin míthuisceana**)

➢ Ó am go chéile, ámh, bíonn an méid sin fuatha ag daoine don sealbhóir go dteipeann air sa toghchán. (**an oiread sin fuatha**)

Oighear an scéil

Nuair a fuarthas amach go raibh teaghlach ríoga na Spáinne ar saoire seilge chonspóideach san Afraic, scríobhadh an méid seo ar iris Ghaeilge:

> Is é oighear an scéil nach mbeadh aon chaint ar an turas in aon chor

murach gur thit an rí agus é i mbun na seilge agus bhris a chromán.

Ní hé sin ciall cheart an natha *oighear an scéil. There's the rub* an sainmhíniú atá in FGB, is é sin le rá, *sin an áit a bhfuil an deacracht.* Toisc, b'fhéidir, cosúlacht fuaime a bheith idir *oighear* agus *irony*, glactar leis gur *the ironic part is...* an chiall atá leis an nath.

Onóir/onórach

Botún litrithe an-choitianta is ea síneadh fada a chur ar an chéad *o*.

Os/ós

Is é atá san fhocal *ós* ná cónasc den réamhfhocal *ó* agus an chopail *is. Since* nó *seeing as* an chiall atá leis: *Tabhair suíochán dom,* ***ós rud é*** *go bhfuil tú féin ag imeacht.*

Tá *ós* eile tugtha mar leagan malartach den réamhfhocal *os* in FGB agus ní hannamh a scríobhtar é i réamhfhocail chomhshuite: *ós comhair, ós cionn.* Bíodh sin mar atá, b'fhearr *os comhair, os cionn* a scríobh nuair is gá cloí leis an CO.

Par/Partial

Ní miste an leagan traidisiúnta *leath* a úsáid sa ghnáthchaint nó i dtéacs neamhfhoirmiúil, ach níl sé sách cruinn do riachtanais na teanga foirmiúla:

- Leath-thumadh *(partial immersion)*
- Leath-aisíocaíocht *(partial refund)*

Bheadh *leath* go maith dá mba rud é gur *semi-immersion* nó *half repayment* a bheadh sa Bhéarla. B'fhearr úsáid a bhaint as an réimír *páirt-* chun freastal ar leaganacha den chineál seo:

- Páirt-tumadh
- Páirt-aisíocaíocht

Pionós

Níl síneadh fada ar an *i* sa chéad siolla den fhocal.

Potential

Is focail úsáideacha iad an t-ainmfhocal *poitéinseal* agus an aidiacht *poitéinsiúil* (Níl aon stádas sa teanga oifigiúil ag poitéinsealach.) ach iad a úsáid sa chomhthéacs cheart. Go rómhinic, glactar leis gur aistriúchán sásúil ar *potential* iad i ngach uile chomhthéacs.

- Ba é feidhm an tseimineáir ná ról poitéinsiúil spaisteoireachta agus rothaíochta a aithint sa pholasaí iompair náisiúnta agus idirnáisiúnta.
- Is eagraíocht an-phroifisiúnta agus an-chairdiúil í an chuideachta Cosmo, a chuidíonn leat do phoitéinseal a bhaint amach agus a bheith rathúil.

Níl cló dearg ar na samplaí sin mar bheadh faitíos orm a mhaíomh go bhfuil siad mícheart. Ach, sa chéad sampla thuas, níl aon ghné den chiall nach dtugtar slán in abairt shimplí mar *an ról* ***a d'fhéadfadh a bheith ag*** *an spaisteoireacht agus ag an rothaíocht*. Sin mar is fearr a chuirtear an ghné choinníollach in iúl sa Ghaeilge – b'fhéidir go mbeadh a leithéid de ról ann, b'fhéidir nach mbeadh.

Maidir leis an dara sampla: tá nathanna mar *realise your potential* ina mantra síoraí i bhfógráin earcaíochta agus oiliúna, ach is beag brí atá san aistriúchán Gaeilge *do phoitéinseal a bhaint amach*. B'fhearr don aistritheoir féachaint le ciall an natha Béarla a aimsiú i dtosach. Cén chiall atá le *realise your potential* ach **lán do chumais a bhaint amach**? B'fhearr go mór, dar liomsa, an parafrása sin a úsáid.

Úsáidtear *potential* ar bhealach eile sa Bhéarla, mar shampla *She is a young politician of great potential*. B'fhearr liom féin *poitéinseal* a fhágáil as, nó tá bealaí eile sa Ghaeilge chun an coincheap a chur in iúl: *Polaiteoir óg is ea í* ***a bhfuil an-ghealladh fúithi.***

Nó féach mar a dhéileáil Tomás de Bhaldraithe leis an choincheap *potential* ina fhoclóir siúd:

- A potential officer.

  Ábhar oifigigh.

- Potential resources of Africa.

  Acmhainní insaothraithe na hAfraice.

Prióireacht

Úsáidtear an focal seo, agus príoracht, sa chiall *priority*. Míthuiscint is ea é sin:

- 'Prióireacht do Shinn Féin,' a deir sé, is ea cosaint ar na páistí is leochailí. (**tosaíocht**)
- Gan brabach, ní féidir le gnó mairstean; mar sin is príoracht í. (**tosaíocht**)

Is é an chiall atá le *prióireacht* ná *priory*. **Tosaíocht** an focal a úsáidtear le trácht ar rud a bhfuil tús áite le tabhairt dó.

Príomha

Malartaítear *go príomha* le *go háirithe* amhail is gurb ionann ciall dóibh. Fiú amháin nuair a úsáidtear *go príomha* sa chiall cheart, is minic gurbh fhearr gnáthleagan seachas an dobhriathar:

- Cé atá freagrach go príomha as an seicteachas frith-Ghaeilge sa Tuaisceart? (**Cé is mó atá freagrach** ...)
- Scríobhadh an t-ogham go príomha ar chlocha cuimhneacháin agus ar ghalláin. (Ar chlocha cuimhneacháin agus ar ghalláin, **den chuid is mó**, a scríobhtaí ...)

Aidiacht shimplí is ea *príomha* chomh maith. Úsáidtear go minic é i dteanga shainfheidhme na matamaitice agus an dlí, mar shampla *uimhir phríomha* (*prime number*), *fianaise phríomha* (*primary evidence*). Níl an úsáid sin ró-oiriúnach i gcás na ngnáthfhocal sna habairtí seo thíos:

➢ Is é aidhm phríomha na lonnaíochtaí seo ná leibhéal reatha an daonra a choinneáil agus a mhéadú. (**príomhaidhm**)

➢ Is é tionscal an adhmaid is príomha a thugann luach eacnamúil d'fhoraois. (**is mó, thar aon ní eile**)

Progressive

Ba é an t-ainm a bhaist cuid de na meáin Ghaeilge ar *The Progressive Democrats*, tráth a bunaíodh iad sa bhliain 1985, *Na Daonlathaigh Fhorchéimnitheacha*. Ba lán béil é sin, agus ba ghairid gur tosaíodh ar *An Páirtí Daonlathach* a úsáid. Inniu, is é *forásach* an aidiacht a luaitear le páirtí nó teagasc nó teoiric éigin chun a thabhairt le fios go bhfuiltear ag iarraidh an tsochaí a leasú. Is mó a bhaineann *forchéimnitheach* le teanga shainfheidhme an leighis (*pairilis fhorchéimnitheach*) agus an riaracháin (*cánachas forchéimnitheach*). Is próisis leanúnacha iad sin, a tharlaíonn céim ar chéim.

Dar liomsa, b'fhearr gnáthfhocal a roghnú chun an coincheap a chur in iúl i dtéacsanna neamhtheicniúla.

> Cathair fhorchéimnitheach mhuinníneach atá i mBarcelona.

Is leor a rá gur cathair í Barcelona **a bhfuil a haghaidh roimpi**.

Property

An dá chiall is mó a bhaineann le *property* ná (1) an méid atá i seilbh duine agus (2) *real estate*. Freagraíonn *maoin* go hanmhaith don chéad chiall ach is le dua a thuigfeadh léitheoir ar bith gur ag trácht ar *real estate* atáthar i leaganacha mar *property tax/cáin mhaoine*. Mheasfadh a lán daoine gur *wealth tax* é sin.

Baintear úsáid corruair as leaganacha timchainteacha mar *tithe agus talamh* ach níl sé sin thar mholadh beirte. Ní hamháin go bhfuil sé fadálach ach ní chuimsíonn sé árasáin ná foirgnimh a úsáidtear chun críche tráchtála. Réiteach ar an fhadhb is ea *réadmhaoin* a úsáid chun trácht ar *real estate*: *Irish Property Owners' Association/Cumann Úinéirí Réadmhaoine na hÉireann*.

Rannán/rannóg/roinn

Tá nós sa Bhéarla na focail *department, division* agus *section* a úsáid amhail is gurb ionann ciall dóibh. Ní bhíonn lucht na Gaeilge a dhath níos beaichte maidir le *roinn, rannóg* agus *rannán*.

Is socrú úsáideach é seo:

➢ *Roinn* a úsáid le haghaidh *department* de ghnáth, mar shampla **An Roinn Gnóthaí Eachtracha, Roinn na Spáinnise**.

➢ *Rannóg* a úsáid le haghaidh *department* nuair is eol gur cuid d'eagraíocht atá ann, mar shampla **Rannóg na gClár Gaeilge, RTÉ**.

- Ní miste *rannóg* a thabhairt ar *division* agus *section* ach amháin i gcás go gcaithfí dealú eatarthu, mar shampla le linn duit a bheith ag déanamh cur síos ar leagan amach eagraíocht stáit. Sa chás sin *rannán* is fearr a thabhairt ar *division*.

Rathúil

Tá claonadh ag scríbhneoirí Gaeilge an aidiacht *rathúil* a úsáid amhail is go bhfuil sé coibhéiseach le *successful* an Bhéarla. Ní hamhlaidh atá. An té atá rathúil, bíonn an t-ádh air agus bíonn sé ina sháith den saol. Fiú má ghlactar leis go bhfuil casadh curtha i gciall an fhocail *rathúil*, b'ait leat abairtí den chineál seo:

- Cé go bhfuil siad ag céimeanna éagsúla dá gclár faoi seach, rinne an dá thír iarracht rathúil chun dul isteach sna margaí arís. (**bhí rath ar iarracht an dá thír**)

- Beidh an t-iarrthóir rathúil freagrach as tionscadail taighde a stiúradh. (**an té a cheapfar**)

- Ag deireadh an aonaid seo beidh na daltaí ábalta a n-iarratas ar phoist agus a n-agallaimh a dhéanamh níos rathúla. (**is fearr a éireoidh leis na daltaí** iarratas ar phost agus agallaimh a dhéanamh)

Reachtáil/reáchtáil

Reachtáil (gan síneadh fada ar an chéad siolla) a bhí in EID. Nuair a chuirtear san áireamh an bhaint atá ag an fhocal le *rith*, *reatha* agus araile, seans gurb é sin an litriú is cruinne. Bíodh sin mar atá, tá *reáchtáil* in FGB, ar *www.tearma.ie* agus i bhfoinsí eile. B'fhearr cloí leis sin.

Úsáidtear ina bhriathar go coitianta é, mar shampla *reáchtáil siad an comórtas*. Ach is mar ainm briathartha a chuirtear síos air in FGB, gan aon eolas faoina réimniú. Fágann sin nach bhfuil scríbhneoirí ar aon aigne faoi fhoirm an bhriathair in aimsirí agus i modhanna éagsúla.

- Reáchtáileadh Pléaráca Chonamara den chéad uair sa bhliain 1991.

- Mí Aibreán, 1935, a reáchtálaíodh an chéad chruinniú de Choimisiún Béaloideasa Éireann i mBaile Átha Cliath.

Reáchtáladh atá tugtha ar *www.focloir.ie*.

An réamhfhocal

Péirí réamhfhocal

Is furasta don Bhéarlóir péire réamhfhocal (nó níos mó ná sin) a chur roimh ainmfhocal gan cur as do chiall ná do chruinneas na habairte:

- Trains to and from Dublin.

- With or without an appointment.

Ní oireann an múnla sin go rómhaith don Ghaeilge.

➢ Le nó gan choinne.

➢ Traenacha go agus amach as Baile Átha Cliath.

Cuireann an aithris sin ar fhriotal an Bhéarla cuma an-chiotach ar fad ar abairt ar bith, go mór mór ar abairtí fada:

Tiomsúchán de cheol ó, agus spreagtha ag, ré órga pop agus rac-cheol na 1960idí agus na 1970idí.

Tá roinnt bealaí ann chun a leithéid a chur in iúl sa Ghaeilge. Is féidir, mar shampla, forainm a úsáid:

Traenacha **go Baile Átha Cliath agus amach as**.

Nó is féidir an t-ainmfhocal a athrá:

Le coinne nó gan choinne.

Nó dul i muinín struchtúr eile ar fad:

➢ **Bíodh coinne agat nó ná bíodh**.

➢ **Tiomsúchán popcheoil agus rac-cheoil ó ré órga na 1960idí agus na 1970idí**.

Luaigh Séamas Daltún (*Maidir le do Litir*: 75) eisceacht air sin, is é sin an réamhfhocal comhshuite agus na réamhfhocail shimplí a leanann an tuiseal ginideach iad, mar shampla 'Bhí sé i mbun, i mbarr, agus i lár an achrainn.'

Is minic a chuirtear faisnéis réamhfhoclach i ndeireadh na habairte Gaeilge, is cuma cén áit a raibh sí san abairt Bhéarla:

An age-appropriate, clean and safe work surface.

Dromchla oibre atá glan, sábháilte agus **oiriúnach don aoisghrúpa lena mbaineann**.

Cleachtadh 17

An ndéanfá aon leasú ar na habairtí thíos?

1. Is é an Banc Ceannais atá freagrach as treoir a thabhairt do, agus monatóireacht a dhéanamh ar, na hinstitiúidí a chuireann seirbhísí baincéireachta ar fáil.
2. Ba cheart tacaíocht do, nó easaontas le, gluaiseachtaí polaitiúla a chur in iúl go síochánta, stuama.
3. Aon chaint a thabharfadh masla do nó a dhéanfadh díspeagadh ar, phobal creidimh.

Réamhfhocal agus mír thaispeántach

Botún coitianta is ea a leithéid seo:

➢ Mar thoradh ar sin, is léamh claonta, easnamhach ar stair, ar shaíocht agus ar pholaitíocht na hÉireann a chuirtear inár láthair. (**air sin**)

➢ Scríbhneoir, craoltóir, gníomhaí, ach thar sin uile, é fuinte agus fáiscthe i meon sin 'Tabhair Faoi'. (**thairis sin**)

- I leith na bliana reatha agus na bliana roimh sin. (**roimhe sin**)
- Ar bhinse na bhfear ionad freisin tá Nollaig Ó Laoire, agus beidh súil le siúd ar pháirc an imeartha Dé Domhnaigh. (**leis siúd**)

An tríú pearsa firinscneach den réamhfhocal a úsáidtear leis na míreanna taispeántacha. Is fíor nach gcloistear deireadh an fhocail *leis* nuair a thagann mír thaispeántach dar tosach *s* ina dhiaidh, mar atá san amhrán *An Baile atá Láimh le Siúd.*

Réamhfhocal comhshuite le míreanna taispeántacha agus le forainmneacha

Tá na habairtí seo thíos mícheart, bíodh is gur minic a scríobhtar a leithéidí:

- Ba de bharr sin a bhaineamar an cluiche.(**dá bharr sin**)
- Bhí sí le feiceáil ina lán cláracha tar éis sin, agus ansin d'éirigh sí as. (**tar a éis sin**)

Is réamhfhocail chomhshuite iad *de bharr* agus *tar éis* agus is gnách go leanann an tuiseal ginideach a leithéid, mar shampla **de bharr na haimsire, tar éis na stoirme**. Tá go breá, ach tá focail ann nach féidir a chur sa ghinideach, mar shampla na míreanna taispeántacha (*sin, seo, siúd*) agus forainmneacha (*é, iad* agus araile).

Níl foirmeacha mar *de bharr é* nó *tar éis sin* inghlactha. Is é a dhéantar sa chás sin ná aidiacht shealbhach a chur in áit an fhorainm.

Más mír thaispeántach atá i gceist, úsáidtear an aidiacht shealbhach tríú pearsa firinscneach i gcónaí: **dá bharr sin, tar a éis sin, lena linn seo**.

I gcás forainm, glacann an aidiacht shealbhach uimhir agus inscne an fhorainm:

- *I ndiaidh* + *é* = **ina dhiaidh**
- *I ndiaidh* + *í* = **ina diaidh**
- *I ndiaidh* + *iad* = **ina ndiaidh**.

Réamhfhocal simplí agus frása réamhfhoclach

Is deise go mór, ó thaobh na stíle de, réamhfhocal simplí agus frása réamhfhoclach a scaradh ó chéile seachas iad a scríobh ceann i ndiaidh a chéile. Is deise, mar shampla, **mic léinn as tíortha thar lear** ná mic léinn as thar lear.

Réasúnach/réasúnaíoch/ réasúnta

Is deacair dealú beacht a dhéanamh idir *réasúnta* agus *réasúnach*. Go deimhin, tá *réasúnach* tugtha mar leagan malartach de *réasúnta* in FGB, rud a léiríonn an gaol gairid idir an dá fhocal. Bheadh ceann ar bith acu inghlactha san abairt seo thíos:

> Féadfar an t-iarratas pleanála a iniúchadh, nó a cheannach ar tháille

nach mó ná an costas **réasúnach** a bhainfidh le cóip a dhéanamh.

Sainchiall atá le *réasúnach* ná *using reason, rational.* Seans gurbh fhearr, mar sin, *duine réasúnta* a thabhairt ar dhuine stuama, cothrom.

Déarfaidh daoine **réasúnta** go bhfuil mótarbhealaí riachtanach, ach nár chóir agus nár ghá go gcuirfí isteach ar na láithreáin seo.

Téarma fealsúnachta is ea *réasúnaíoch*, a chiallaíonn *rationalistic*, is é sin ag brath ar réasún amháin chun teacht ar thuiscintí faoin saol agus a bhfuil ann.

Reatha

Níl aon locht ar *reatha* a chur le hainmfhocal chun an chiall *current* a chur in iúl, mar shampla *cúrsaí reatha*, *an Taoiseach reatha*. Corruair, d'fhéadfaí é a fhágáil ar lár gan dochar ar bith do chiall na habairte.

Cháin sé 'neamhshuim' an Rialtais reatha. [Mura bhfuiltear ag déanamh comparáid idir an Rialtas sin agus Rialtais a bhí ann roimhe.]

Amanna eile, ba dheise malairt friotail a aimsiú.

Mumbai an t-ainm reatha a thugtar ar an gcathair a dtugtaí Bombay uirthi.

Ba dheise, dar liomsa, **Inniu, is Mumbai a thugtar**...

Ní aidiacht é *reatha*, agus ní féidir *níos* ná *is* a chur leis chun breischéim ná sárchéim a chur ar fáil.

Faigh an nuacht is reatha ó Pharlaimint na hEorpa inár dteanga dhúchais! (**an nuacht is déanaí**)

Riar

Is é *riar* an t-ainm briathartha caighdeánach: *An córas cánach a riar.* Is leagan malartach é *riaradh.* Is ainmfhocal firininscneach é *riar*, in ainneoin an leagan riar mhaith a bheith coitianta go leor sa chaint.

Riosca

Is téarma úsáideach é *riosca* a chuireann ar chumas lucht gnó agus staidrimh coincheapa mar *insurance risk* nó *calculable risk* a chur i bhfriotal gan dul i muinín frásaí fada réamhfhoclacha. Dar liomsa, bheadh leaganacha traidisiúnta níos oiriúnaí i gcás na n-abairtí thíos.

- Na tréithe a bhaineann le fiontraithe, m.sh. dul i riosca, cinnteoireacht... (**dul sa seans**)
- Na bearta feabhais nó gníomhartha ceartúcháin iomchuí a aithint a bhfuil gá leo chun an riosca don chomhshaol agus do shláinte an duine a íoslaghdú. (**an baol/an chontúirt**)

Rochtain

Is téarma úsáideach é *rochtain* ina lán comhthéacsanna, go háirithe nuair is cúrsaí ríomhaireachta atá á bplé, ach is fearr a bheith spárálach air i dtéacsanna neamhtheicniúla.

> Síleann gach éinne a bhfuil rochtain foclóra aige gur féidir leis bheith ina aistritheoir.

Tiontú focal ar fhocal é sin ó *who has access to a dictionary*. D'fhéadfá an focal a fhágáil ar lár ar fad gan dochar do chiall na habairte.

Roimh

Ní miste *roimh* a úsáid le hainm briathartha nuair a bhíonn seicheamh ama éigin i gceist. Is gnách an réamhfhocal *do* a úsáid ina leithéid d'abairt fosta: *Éistim le príomhscéalta na nuachta roimh éirí dom* ***ar maidin.*** Níl roimh a d'éirigh mé ná roimh a éirím ina struchtúr inghlactha ar chor ar bith. *Sula(r)* a úsáidtear le briathra.

Bíonn cuma an-lom ar *roimh* + ainm briathartha in abairt mar seo:

> Ní mór glasraí agus torthaí a ní go maith roimh ithe.

Measaim gur tionchar an Bhéarla is cúis le habairtí mar sin a bheith coitianta i dtéacsanna Gaeilge.

> Vegetables and fruit must be washed thoroughly before eating.

Is é nós na Gaeilge *sula* agus *forainm* a bheith san abairt.

> Ní mór glasraí agus torthaí a ní go maith **sula n-itear iad**.

Mí-úsáid eile a bhaintear as an réamhfhocal seo ná é a úsáid amhail is go bhfuil sé coibhéiseach le *previous*.

> Nuair a bheidh tú cláraithe beidh tú in ann féachaint ar bhillí roimhe agus ar idirbhearta ar líne ar do chuntas.

Aistriúchán é sin ar *view previous bills*. Níl an chiall leathan sin le *roimhe*, áfach. B'fhearr **féachaint ar bhillí a d'íoc tú cheana** nó **féachaint ar sheanbhillí.**

Roinn

Ní hionann ar fad an briathar *roinn* na Gaeilge agus *share* an Bhéarla. Cinnte, is féidir bia, airgead nó aon ní atá in-ranna a roinnt, ach is ait linn abairtí mar seo:

> I gcéad focal nó níos lú, *roinn do thuairimí* linn sa cheistneoir seo.

Cé go mbeadh faitíos orm a rá go bhfuil an leagan thuas mícheart amach is amach, ba dheise **cuir do thuairimí in iúl** nó **nocht do thuairimí** nó a leithéid.

Sacrálta

Úsáidtear an focal seo sách minic sa chiall *sacred*. Is beag stádas atá aige sa teanga fhoirmiúil, cé go dtugtar *sácráilte* ar *www.tearma.ie*. Níl aon easpa leaganacha seanbhunaithe ann: *naofa, beannaithe, diaga.*

Saoirse/saoráil

Tá roinnt bríonna le *freedom* sa Bhéarla. An dá bhrí a bhaineann le hábhar anseo ná (1) an rud ar a dtugann an Francach *liberté* agus (2) easpa dua ná constaicí. Freagraíonn *saoirse* don chéad bhrí sin agus freagraíonn *saoráil* don dara brí, is é sin rud a bheith le fáil go réidh. Is beag ciall, mar sin, atá leis an abairt thíos.

> San áireamh bhí tionscadal bainistíochta, acmhainní daonna, airgeadais agus saoirse faisnéise. (**saoráil faisnéise**)

Tá blas sách oifigiúil ar *saoráil.* Is annamh a scríobhtar é gan a pháirtí *faisnéise* a bheith leis.

Scéal/scéala

Tá roinnt míthuiscintí coitianta ann i dtaobh *scéal* agus *scéala.* Tuigtear do dhaoine gurb é *scéala* an uimhir iolra de *scéal.* Ní hamhlaidh atá: is é *scéalta* uimhir iolra an fhocail *scéal.* Ní fíor ach oiread gur leagan malartach de *scéal* is ea *scéala.* Is focal faoi leith atá ann a bhfuil a iontráil féin aige in FGB.

An bhfuil difear céille idir *scéal* agus *scéala,* mar sin? Is mar seo a rinne an tAthair Peadar Ua Laoghaire cur síos air:

> The word *scéala* means an account or intimation. *Tháinig scéala,* word came; *cuir scéala chuige,* send him word, ***not*** send him stories. (1926: 96).

Níl an dealú céille chomh glan agus a thug an tAthair Peadar le fios (nó níl inniu, ar aon nós). Tá na bríonna *account, word* ag baint le *scéal* chomh maith. Is beag duine a gheobhadh locht ar *Tháinig scéal* nó *Cuir scéal chuige.*

Bíodh sin mar atá, ní bheadh dealramh ar bith ar *Suigh síos agus inis scéala dom* ná *Le scéala fada a dhéanamh gairid.*

Scríbhneoir

Sa Bhéarla, ní bhfaighfí locht ar bith ar *writer* in abairtí mar seo:

> Martin Amis, writer of *Money, Time's Arrow* and other novels.

Ní hinmholta aithris air sin in abairt Ghaeilge:

> Martin Amis, scríbhneoir *Money, Time's Arrow* agus úrscéalta eile.

Is gnách **údar** nó **an té a scríobh a** úsáid ina leithéid d'abairt Ghaeilge.

Scríobh

Bítear ag aithris ar úsáid an fhocail *write* sa Bhéarla:

- 'The House of the Rising Sun' (amhrán nár scríobh The Animals, dála an scéil)
- Ní fios cé a scríobh an dán seo.

Is é gnás na Gaeilge go mbítear **ag cumadh** (nó **ag ceapadh**) amhrán is dánta. Go deimhin, ní dócha go raibh léamh ná scríobh ag cuid de na daoine a chum amhráin mhóra an tsean-nóis. Agus cuid de na scríobhaithe a bhreac na hamhráin sin síos ar phár, níor chum siad oiread agus véarsa lena linn. Is féidir véarsaí **a dhéanamh** chomh maith:

> Bean tuaithe a bhí ina cónaí le taoibh Loch Aoidh **a rinne an t-amhrán**.

Scrios

Is é *scriosadh* (agus ní hé *scrios*) an t-ainm briathartha caighdeánach: *Rinne mé cuid den téacs a scriosadh.*

Seachas

Is aisteach mar a úsáidtear an focal seo, go háirithe i dtéacsanna aistrithe.

> We will not give your information to any third party except in accordance with the law.

> Ní thabharfaimid d'fhaisnéis d'aon tríú páirtí seachas de réir an dlí. (**ach amháin de réir dlí**)

Seic

Toisc críoch chaol a bheith ar an fhocal *seic*, glactar leis trí mhíthuiscint gur focal baininscneach atá ann:

- ➢ Iarrtar ort an tseic a sheoladh chuig Rúnaí na Craoibhe. (**an seic**)
- ➢ Uimhir na Seice. Cód Sórtála an Bhainc. (**uimhir an tseic**)

Séimhiú

Séimhiú ar aidiachtaí

Deirtear le foghlaimeoirí go séimhítear aidiachtaí tar éis ainmfhocal baininscneach. Ba cheart a chur ar a súile dóibh gur aidiachtaí aitreabúideacha a shéimhítear. Is aidiacht aitreabúideach an focal *garbh* san abairt seo:

> Bhí **an oíche gharbh** ag dul in olcas (*The rough night was getting worse.*)

Ach ní aidiacht aitreabúideach an focal *garbh* san abairt seo:

> Bhí an oíche garbh, agus bhí sí ag dul in olcas (*The night was rough, and getting worse.*).

Is aidiacht phreideacáideach é *garbh* sa dara sampla sin. Bíonn an difear idir aidiachtaí aitreabúideacha agus aidiachtaí preideacáideacha níos soiléire sa Bhéarla. Is gnách go dtagann an aidiacht aitreabúideach díreach roimh an ainmfhocal atá á cháiliú aici (*a rough night*), ach go mbíonn bearna éigin idir an t-ainmfhocal agus an aidiacht phreideacáideach. Is í an chopail, go minic, a bhíonn sa bhearna sin. (*The night **was** rough.*) Seans gurb iad na difríochtaí comhréire idir an Béarla agus an Ghaeilge a chuireann mearbhall ar scríbhneoirí Gaeilge agus is cúis le botúin mar seo:

Tá an íocaíocht theoranta dóibh siúd nach bhfuil aon fhoinsí eile ioncaim acu. (**Tá an íocaíocht teoranta**...)

Má bhíonn tú in amhras, aistrigh an abairt go Béarla, féachaint an bhfuil *is* nó *was* ag teacht idir an t-ainmfhocal agus an aidiacht.

De réir an CO, ní shéimhítear an aidiacht má tá dobhriathar idir é agus an t-ainmfhocal.

➢ Léiríonn sonraí eile ó staidéar Harris et al go bhfuil éagsúlacht réasúnta mhór idir scoileanna ó thaobh gnóthachtáil sa Ghaeilge. (**éagsúlacht réasúnta** mór)

➢ Tuiscint mheasartha mhaith a ghnóthú ar láimhseáil na mbriathra. (**tuiscint measartha maith**)

Mionphointe, a déarfadh duine, ach tá difear mór céille idir *bean millteanach saibhir* agus *bean mhillteanach shaibhir*.

Féach GGBC: 4.21.

Cleachtadh 18

An ndéanfá aon leasú ar na habairtí seo thíos?

1. Bhí slua breá i láthair ag tráthnóna eolais Ghradam Sheosaimh Uí Ógartaigh a bhí ar siúl an mhí seo chaite in Óstán an Menlo Park, Tír Oileáin, Gaillimh.
2. Faoistin bhacach go leor a bhí ann.
3. Pé easnamh atá ar an eagraíocht ó thaobh físe de, ní shéanaim nach bhfuil foireann iontach chumasach ann.

Séimhiú ar *f*

Tá treoir chinnte sa COA i dtaobh focail dar tús *f* a shéimhiú: 'ní iondúil ainmfhocail éiginnte dar tús *f* a shéimhiú tar éis ainmfhocal eile.' Ar na samplaí atá tugtha, tá ainmfhocail a bhfuil críoch chaol orthu san uimhir iolra (**botháin freastail**) agus ainmfhocail bhaininscneacha (**bean feasa, sochaí faisnéise**).

Féach, áfach, **muintir Fhear Manach**, **comhairleoir de chuid Fhine Gael**. Ainmneacha dílse iad sin.

DNTLS

Bíonn *DNTLS* go mór i gceist i gcúrsaí séimhithe, agus is minic mearbhall ar scríbhneoirí i dtaobh na rialacha a bhaineann leo.

I gcuid de na canúintí, ní shéimhítear aidiachtaí simplí dar tús *d, t* ná *s* tar éis ainmfhocal baininscneach a chríochnaíonn le *DNTLS*. Féach, mar shampla, an t-amhrán ***Bean Dubh** an Ghleanna*.

Is amhlaidh a bhíonn séimhiú ar aidiachtaí simplí de réir an CO, áfach: **bean dhubh, óráid theasaí**. Tá an méid sin amhlaidh i gcás aidiachtaí a cháilíonn ainmfhocal iolra a bhfuil críoch chaol orthu: **buidéil dhaite, crainn dheasa**.

Tá sraith eile rialacha ag baint le hainmfhocail sa ghinideach atá ag feidhmiú mar aidiachtaí. Ní gnách iad sin a shéimhiú i ndiaidh ainmfhocal baininscneach ná i ndiaidh ainmfhocal iolra a bhfuil críoch chaol orthu, áit a dtagann *DNTLS* le chéile: **cúirt dúiche, cúis dlí, buidéil draíochta, crainn darach**.

Tá roinnt eisceachtaí ar an riail sin, mar shampla **maidin shamhraidh, maidin sheaca, áit dhúchais**.

Ní gnách, de réir an CO, go mbíonn séimhiú idir *DNTLS* i gcomhfhocail: **spotsolas, ildaite, bándearg, leasdeartháir, duine an-deas**.

Séimhiú lochtach: críoch chaol

Is séimhiú lochtach an séimhiú a fheictear ar thúslitir na haidiachta i samplaí mar amhránaithe bhreátha, ionsaithe fhíochmhara. Is é is cúis leis, sílim, ná míthuiscint i dtaobh samplaí mar **leabhair mhóra, pinn ghorma**. Is amhlaidh a shéimhítear na haidiachtaí sna samplaí sin toisc consan caol a bheith i ndeireadh an ainmfhocail rompu. Is cosúil go mbaintear míbhrí as an méid sin agus go síltear go gcaithfear an aidiacht a shéimhiú má tá críoch chaol de shórt ar bith ann, bíodh consan nó guta ann. Ní hamhlaidh atá: **amhránaithe breátha, ionsaithe fíochmhara**.

Séimhiú ar an bhriathar saor

Ní shéimhítear, de ghnáth, briathar saor san aimsir chaite shimplí, mar shampla ***Cuireadh** an litir sa phost. Níor **goideadh** rud ar bith. An chaoi ar **caitheadh** an t-airgead.* Is eisceacht air sin na briathra neamhrialta **bhíothas, chonacthas, chualathas, chuathas, thángthas**.

I gcanúintí áirithe, ní shéimhítear an briathar saor sa chlásal choibhneasta is cuma cén aimsir a bheadh ann:

- ➢ Tá seans ann go mbeidh ort íoc as an am a caitear ag lorg taifead.
- ➢ Má thuigeann sé/sí an toradh atá leis an drochiompar beidh sé/sí in ann glacadh leis an srian a cuirfear air/uirthi.

Séimhítear de réir an CO, áfach: **as an am a chaitear/an srian a chuirfear**.

Seo agus sin

Nós inmholta atá ann an mhír thaispeántach *sin* a úsáid ag tagairt do rud atá luaite cheana.

> Tá an turas ródhaor agus tá mé gafa le cúraimí eile. Ar na cúiseanna **sin**, caithfidh mé do chuireadh a dhiúltú.

Is fearr *seo* a úsáid ag tagairt do rud atá le lua ar ball.

> Caithfidh mé do chuireadh a dhiúltú, ar na cúiseanna **seo**: tá an turas ródhaor agus tá mé gafa le cúraimí eile.

Nuair a chloistear *seo* bítear ag súil le heolas éigin teacht sna sála air.

Serious

Úsáidtear an focal Béarla *serious* chun trácht ar rudaí nach bhfuil greann ar bith ag baint leo agus ar rudaí atá tromchúiseach. Ní hinmholta *dáiríre* a úsáid i ngach cás.

> Labhair Caoimhín go mall, amhail is dá mbeadh sé ag iarraidh a chur in iúl dó gur thuig sé dáiríreacht an scéil.

B'fhearr go mór **tromchúis an scéil**.

Slán

Ní miste *slán* a úsáid sa chiall *secure* ach ní gnách an bhreischéim ná an tsárchéim a úsáid.

- ➢ Is é Firefox an brabhsálaí Gréasáin is gasta, is sláine agus is in-saincheaptha.
- ➢ Mothóidh an fhoireann níos sláine má léiríonn an eagraíocht tiomantas i leith leas na bhfostaithe.

B'fhearr go mór **is sábháilte** sa chéad sampla thuas. Tá casadh beag i gciall an fhocail *slán* sa dara sampla. Ní cosaint ar riosca atá i gceist go díreach, ach go mbeadh an fhoireann **níos muiníní agus níos sásta.**

Smaoineamh

Is minic, nuair is mian rún nó réamhfhios a chur in iúl, a úsáidtear *smaoineamh* ar bhealach an-ait.

- ➢ Níl aon smaoineamh ag an fhear óg filleadh choíche arís.
- ➢ Ní raibh smaoineamh ar bith againn go dtarlódh sé seo.

Tá an-chuid bealaí chun a leithéid a chur in iúl sa Ghaeilge:

- ➢ **Níl rún dá laghad ag an fhear óg filleadh** choíche arís.
- ➢ **Is beag a shíleamar go** dtarlódh sé seo.

Sócmhainn

Focal é seo a mhílitrítear go minic, mar shampla sóchmhainn, sócmhuinn.

Sólaistí

Focal é seo a mhílitrítear go minic, mar shampla *Beidh lón, deoch agus soláistí sláintiúla ag na rannpháirtithe.*

Solution

Chomh minic lena mhalairt, is focal béarlagair é *solution. Áis* nó *seirbhís* an chiall atá leis, murab ionann agus *remedy* nó *resolution.* Fágann sin blas aisteach ar abairtí Gaeilge mar an abairt seo thíos:

> Cuideachta nuabhunaithe a thairgeann réitigh Teicneolaíocht Faisnéise.

Bíodh nach aistriúchán ón Bhéarla an téacs ina bhfuil an líne seo, is dócha gur *that offers Information Technology solutions* a bhí ar intinn an údair. Le fírinne, níl ann ach gur cuideachta nuabhunaithe í seo **a chuireann seirbhísí Teicneolaíocht Faisnéise ar fáil**.

Sonrach/sonraíoch

Bíodh is go bhfuil *sonraíoch* tugtha mar leagan malartach de *sonrach* in FGB, tá difear céille idir na focail seo nach miste a thabhairt slán.

- Tá Tomás Ó Murchú luaite go sonraíoch i leabhar nua Robert i measc mórscríbhneoirí agus mórcheoltóirí eile a chuaigh i bhfeidhm go mór air. (**go sonrach**)
- Ba shonrach an radharc é a oiread sin daoine a bheith ag máirseáil ar son cearta teanga. (**Ba shonraíoch an radharc é**...)

Is é ciall an fhocail *sonrach* ná *specific, particular*. Tugtar *deontas sonrach* le haghaidh cuspóir cinnte ar leith. Is é ciall an fhocail *sonraíoch* ná *suntasach, iontach, neamhghnách*.

Sonraí

Uimhir iolra an fhocail *sonra* is ea *sonraí*. Trí mhíthuiscint a ghlactar leis gur uimhir uatha atá ann, agus a scríobhtar *sonraithe* chun an t-iolra a chur ar fáil.

> Dearbhaím leis seo go bhfuil na sonraithe uile a sholáthraítear san iarratas seo fíor. (**sonraí**)

Sprioc

Is focal baininscneach den dara díochlaonadh é *sprioc*, in ainneoin críoch leathan a bheith air.

- Chuir sé seo sprioc cinnte roimh na scoláirí le díriú uirthi. (**sprioc chinnte**)
- Beidh foireann ann ar chaighdeán dea-chleachtais idirnáisiúnta ag comhlíonadh an sprioc (**ag comhlíonadh na sprice**).

Sraitheanna focal

Sraitheanna focal éiginnte

Níl aon ghné den ghramadach is mó a chraplaíonn an Ghaeilge scríofa ná na rialacha casta a bhaineann le hinfhilleadh agus claochlú tosaigh i sraitheanna focal mar *urlabhra páirtí polaitíochta*. Tharla nach bhfuil fadhb leis an sampla sin, nó is focail den cheathrú díochlaonadh iad *urlabhra* agus *páirtí* agus ní dhéantar iad a infhilleadh i gcás ar bith. Ní mar sin a bhíonn i gcónaí, áfach, agus ní beag an dúshlán gramadaí a bhaineann leis.

Síleann daoine áirithe gurb é an leigheas

is fearr ar an éiginnteacht ná gach focal den aonad céille a chur sa tuiseal ghinideach.

> Is láithreoir *cláir ceoil* í Kristine ar BBC Raidio nan Gaidheal.

Is mar sin a bheadh an t-aonad céille de réir an COA. Dá mbeifeá ag cloí leis an treoir in GGBC, áfach, dhéanfá *ceoil* a shéimhiú toisc críoch chaol a bheith ar *cláir*.

> Is láithreoir *cláir cheoil* í Kristine ar BBC Raidio nan Gaidheal.

Nós eile ar fad a mholann scríbhneoirí eile (mé féin ina measc): gan an chéad fhocal den aonad céille a infhilleadh ar chor ar bith.

> Is láithreoir *clár ceoil* í Kristine ar BBC Raidio nan Gaidheal.

Má táthar chun glacadh leis an nós seo, a dtugtar *bata fear siúil* air, cuimhnigh nach n-infhilltear an chéad fhocal den aonad céille fiú más san uimhir iolra atá sé.

> Cnuasach + leabhair Ghaeilge = *cnuasach leabhair Ghaeilge*.

Ní chaithfidh an scríbhneoir, mar sin, freastal ar riachtanais ghramadaí an ghinidigh iolra gona lagiolraí agus tréaniolraí.

Tá an scríbhneoir seo go mór i bhfách le *bata fear siúil*. Creidim gurb é is gaire do ghnáthúsáid na Gaeltachta. Go deimhin, ba chabhair do scríbhneoirí dá gceadófaí leaganacha mar *buidéal fíon dearg* chomh maith, is é sin aonaid chéille ina bhfuil meascán d'ainmfhocail agus d'aidiachtaí.

Níl sé ina bhlár catha amach is amach. Go deimhin, tá *bata fear siúil* agus *buidéal fíon dearg* leagtha síos sa COA i gcomhthéacsanna áirithe:

- ➢ I ndiaidh réamhfhocal comhshuite: *faoi dhéin cupán tae, i ndiaidh breac mór millteach.*
- ➢ I ndiaidh ainm briathartha: *ag déanamh obair mhaith.*

Corruair, is féidir le scríbhneoirí oilte sraitheanna casta focal a sheachaint agus slí éalaithe a aimsiú sa réamhfhocal. Sin é go díreach an rud ba cheart a dhéanamh i gcás abairtí mar seo thíos.

> Is féidir deimhniú clárúcháin úinéara feithicle nó sealbhóra feithicle a aisghabháil má rinneadh damáiste tromchúiseach don fheithicil i dtionóisc.

Ní dhéanfadh *bata fear siúil* féin an abairt ghránna sin a dhéanamh mórán níos deise. Tá cuidiú sa réamhfhocal:

> Is féidir **an deimhniú clárúcháin a aisghabháil ó úinéir nó ó shealbhóir na feithicle** más amhlaidh a rinneadh damáiste tromchúiseach don fheithicil i dtionóisc.

Ar scor ar bith, sin agaibh trí struchtúr éagsúla. Níl sa mhéid sin ach na struchtúir atá luaite i bhfoinsí tagartha údarásacha. Tá struchtúir eile in úsáid a léiríonn an mearbhall a bhíonn ar scríbhneoirí faoi na cúrsaí seo. Ní hannamh, mar shampla, a chuirtear séimhiú ar thúslitir an aonaid chéille:

> Is láithreoir chlár ceoil í Kristine ar BBC Raidio nan Gaidheal.

Tá an séimhiú sin mícheart mar is péire ainmfhocal **éiginnte** atá in *clár ceoil*. Is léir go bhfuiltear ag aithris ar struchtúr eile ar fad. Tá míniú ar an struchtúr sin sa chéad alt eile.

Hata fhear an tí

Tá an nath *fear an tí* ar eolas ag duine ar bith a chuaigh chuig céilí riamh. Is é *tí* foirm ghinideach an fhocail *teach*, atá cinnte sa nath seo ó tharla an t-alt a bheith leis. Mar sin de, is ainmfhocal cinnte sa tuiseal ginideach é *tí*. An focal úd *fear* atá ag teacht roimh *tí*, is amhlaidh a cháilíonn sé an t-ainmfhocal cinnte sa ghinideach. Déanann siad aonad céille atá comhdhéanta d'ainmfhocail chinnte: *fear an tí*. Mar a chéile *muintir na cathrach*, *téacs an Bhunreachta* agus mar sin de.

Is mar seo a aithnítear ainmfhocal cinnte:

- An t-alt a bheith leis: *an teach, na mná*
- An t-ainmfhocal a bheith ina ainmfhocal dílis ag tagairt do dhuine, do dhream nó d'áit ar leith: *Síle, Cromail, Corcaigh, Cumann Lúthchleas Gael.*
- Aidiacht shealbhach a bheith leis an ainmfhocal: *mo theachsa, ár dteanga féin.*
- An t-ainmfhocal a bheith á cháiliú ag orduimhir: *rang a cúig, cuid a dó.*
- Is ainmfhocal cinnte aon ainmfhocal a cháilíonn ainmfhocal cinnte sa ghinideach: ***fear** an tí.*

Cuir i gcás go dtagann ainmfhocal eile roimh a leithéid sin d'aonad céille cinnte, sin nó aon cheann de na rudaí a chuireann ainmfhocal sa ghinideach de ghnáth. Sa chás sin, ní dhéantar an t-aonad céille cinnte a infhilleadh ná é a chur sa tuiseal ginideach. Is amhlaidh a fhanann sé sa tuiseal ainmneach ach go gcuirtear séimhiú ar thúslitir an aonaid:

- *Hata + fear an tí = hata fhear an tí.*
- *Greann + muintir na cathrach = greann mhuintir na cathrach*
- *I dtaobh + téacs an Bhunreachta = i dtaobh théacs an Bhunreachta*

Is é an nós céanna a bhíonn ann is cuma cá mhéad ainmfhocal cinnte a bheadh ann:

- *cathair Chorcaí*
- *muintir chathair Chorcaí*
- *greann mhuintir chathair Chorcaí*
- *ag moladh ghreann mhuintir chathair Chorcaí*

Is fíor go bhfeicfear nósanna eile i dtéacsanna liteartha agus go gcloistear seanleaganacha fós i gcanúintí áirithe. Seans gur sa tuiseal ginideach a bheidh gach ainmfhocal sa tsraith, diomaite den chéad cheann. Féach, mar shampla, an chéad líne de *Mar Chonnac-sa Éire* le Peadar Ó hAnnracháin: *Lá tar éis lae Feise Beanntraighe*. Inniu, bheifeá ag súil le *Lá tar éis lá Fheis Bheanntraí*.

An t-aonad céille

Úsáidtear an séimhiú agus an t-infhilleadh chun difríochtaí céille a thabhairt slán sa Ghaeilge. Difríochtaí caolchúiseacha a bhíonn i gcuid mhór acu.

Cuir i gcás go bhfuil ócáid spóirt ann ar a dtugtar *The Irish Soccer Cup*. Is é an t-aistriú is fearr air sin ná *Corn Sacair na hÉireann* mar níl ann ach corn sacair na tíre seo. Bheadh ciall eile ar fad le *Corn Shacar na hÉireann*. Thabharfadh sin le fios go bhfuil cluiche ar leith ann ar a dtugtar *Sacar na hÉireann* agus gurb é seo corn an chluiche sin. Tá difear mar an gcéanna idir *Garda Cósta na hÉireann* agus *Garda Chósta na hÉireann*. Is é a chiallaíonn an chéad cheann *The Irish Coast Guard* agus is é a chiallaíonn an dara ceann *The Guard of the Coast of Ireland*.

Deireadh an chluiche ceannais

Níl na foinsí tagartha ar aon fhocal maidir le hainmfhocal cáilithe a shéimhiú i ndiaidh ainmfhocal firinscneach a bhfuil críoch chaol air sa tuiseal ginideach. Ar na samplaí atá tugtha sa COA tá *bord údaráis creidiúnúcháin, feidhmiú an achtacháin cánachais sin, síniú an choinbhinsiúin cóipchirt.*

I gcead don COA, chuirfeadh a lán scríbhneoirí séimhiú ar na samplaí sin, agus údarás GGBC agus FGB acu leis: *bord údaráis c**h**reidiúnúcháin, feidhmiú an achtacháin c**h**ánachais sin, síniú an choinbhinsiúin c**h**óipchirt.*

Má tá *síniú an choinbhinsiúin c**h**óipchirt* ceart de réir foinsí áirithe, an amhlaidh a shéimhítear an t-ainmfhocal cáilithe i gcónaí? Cé acu atá ceart: *deireadh an chluiche c**h**eannais* nó *deireadh an chluiche ceannais*? An leagan neamhshéimhithe atá ceart, mar níl críoch chaol ar an fhocal *cluiche*.

Cleachtadh 19

An ndéanfá aon leasú ar na habairtí thíos?

1. I mí Lúnasa, taispeánadh scoth na ngrianghraf in Ionad Phobail Bhaile Chruaich.

2. Mothaím go mbíonn deoch tuilte agam agus bainim sult as; féirín beag ag deireadh lae oibre.

3. Soláthraí sheirbhísí cóiríochta agus athlonnaithe do chiontóirí ardriosca.

4. Bhí an lá sin, 12 Márta 1989,

speisialta i stair an bhanna cheoil seo Naomh Pádraig.

5. Cuir ort do bhróga, téigh amach ag siúl agus déanfaidh tú maitheas do do chroí. Sin é an teachtaireacht atá ag Foras Chroí na hÉireann.
6. Beidh sos 30 nóiméad idir deireadh cuid a haon den scrúdú agus tús cuid a dó den scrúdú.
7. Tá mé féin ag foghlaim amhrán nua faoi láthair: 'Tiocfaidh an Samhradh.'
8. Rinne na húdaráis ionsaí fíochmhar ar mhórshiúl mic léinn.
9. B'iomaí sin Piarsach ann: bunaitheoir scoile Gaelaí, eagarthóir iris litríochta, réabhlóidí diongbháilte.
10. Chonaic mé oibreacha an Choiste Théarmaíochta ar shuíomh Acmhainn, agus dar liomsa, is iomaí focal aisteach ann.

Staidreamh/staitisticí

Is é a thuigfeá ó FGB gurb é *staidreamh* an disciplín a dtugtar *statistics* air i mBéarla agus gur sonraí faoi leith is ea *staitisticí*. De réir an tsainmhínithe sin, is amhlaidh a dhéanann lucht staidrimh anailís ar staitisticí. Bíodh sin mar atá, úsáidtear *staitisticí* go coitianta sa dá chiall anois: an disciplín agus ábhar an disciplín.

Ba cheart i gcónaí cloí le hainm oifigiúil eagraíochta, mar shampla *an Phríomh-Oifig Staidrimh, an Ard-Stiúrthóireacht Staitisticí.*

Substaintiúil

Úsáidtear *substantially* sa chiall *mostly, for the best part*. Is olc an t-aistriúchán air sin *go substaintiúil.*

> Úsáidfear an t-airgead seo go substaintiúil chun tuarastail a íoc.

B'fhearr go mór leagan den chineál seo:

> **Úsáidfear an chuid is mó den airgead seo** chun tuarastail a íoc.

Suirbhé/suirbhéireacht

Bíonn an dá fhocal seo trína chéile i dtéacsanna Gaeilge.

➢ Is féidir leat léarscáil leis an Suirbhé Ordanáis a úsáid. (**léarscáil de chuid na Suirbhéireachta Ordanáis**)

➢ Dúirt beagáinín níos mó ná 10 faoin gcéad de na múinteoirí a ndearnadh suirbhéireacht orthu go raibh siad an-mhíshásta nó míshásta leis an gCigireacht. (**suirbhé**)

Is gnách *suirbhéireacht* a dhéanamh ar thalamh, ar thithe, ar láithreán seandálaíochta. B'ait leat a leithéid a dhéanamh ar mhúinteoirí. Más ag iarraidh eolas a fháil i dtaobh tuairimí daoine atáthar, is fearr *suirbhé* a úsáid.

Suntasach

Focal úsáideach é *suntasach* ach shílfeá in amanna gur féidir é a úsáid chun trácht ar gach uile rud suaithinseach nó ar rud ar bith atá ar scála mór. Is mar seo a sainmhíníodh *suntasach* in FGB: *Noticeable, remarkable; prominent, distinctive*. I ndiaidh duit na habairtí thíos a léamh, mheasfá go bhfuil ciall na bhfocal Béarla *substantial* agus *significant* i ndiaidh greamú den fhocal Gaeilge.

- Íocfar tuarastal suntasach leis an té a cheapfar.
- Sin an fáth go mba cheart do gach éinne saoire mhaith a bheith acu, briseadh suntasach nó sos ó shaol na hoibre a fháil go rialta.
- Go suntasach, tá laghdú ar líon na bhfolúntas tógála.

Sílimse go dtiocfadh focail níos oiriúnaí a chur in áit *suntasach* i ngach ceann de na habairtí thuas. Ní focail dheacra iad ach oiread.

- Íocfar **tuarastal maith** leis an té a cheapfar.
- Sin an fáth go mba cheart do gach éinne saoire mhaith a bheith acu, **briseadh ceart** nó sos ó shaol na hoibre a fháil go rialta.
- **Is díol suntais** é go bhfuil laghdú ar líon na bhfolúntas tógála.

Is leaganacha malartacha iad *súntas* agus *súntasach*.

Tabhair

Bíonn úsáid an bhriathair *tabhair* go mór faoi thionchar an Bhéarla *give*.

- Tá an AE ag tabhairt spreagadh do Bhallstáit chun polasaithe iniata gníomhacha a fhorbairt. (**ag spreagadh Ballstát chun**)
- Thug sé taitneamh don Choiste cuairt a thabhairt ar Theach na gCanónach i mí Dheireadh Fómhair. (**Bhain an Coiste taitneamh as** an gcuairt)

Cleachtadh 20

An ndéanfá leasú ar bith ar na habairtí thíos?

1. Agus ná déan dearmad nach féidir tabhairt faoi tháirgí nó seirbhísí nua gnó gan oiliúint a thabhairt do na hoibrithe.
2. Bhí aoíchainteoir ann agus thug sé smaoineamh dúinn – cuid den Ardleibhéal a thosú san idirbhliain.
3. Cuireadh catalóg lánmhaisithe le chéile agus tugadh léirmheas sna nuachtáin náisiúnta uilig faoin taispeántas.

Tabhair/tóg

Ní i gcónaí a dhéantar dealú idir *thóg/tógadh* agus *thug/tugadh*. An chomhchosúlacht fuaime, is dócha, is cúis le leaganacha mar seo:

➢ Rugadh agus tugadh Dan Dowling i mBéal Feirste. (**tógadh**)

➢ I measc mo chaitheamh aimsire tá mé tógtha don sacar agus don scríbhneoireacht. (**tugtha**)

➢ Thóg sé céim chun tosaigh. (**thug sé céim**)

Má tá amhras ar scríbhneoir cé acu *tóg* nó *tabhair* a theastaíonn, déanadh sé nó sí é a sheiceáil in FGB.

Tacaigh

Níl aon locht ar abairt mar *an struchtúr a thacú* más é an chiall atá leis ná an struchtúr a theanntú sa chaoi is nach dtitfidh sé. Níl aon dealramh ar abairtí den chineál seo, áfach.

> Cur chuige nuálach chun fiontair tuaithe a thacú, a fhorbairt agus a chothú.

Seans gur roghnaigh an t-údar *tacú* chun go dtiocfadh *fiontair tuaithe* a bheith ina chuspóir ag *tacaigh*, *forbair* agus *cothaigh* in aon sraith dheas néata amháin. Ach más dáimh nó cabhair a thabhairt do dhream nó do rud faoi leith atá i gceist, ní mór *le* a chur le *tacaigh*.

> Cur chuige nuálach **chun tacú le fiontair tuaithe** agus chun iad a fhorbairt agus a chothú.

Nó

> Cur chuige nuálach chun fiontair tuaithe a fhorbairt agus a chothú agus **chun tacaíocht a thabhairt dóibh**.

Is struchtúr neamhaistreach é *tacaigh le*.

> Cibé ar bith, tá súil againn go mbeidh tú sásta a thacú leis an iarracht seo. (**tacú leis an iarracht**)

Taifead

Is é *taifeadadh* an t-ainm briathartha caighdeánach.

> Dhearbhaigh an Taoiseach agus é ag caint sa Dáil inniu go ndearnadh comhráite gutháin idir dlíodóirí agus cimí a thaifead 'go neamhaireach.' (**a thaifeadadh**)

Tairg/táirg

Ní i gcónaí a dhéantar an dá bhriathar seo a dhealú ó chéile i gceart, mar is léir ó na samplaí seo:

➢ Tar éis dó an intéirneacht a chríochnú, táirgeadh post do Nicklas san óstán. (**tairgeadh post do/rinneadh post a thairiscint do**)

➢ An chéad uair eile nuair a cheannaíonn tú Big Mac, smaoinigh faoin mhéid fuinnimh a úsáidtear chun an burgar sin a thairgeadh. (**a tháirgeadh/a chur ar fáil**)

Offer an chiall atá le *tairg*. *Produce* an

chiall atá le *táirg*. Faoi thionchar an ainm bhriathartha, *tairiscint*, a scríobhtar a leithéid seo:

> Déanann an cháipéis seo cur síos ar na seirbhísí a thairiscíonn Bord Gáis. **(a thairgeann)**

Níl aon stádas ag *tairiscíonn* sa teanga fhoirmiúil. Níl sé tugtha mar leagan malartach in FGB.

Táirgeacht/táirgíocht/táirgiúlacht

Tá difear céille idir focail ghaolmhara seo nár tugadh slán sna samplaí seo thíos:

- Tá táirgíocht maolaithe go mór ar fud cheantar an Aigéin Chiúin. (**táirgeacht**)
- Cleachtais feirmeoireachta curaíochta agus modhanna táirgiúlachta. (**modhanna táirgeachta**)

Is ionann *táirgeacht* agus *productivity* sa chiall 'an méid a dhéantar'. Bítear ag caint, mar shampla, ar *Olltáirgeacht Intíre* nó *Gross Domestic Product* – na hearraí agus na seirbhísí go léir a dhéantar i dtír faoi leith. Rud eile ar fad is ea *táirgiúlacht*. Is é a thuigtear as sin ná cumas chun rudaí a tháirgeadh nó cé chomh *táirgiúil* is atá próiseas áirithe. *Productiveness* atá luaite leis in FGB agus is nod cuiditheach é sin. Ní i gcónaí a thugtar an dealú céille sin slán sa Ghaeilge, toisc, b'fhéidir, gur *productivity* a bheadh ar bhéal an Bhéarlóra sa dá chás.

Níl *táirgíocht* cláraithe i gceann ar bith de na foclóirí ná ar *www.tearma.ie*, bíodh is go bhfuil sé fairsing go leor i dtéacsanna Gaeilge. Saghas 'rógaire téarma' é nach bhfuil aon stádas aige sa teanga fhoirmiúil.

Talamh

Níl na foinsí tagartha ar aon chomhairle faoin fhocal *talamh*. Maítear in FGB go bhféadann sé a bheith firinscneach nó baininscneach. De réir GGBC, is í foirm an ghinidigh amháin atá dé-inscneach, sa dóigh is go mbeadh *tiarna talaimh* agus *tiarna talún* chomh ceart lena chéile.

Tar

B'fhearr gan *tagann X as Y* a scríobh nuair a bhítear ag trácht ar áit dhúchais nó ar áit chónaithe duine.

> Cuirim fáilte roimh an Aire den dara huair inniu. Tagann sé as mo pharóiste féin. (**Is as mo pharóiste féin dó.**)

Ar ndóigh, bheadh *tar as* inghlactha i gcomhthéacsanna eile, nuair is taisteal nó cuartaíocht atá i gceist.

> **Is cuma cén cearn as ar tháinig tú chugainn**, a chuairteoir, fearaim fíorchaoin fáilte romhat chun na hEaglaise seo.

Tar éis go

Ní hannamh a scríobhtar abairt lochtach mar seo:

> Tá na húdaráis slándála i mBostún, SAM, i mbun fiosrú mórscála tar éis gur phléasc dhá bhuama sa chathair tráthnóna inniu.

Bhí ciall eile ar intinn an údair, is dócha.

> Security authorities in Boston, USA, are undertaking a large-scale investigation after two bombs exploded in the city this afternoon.

Tá ciall eile ar fad leis an abairt Ghaeilge thuas, áfach.

> Security authorities in Boston, USA, are undertaking a large-scale investigation **despite** two bombs exploding in the city this afternoon.

Is ionann *tar éis go* agus *in ainneoin*, mar is léir ón iontráil in FGB: 'Tar éis gur crosadh air é, even though he had been forbidden to do it.'

Ní mór struchtúr eile a úsáid sa Ghaeilge:

> Tá na húdaráis slándála i mBostún, SAM, i mbun fiosrú mórscála **ó phléasc dhá bhuama** sa chathair tráthnóna inniu.

Tarlaigh

Ní hionann go díreach mar a úsáidtear *tarlaigh* na Gaeilge agus *happen* an Bhéarla.

- Ní tharlaíonn borrphéist choise do pháistí óga ach go hannamh.
- Tarlaíonn earráid nuair nach mbíonn tuiscint iomlán ag an bhfoghlaimeoir ar struchtúir na sprioctheanga.

Seans go mbeadh leaganacha mar sin inghlactha sa Bhéarla: *Athlete's foot happens to young children, a mistake happens.* Ní hé sin nós na Gaeilge, áfach.

- **Ní thagann borrphéist choise ar** pháistí óga ach go hannamh.
- **Déantar earráidí** nuair nach mbíonn tuiscint iomlán ag an bhfoghlaimeoir ar struchtúir na sprioctheanga.

Tá (*faoi*) *mar a tharlaíonn sé* chomh bunaithe faoin am seo nach féidir é a ruaigeadh, ach is fiú cuimhneamh go bhfuil friotal níos dúchasaí sa Ghaeilge ná lomaistriúchán ar *as it happens*.

- *Mar a tharlaíonn sé*, tá cúis cheiliúrtha ar leith anseo anocht mar tá an Comhlachas Náisiúnta Drámaíochta ar an fhód le 35 bliain i mbliana. (**Is amhlaidh atá cúis cheiliúrtha**...)
- Chuaigh mé go díograiseach chuig achan chluiche de m'fhoireann féin (Glenavon, *mar a tharlaíonn sé*) seachtain tar éis seachtaine. (Glenavon, **bíodh a fhios agaibh**)
- *Mar a tharlaíonn*, tá mé féin ag obair ar an tionscadal sin. (**Tharla**

go bhfuil mé féin...)

➢ *Faoi mar a tharlaíonn* ní i dtuaisceart nó i lár na Gaillimhe, na ceantracha is mó ina raibh foréigean ann in aghaidh an R.I.C (**Déanta na fírinne**, ní i dtuaisceart...)

Bunús mór an ama ní bhíonn brí ar bith á hiompar ag *mar a tharlaíonn* agus ba chomaoin ar an abairt é a fhágáil ar lár fad.

> Bhíomar faoi dhraíocht ag fear áitiúil (ón Iorua *faoi mar a tharlaíonn sé* ach é ina chónaí anois i mBarr na hAoine) agus é ag seinm ar an liúit.

Tar trasna

Tá abairtí mar seo thíos seanbhunaithe sa Ghaeilge faoin am seo:

➢ Uair eile, *tháinig mé trasna ar* uaimh mhara a raibh thart ar deich rón istigh ann.

➢ I gColáiste NCAD, *tháinig mé trasna ar* ealaíontóir darbh ainm Suzanne Lacy.

Is fiú a lua go bhfuil bealaí eile ann chun *discover* nó *come across* a chur in iúl i nGaeilge.

➢ I could knock my brains out against the first ironbark tree *I come across*.

> [Gheobhainn] de chroidhe an inchinn a bhaint asam féin in éadan a' chead chrann chruadh-chairte **a chasfaidhe orm**. (Domhnall Mac Grianna, *Gadaidheacht le Láimh Láidir*)

➢ The governor *discovered Larry seated* in the kitchen, on a three-legged stool.

> Is cosamhail **go dtáinig an seanduine ar Labhras agus é ina shuidhe** ar stól thrí gcos sa chistinigh. (Seosamh Mac Grianna, *Teacht fríd an tSeagal*)

Téacs

Is ainmfhocal den cheathrú díochlaonadh é *téacs*, de réir FGB. Más téacs lánchaighdeánach a theastaíonn, níor cheart é a infhilleadh mar atá déanta sna samplaí seo:

➢ Déantar nótaí teanga, nótaí téacsa agus gluaise a sholáthar mar áis do léitheoirí. (**nótaí téacs**)

➢ Teachtaireacht téics beag. B'in an méid. (**teachtaireacht téacs**)

Téarmaí neamhfhaofa

Tá roinnt foclóirí agus liostaí téarmaíochta le fáil ar líne ar saothar duine amháin iad, nó saothar roinnt bheag daoine. D'fhéadfaí a mhaíomh gur comhartha beochta é daoine a bheith ag ceapadh téarmaí as a stuaim féin. Cinnte, tá samhlaíocht agus cruthaitheacht i gcuid de na liostaí ach b'fhearr d'aistritheoirí a bheith faichilleach fiú faoin chuid is fearr acu. Is i réimse na ríomheolaíochta is mó a fuair téarmaí neamhfhaofa leitheadas, is é sin téarmaí nár cheap an Coiste Téarmaíochta ná

Rannóg an Aistriúcháin. A leithéid seo:

- Bréagbhrandáil (*phishing*). *Fioscaireacht* an téarma faofa.
- Friothálaí (*server*). *Freastalaí* an téarma faofa.
- Oideas (*programme*). *Clár* an téarma faofa.

Locht atá ar na téarmaí sin nach bhfuil siad trédhearcach, is é sin seans nár leor an comhthéacs le go dtuigfeadh an léitheoir a mbrí. Cén dochar ach nach bhfuil míniú le fáil sna foclóirí agus sna liostaí téarmaíochta a mbíonn an gnáthúsáideoir ag tarraingt orthu. Déanaim amach gur cheart cloí leis an téarma faofa fiú má tá ciall an téarma eile soiléir, fiú mura téarma fíortheicniúil atá ann. Cuir i gcás, ní deacair a dhéanamh amach gur *frequently asked questions* atá i gceist le *ceisteanna a chuirtear go minic* ach fós féin, b'fhearr an téarma faofa *ceisteanna coitianta* a úsáid. Ba cheart cloí leis na téarmaí faofa sa dóigh is nach mbeidh dalladh leaganacha ann. Féach, mar shampla, na téarmaí neamhfhaofa a bhailigh Caoimhín Ó Donnaíle ar *web-browser* agus a d'fhoilsigh sé ar líne faoin teideal *Téarmaí Ríomhaireachta*:

- léitheoir gréasáin
- siúladóir Idirlín
- líonléitheoir
- líonfhéachadóir
- líonsiúltóir

Fiú an té nach dtaitníonn an téarma faofa *brabhsálaí gréasáin* leis, d'admhódh sé, b'fhéidir, gur fearr leagan comhaontaithe ná cúig théarma a bheith in iomaíocht lena chéile.

Thar

Má mhaireann cruinniú níos faide ná mar a bhí ceaptha, is amhlaidh a théann sé *thar am*. Ach tá ciall eile le *thar*, mar is léir ó abairtí mar seo: *Íocfar deontas €74,000* ***thar trí bliana***. Ach oiread leis an fhocal Béarla *over*, féadann an dá bhrí sin a bheith ina údar doiléire.

> Ní ceadmhach d'Uachtarán bheith san oifig thar dhá théarma.

An é nach ligfear d'Uachtarán dhá théarma iomlána a chur isteach? Is fearr, i gcás mar sin, focal aonchiallach a úsáid.

> Ní ceadmhach d'Uachtarán bheith san oifig **ar feadh níos mó ná dhá théarma**.

Tionchar

Is den seanlitriú tionchur.

Tionscadal/tionscnamh/togra

Bíonn na trí fhocal seo trína chéile sa ghnáthchaint. Is gnách le haistritheoirí dealú eatarthu mar seo:

- **Tionscadal** a úsáid chun *project* a aistriú.

- **Tionscnamh** a úsáid chun *initiative* a aistriú.
- **Togra** a úsáid chun *proposal* a aistriú.

Sampla d'úsáid cheart na bhfocal seo sa teanga fhoirmiúil is ea:

> Thug siad freagra dearfach ar an **togra** le haghaidh an **tionscadail** seo a chuir **Tionscnamh** Teanga na hEorpa (TELI) faoina mbráid. (*An Foclóir Parlaiminte*)

Is fiú a lua nach bhfuil síneadh fada ar bith ar an *o* san fhocal *togra*.

Bíonn a nósanna féin ag eagraíochtaí faoi leith. Sa chóras oideachais i bPoblacht na hÉireann, mar shampla, tugtar *tionscnamh ranga* ar *class project*. Ba chóir d'aistritheoirí a leithéid de ghnáthúsáid institiúideach a chur san áireamh.

Tiubh

Is minic a mhílitrítear breischéim na haidiachta seo:

> Rinne mé roux sciobtha chun an t-anlann a dhéanamh níos tiubhe. (**níos tibhe**)

Tobac

Is focal de chuid an cheathrú díochlaonadh é *tobac*.

> Na tionscail a phróiseálann a gcuid táirgí féin, is iad sin na tionscail bhia, dí agus tobaic. (**tobac**)

Todhchaí

Ró-úsáid an peaca is measa a ghabhann leis an fhocal teibí fealsúnachta seo. Anuas air sin, meastar trí mhíthuiscint gur uimhir iolra atá ann ar dhóigh nach dtuigfeadh daoine aon locht a bheith ar abairtí mar seo:

- Cá bhfios cad a tharlóidh sna todhchaí? (**sa todhchaí**)
- Tá todhchaí geala roimh an mbaile beag seo i lár na tíre. (**Tá rath i ndán don bhaile** ...)

Is é is cúis leis an mhearbhall uimhreach sin, gan amhras, ná an chríoch *-aí*.

Ní mar a chéile go baileach *todhchaí* na Gaeilge agus an focal Béarla *future*, rud a fhágann cuma an-mhínádúrtha ar abairtí a chuireann síos ar drochthodhchaí nó ar an todhchaí atá romhainn. Nach romhainn a bhíonn an todhchaí i gcónaí?

Tóg

Ciall amháin atá le *tóg* ná *build, make*. Ach is gnách é a úsáid i gcás struchtúir a thógtar ón talamh aníos. Tógtar foirgneamh, cruach mhóna agus mar sin de.

- Thóg siad dífhibrileoir iniompartha. (**rinne/cheap siad**).
- Déanann an gabhlán gaoithe a nead a thógáil i spás folamh

i bhfoirgnimh agus fothracha. (**déanann an gabhlán gaoithe a nead**)

Toisc

Ní hannamh a scríobhtar a leithéid seo:

- ➢ Cailltear cuid mhór laethanta oibre toisc tinneas.
- ➢ Ach toisc ciorruithe a chuirfear i bhfeidhm i scoileanna ar fud na tíre sna míonna romhainn, beidh 83 ag teastáil ar an rolla le bheith incháilithe.

Ach ní féidir *toisc* + ainmfhocal a scríobh mar a scríobhfá *de bharr* nó *mar gheall ar*. Ní mór tuilleadh faisnéise a chur leis:

- ➢ Cailltear cuid mhór laethanta oibre **toisc oibrithe a bheith tinn**.
- ➢ Ach **toisc go bhfuil ciorruithe le cur i bhfeidhm** i scoileanna ar fud na tíre sna míonna romhainn, beidh 83 ag teastáil ar an rolla le bheith incháilithe.

Tosaigh

Is ait le léitheoirí *tosaigh* á úsáid chun cur síos ar ghníomh gairid aon uaire, díreach mar a d'úsáidfí *begin* sa Bhéarla.

- ➢ Thosaigh sé ag breathnú amach ar fhuinneog na traenach. (**Bhreathnaigh sé amach**)
- ➢ D'fhág siad an carr ar bhóithrín uaigneach agus shiúil chun na háite ar thosaigh na cnoic. (**go bun na gcnoc**)

Cleachtadh 21

Cuir caoi ar na habairtí lochtacha seo thíos.

1. Bhí an fhearthainn ag tosú ar an taobh eile den fhuinneog.
2. Cúpla seachtain ina dhiaidh sin, thosaigh sí ag tuiscint go raibh dul amú uirthi maidir leis an chineál poist a bhí aici.
3. Thosaigh an cogadh le dúnmharú an Ard-Diúic Franz Ferdinand.

Trasna

Tá abairtí den chineál seo an-choitianta sa teanga labhartha agus sa teanga scríofa:

- ➢ Tá sé ina chónaí trasna na sráide uaim.
- ➢ Shuigh bean trasna uaidh.

Bíodh is gur leagan an-choitianta é sin, is le gníomh agus le gluaiseacht a úsáidtear *trasna* de ghnáth, mar shampla *Shiúil mé trasna na sráide*. B'fhearr leaganacha mar seo a scríobh nuair is staid nó suíomh atá i gceist:

- ➢ Tá sé ina chónaí **ar an taobh thall den tsráid** uaim.
- ➢ Shuigh bean **os a chomhair**. (nó **ar a aghaidh amach**)

Is minic fosta a úsáidtear *cuir trasna* (nó *faigh trasna*) ag trácht ar chúrsaí cumarsáide.

➢ Ag iarraidh a chloigeann a choinneáil in airde chun íomhá na féinmhuiníne a chur trasna. (**chun cuma na féinmhuiníne a chur air féin**)

➢ Smaoineamh teibí is ea é agus ní héasca é a chur trasna i bhfocail. (**é a chur i bhfriotal**)

Trealamh

Níl ach *l* amháin i lár an fhocail.

Trí

Is féidir *trí* a úsáid chun *agency* nó *means* a chur in iúl:

➢ **Trí obair chrua a ghnóthaigh sé** a chuid airgid.

➢ **Tríomsa a fuair sé** an post.

Bíodh sin mar atá, tá blas an Bhéarla ar abairtí den chineál seo a leanas:

➢ Gheobhaidh tú tuilleadh eolais trí fhéachaint ar ár suíomh Gréasáin.

➢ Cinntigh go bhfuil an t-othar neamhaireachálach trína ghualainn a chroitheadh.

By/through an Bhéarla is cúis leis an struchtúr sin a bheith chomh coitianta is atá i dtéacsanna Gaeilge inniu. Tá go leor leaganacha traidisiúnta Gaeilge ann chun an gnó a dhéanamh.

➢ **Tá tuilleadh eolais le fáil ar ár suíomh** Gréasáin.

➢ Tá tuilleadh eolais le fáil **ach féachaint ar ár suíomh** Gréasáin.

➢ **Croith gualainn an othair** chun a chinntiú go bhfuil sé neamhaireachtálach.

B'fhearr leaganacha mar seo a sheachaint, dá choitianta iad.

➢ Ba cheart do ghrúpaí dul isteach sa Ghailearaí tríd an doras agus ag an am atá sonraithe.

➢ Agus tosaíonn an spórt i gceart nuair a thagann cuairteoir gan choinne isteach tríd an bhfuinneog.

Is féidir dul isteach nó amach an doras. *Tháinig mé isteach ar an doras* agus *Bhí mé ag amharc amach ar an fhuinneog* a deir na hUltaigh. Ach an té a rachadh tríd an fhuinneog, is tríd an ghloine a rachadh sé.

Triail/triall

Ní hannamh an dá fhocal seo in ionad a chéile:

➢ Cuimhnigh gur féidir Cúla4 a thabhairt leat cuma cá bhfuil do thriail! (**do thriall**)

➢ Tá an triall seo éigeantach d'iarrthóirí a bhfuil cónaí orthu in Éirinn nó a bhfuil sé i gceist acu teagasc in Éirinn. (**triail**)

Is é is brí don chéad abairt thuas ná *Remember you can bring Cúla4 with you no matter where your trial is.* Is é ba cheart a bheith sa Ghaeilge ná *cá bhfuil do thriall?*

Más *trial* nó *test* atá ann, ba cheart *triail* a scríobh.

Trúig

Déanann *trúig* comhaonad le *bás*.

> Creidtear freisin gurbh é an polóiniam **ba thrúig bháis** d'Irène Joliot-Curie.

Is ionann é sin agus a rá gurbh é an polóiniam a mharaigh í. Tá an úsáid sin chomh coitianta agus gurbh ait leat *trúig* a lua le haon ní eile.

➢ Is de bharr an mhíshuaimhnis agus an trúig scannail a bhaineann leis an gcleachtas sin a cuireadh binsí fiosraithe ar bun an chéad lá. (**an t-údar scannail**)

➢ Ábhar imní don Údarás le fada éifeachtúlacht chóras bailithe na dTáillí Ceadúnais teilifíse. Treisíodh an imní sin in 2003 – agus níorbh é an trúig imní ba lú é. (**an chúis imní**)

Tuairisc/tuarascáil

Cuntas gairid is ea *tuairisc* de ghnáth, mar shampla *tuairisc nuachta.* Doiciméad taighde nó eolais is ea *tuarascáil.* Foilsíonn eagraíochtaí tuarascáil bhliantúil, mar shampla, agus bíonn tuairiscí inti ag cuntasóirí, baill den Bhord Stiúrtha agus a leithéidí.

Túisce

Is fíor go mbeadh *first* ina aistriúchán cruinn ar *túisce* i gcomhthéacs áirithe. Bíodh sin mar atá, níl na habairtí seo thíos inghlactha.

➢ Ba é sin an scannán is túisce a rinne sé.

➢ Thagair mé níos túisce d'Oifig an Choimisinéara Teanga i gCeanada.

Tá an locht céanna ar na habairtí thuas agus a bheadh ar abairtí Béarla mar *That's the soonest film that he made* agus *I referred sooner to the Office of the Language Commissioner in Canada.*

Deamhan léiriú is fearr ar úsáid an fhocail ná an sean-nath *Is túisce deoch ná scéal*, is é go gcaithfidh an deoch teacht roimh an scéal.

➢ Ba é sin **an chéad scannán** a rinne sé riamh.

➢ **Thagair mé níos luaithe** d'Oifig an Choimisinéara Teanga i gCeanada.

Uair/uair an chloig

Is fearr, de ghnáth, *uair an chloig* a úsáid nuair is am atá i gceist. Tá difear mór idir *Bhí mé ag caint leis cúpla uair* agus *Bhí mé ag caint leis (ar feadh) cúpla uair an chloig.*

Trí huaire, deich n-uaire a deirtear, ach is fearr *uair an chloig* a choinneáil san uimhir uatha tar éis uimhreach:

> Clúdaíonn liúntas thar oíche tréimhse suas le **24 uair an chloig** ón am imeachta, chomh maith le haon tréimhse bhreise nach dtéann thar **5 uair an chloig**.

Uair a chloig atá sa chaint, agus ní chloistear *n* an ailt. Ba chóir é a scríobh, áfach, má táthar ag iarraidh a bheith lánchaighdeánach.

Uathoibríoch

Focal úsáideach é seo le trácht ar innealra agus ríomhairí. Ní oireann sé go rómhaith don chur síos ar ghníomhartha daoine.

- Chúlaigh na daoine go huathoibríoch.
- Cé gur chuir sé seo i mbaol thú [gnéas gan choiscín], ní cóir duit glacadh leis go huathoibríoch go bhfuil galar gnéis tolgtha agat.

Níl ann ach gur chúlaigh na daoine **gan fiú smaoineamh air**. Níl feidhm le dobhriathar ar bith sa dara sampla; is leor **glacadh leis**.

Uathúil

Is focal úsáideach é *uathúil* chun an coincheap *unique* a chur in iúl. Ní hannamh, áfach, a bheadh frása traidisiúnta seanbhunaithe níos oiriúnaí do fhriotal an téacs.

- Is cathair uathúil é Baile Átha Cliath.
- Tá comórtas litríochta Fhoras na Gaeilge, Gradam Réics Carló, uathúil i saol liteartha na Gaeilge.

Dar liom, ní oireann *uathúil* go rómhaith do mheon maíteach mórálach na n-abairtí sin. Tá an-chuid bealaí eile ann chun an chiall a chur in iúl.

- **Ní cathair mar gach cathair é** Baile Átha Cliath.
- Comórtas litríochta ar leith is ea Gradam Réics Carló, **comórtas nach bhfuil a leithéid eile le fáil** i saol liteartha na Gaeilge.

Uile

Tá droch-chlaonadh ag scríbhneoirí *uile* a scríobh áit ar bith a mbeadh *all* nó *every* sa Bhéarla.

> Bunaíodh an Coimisiún um Athrú Aeráide chun feasacht a mhéadú in earnálacha uile ar na deiseanna agus na dúshláin atá romhainn.

Gan amhras, is *to raise awareness in all sectors* a bhí ar intinn an údair, ach ní mar sin a úsáidtear an focal sa Ghaeilge. Tá roinnt bealaí ann chun é a chur ina cheart:

1. *Gach* a chur leis an uimhir uatha: **i ngach uile earnáil**.

2. An t-alt a chur leis an uimhir iolra: **sna hearnálacha uile**.

Uimhir

Ní mar a chéile cúrsaí uimhreach sa Ghaeilge agus sa Bhéarla. Ní nach ionadh, imríonn córas an Bhéarla tionchar ar lucht na Gaeilge, ar shlí go n-úsáideann siad an uimhir iolra san áit a mbeifeá ag súil leis an uimhir uatha (agus an bealach eile thart).

Féach an abairt seo agus an t-aistriúchán Gaeilge leis:

> *How many politicians believe that in their own hearts?*
>
> Cá mhéad polaiteoirí a chreideann sin ina gcroíthe istigh?

Níor chóir *polaiteoir* agus *croí* a bheith san uimhir iolra. Is é a déarfaí sa Ghaeilge ná **Cá mhéad polaiteoir a chreideann sin ina gcroí istigh?** Is í an uimhir uatha a thagann i ndiaidh *cá mhéad* nó *cé mhéad* i gcónaí. Cad é faoi *croíthe*, mar sin? Nuair a bhítear ag tagairt do bhaill den chorp ar an bhealach sin, is gnách an uimhir uatha a úsáid i gcás na mball beatha sin nach mbíonn ach aon cheann amháin acu ag gach duine. Féach na samplaí seo, a bhféadfaí an uimhir iolra a úsáid i ngach ceann acu dá mb'abairtí Béarla iad:

- ➢ Caithfidh siad na smaointe sin a chur **as a gceann**.
- ➢ Ní chreidfinn focal **as a mbéal**.
- ➢ Fágadh ina suí **ar a dtóin** iad.

An uimhir iolra a úsáidtear i gcás na mball beatha sin a bhfuil péire acu ann.

- ➢ Tháinig gaoth a bhain **dá gcosa** iad.
- ➢ Tá fuil ar **a lámha**.

Aonaid chéille

Tagann fadhbanna uimhreach chun cinn i gcás aonaid chéille chomh maith, is é sin péirí focal a chuireann coincheap amháin in iúl. A leithéid seo:

- ➢ Chomh mhaith leis an gclub óige, eagraíonn Cumann na bhFiann go leor imeachtaí bliantúla náisiúnta, ar nós ceolchoirmeacha, dioscó, deireadh seachtainí as baile, etc.
- ➢ I measc na n-imeachtaí a reáchtálann sí féin agus Craobh Phádraig Mhic Phiarais, tá ranganna Gaeilge, ceardlanna amhránaíochta agus damhsa céilithe.

Tá feidhm aidiachta leis na hainmfhocail *seachtaine* agus *céilí* sna haonaid chéille thuas. Tuairiscíonn siad cén cineál *damhsa* agus *deireadh* atá ann. I gcás go mbeifí ag trácht ar níos mó ná deireadh seachtaine amháin nó níos mó ná damhsa céilí amháin is é an chéad ainmfhocal ba cheart a chur san uimhir iolra: **deirí seachtaine** agus **damhsaí céilí**.

Ainmfhocail theibí

Is minic a bhíonn cuma aduain ar fhocail theibí san uimhir iolra.

> *To make full use of the creativity and energies of the region.*
>
> Leas iomlán a bhaint as cruthaitheacht agus as fuinnimh an réigiúin.

Le fírinne, ní bheadh caillteanas rómhór san abairt sin dá scríobhfaí **fuinneamh an réigiúin**. Rogha eile ná ainmfhocal iolra a chur leis: **foinsí fuinnimh an réigiúin**.

Ginideach uatha nó ginideach iolra?

Cad é is cúis le leaganacha lochtacha ar nós doiciméad beartas (*policy document*)? Seans gur botún cló is cúis le cuid acu, ach is dócha go mbíonn míthuiscintí ann chomh maith. Toisc go mbíonn níos mó ná *policy* amháin i ndoiciméad, de ghnáth, shocraigh an t-údar (nó an t-aistritheoir) gurb é an lagiolra a theastaíonn, ar aon dul le *siopa leabhar* agus *éadaí fear.*

Ach níltear ag trácht ar *policies* faoi leith anseo. Ní *a document of policies* atá ann. Míníonn *policy* cén cineál *document* atá ann. Ní doiciméad eolais ná doiciméad fianaise é, ach **doiciméad beartais** ar aon dul le *leabhar filíochta* nó *gléas ceoil.* Níl aon tábhacht le líon na n-ábhar ann. Teastaíonn níos mó ná ológ amháin chun *olive oil* a dhéanamh, ach is *ola olóige* atá ann ina dhiaidh sin.

Uimhreacha atá iniolraithe faoi dheich

Is í an uimhir uatha den ainmfhocal a úsáidtear le huimhreacha ar féidir iad a mhéadú faoi dheich: **fiche bliain ag fás, céad punt glan**.

Um

Bíonn *um* an-úsáideach i dteidil agus in ainmneacha, mar shampla *An tAcht um Thrácht ar Bhóithre*. Ó thaobh na réime de, tá blas an-oifigiúil air agus is fearr a bheith spárálach leis i dtéacsanna atá dírithe ar ghnáthléitheoirí.

> Tá tuilleadh eolais um chlárú mar Chuideachta Sheachtrach ar fáil ar an bhfoirm iarratais.

Más mian linn go léifeadh duine an fhoirm iarratais chéanna, b'fhearr dúinn friotal níos nádúrtha a úsáid: **Tá tuilleadh eolais maidir le clárú mar Chuideachta Sheachtrach...**

Bím in amhras faoi *um* a úsáid go cuspóireach in abairtí mar seo:

> Is feachtas é seo um an nuatheicneolaíocht a chur chun cinn sa chóras oideachais.

B'fhearr go mór focal mar *chun* nó *le* a úsáid.

> Is feachtas é seo **chun an nuatheicneolaíocht a chur chun cinn** sa chóras oideachais.

Ba cheart do scríbhneoirí a bheith ar

an eolas faoi na rialacha séimhithe a bhaineann leis an réamhfhocal *um*, is é nach séimhítear na consain 'bhruasacha' b, m, agus p.

➢ Bhí foráil leis an éifeacht sin le fáil i mBille Údaráis um Bhanc Ceannais na hÉireann agus Sheirbhísí Airgeadais na hÉireann a foilsíodh i mí Aibreáin. (**um Banc**)

➢ Scéim Idiréitigh agus Eadráin do na múinteoirí a chur ag obair in áit na bunscéime sealadaí a chuaigh as feidhm um Mhárta, 1952. (**um Márta**)

➢ An Tuarascáil ón gCoiste um Phraghas Talamh Foirgníochta. (**um praghas**)

Urú lochtach

Botún an-choitianta is ea urú a chur ar bhriathra a thosaíonn le guta agus a thagann sna sála ar an mhír cheiste *an*.

An n-ólann tú alcól? (**An ólann**)

Voluntary

Níl aon fhocal Gaeilge ann a thugann gach ciall den fhocal Béarla *voluntary* slán. Ní mór don aistritheoir Gaeilge focal díobh seo a roghnú: *toilteanach, toiliúil, toildeonach, deonach* agus *saorálach*. Ní beag sin.

Obair a dhéantar gan tuarastal gan íocaíocht, is amhlaidh is **obair dheonach** í. Bítear ag trácht, mar shampla, ar **an earnáil dheonach**, is é sin eagraíochtaí carthanachta agus pobail ar nós Chumann Naomh Uinseann de Pól. Corruair, úsáidtear **saorálach** sa chomhthéacs céanna i dteidil oifigiúla, mar shampla *European Voluntary Humanitarian Aid Corps/An Cór Daonchabhrach Saorálach Eorpach.* Bíodh sin mar atá, is i gcomhthéacs airgeadais is minice a úsáidtear *saorálach*, i gcúrsaí cánach, árachais, pinsin agus mar sin de: *voluntary contribution*/ **ranníocaíocht shaorálach**.

Rud a dhéanfadh duine dá thoil féin, is amhlaidh a dhéanann sé go **toilteanach** é. I gcás go mbeadh achrann ann faoi thiomna, mar shampla, bheifí ag iarraidh a chruthú gur go toilteanach a rinneadh an tiomna. Níl aon dealú soiléir idir *toilteanach* agus *toildeonach*, ach is minic a úsáidtear **toildeonach** san áit a mbeadh *volitional* i dtéacsanna a bhaineann le cúrsaí oideachais.

Má dhéantar rud go **toiliúil**, is amhlaidh a dhéantar d'aon turas é. **Damáiste toiliúil**, mar shampla a thugtar ar *wilful damage*.

Maidir le *volunteer*, is iontach cé chomh minic a fheictear abairtí mar seo:

Is iontach an méid daoine a oibríonn mar óglaigh do chúiseanna maithe.

Volunteers de shórt eile ar fad is ea Óglaigh na hÉireann, agus ní **oibrithe deonacha** iad.

Cleachtaí breise

Aimsirí

Ar roghnaíodh an aimsir cheart sna habairtí thíos?

1. Ná cuir uisce amú. Bí cinnte go bhfuil lód iomlán i gcónaí sa mheaisín níocháin agus sa mhiasniteoir.
2. Is i Halla na Cathrach a bhí garastún de chuid na gceannairceach le linn Éirí Amach na Cásca 1916, rud a dhéantar a chomóradh le plaic ag na geataí tosaigh.
3. Daoine a mbíonn galar Alzheimer orthu, is fearr aire a thabhairt dóibh ina mbaile féin.
4. Le breis agus 300 bliain bhí Eaglais Áine Naofa mar ionad adhartha ionúin do na daoine áitiúla agus cuireann sí tearmann ar fáil dóibh siúd a bhíonn gafa i bhfuadar na cathrach.
5. Ba léir dó go mbíodh sí fíorálainn, tráth.

Aistriúcháin

An ndéanfá aon leasú ar na haistriúcháin thíos?

1. Use a basin. Collecting the water you use to rinse fruit and vegetables can then be used for watering plants. (As leabhrán eolais Uisce Éireann)

   Bain úsáid as báisín. Tríd an uisce a úsáideann tú le torthaí a shruthlú a bhailiú, is féidir é a úsáid ar phlandaí.

2. Flu vaccine is a safe, effective way to help prevent flu infection, avoiding hospitalisation, reducing flu-related deaths and illnesses.

   Laghdaíonn an vacsaín fliú ionfhabhtú agus na breoiteachtaí a bhaineann leis, chomh maith le hospidéalú agus is féidir leis beatha a shábháil.

3. Surf wisely and get the most from your time on the Internet.

   Bain an tairbhe is mó as an am a chaitheann tú ar an Idirlíon trí scimeáil chiallmhar a dhéanamh.

4. Participants are selected after an initial period of induction.

   Roghnaítear na rannpháirtithe tar éis tréimhse ionduchtúcháin i dtosach.

5. I would like to welcome you to our second national campaign for computer safety.

   Ba mhaith liom fáilte a chur romhaibh go dtí ár ndara feachtas náisiúnta um shlándáil ríomhairí.

Foclóir

Ar roghnaíodh an focal ceart sna habairtí seo thíos?

1. Ní sheolfaimid bille páipéir chugat sa phost a thuilleadh, rud a chuideoidh le cosaint ár gcomhshaoil.
2. Féadann daoine a bhfuil asma orthu saol breá folláin a bheith acu. Cuimhnigh gur bhuaigh cuid daoine le hasma boinn sna Cluichí Oilimpeacha!
3. Ailse chíche an ailse is mó a fhaigheann na mná.
4. De ghnáth, tosaíonn slaghdán diaidh ar ndiaidh mar scornach thinn agus mar shrón bhlocáilte nó mar shrón atá ag sileadh.

An réamhfhocal

Ar roghnaíodh an réamhfhocal ceart sna habairtí seo thíos?

1. Is breoiteacht víreasach an-tógálach é an fliú den chonair riospráide.
2. Toisc nach raibh a lán réamheiseamláirí ann a chabhródh leis na dúshláin a bhí rompu a shárú.
3. Cuidigh linn Fáinne Cnoc Shliabh gCuillinn a chosaint ó loscadh sléibhe agus ó fhalscaí.
4. Beochraoladh ón Amharclann Ríoga i gCaisleán an Bharraigh agus fear Gaeltachta as Maigh Eo ag troid do chraobh dornálaíochta an domhain.
5. Theip vacsaíní amach is amach aon bhac a chur ar an ngalar víreasach seo.

Ilghnéitheach

An ndéanfá aon leasú ar na habairtí thíos?

1. Sa tréimhse sin ba áit é Baile Átha Cliath a mbíodh easaontas polaitiúil á chothú agus á nochtadh agus tháinig mórchlaochlú polaitíochta ag deireadh an chéid roimh Acht an Aontais in 1800.
2. Bríd Nic Chonaill, a bhfuil siopa aici ar an mbaile, an t-iarrthóir a theastaigh ón mbrainse áitiúil.
3. B'aisteach an rud é, an dóigh a n-oibríonn aigní fear.
4. Tríd an bhfoirm iarratais a chomhlánú, cuirfear ar ár gcumas a dhearbhú an custaiméir thú.
5. Agus é ag imeacht, bhreathnaigh sé ar na raithní ar achan taobh den bhealach.
6. Úsáid pasfhocal láidir. Moltar teaglaim randamach uimhreacha, litreacha agus poncaíochta le hos cionn 8 gcarachtar ann.

Tráchtaireacht ar na cleachtaí

Cleachtadh 1

1. Rialaítear báid shiamsúla in Éirinn ar shlite difriúla de réir a dtoirte agus de réir na húsáide a bhaintear astu.

   Is ionann *bád siamsúil* agus *a playful, entertaining boat*. B'fhearr **bád siamsaíochta** a scríobh chun *pleasure boat* (bád le haghaidh siamsaíochta) a aistriú.

2. Is cainteoir dúchasach Gaeilge í as ceantar Chnoc Fola ó dhúchas.

   Cainteoir dúchais a bhí sa Ghaeilge riamh anall. Más as Cnoc Fola an cainteoir seo is cinnte go bhfuil sí dúchasach don Ghaeltacht, ach tá ciall eile leis sin.

3. Cáipéis thábhachtach dlí is ea do phas.

   Is fearr, i gcomhthéacs na habairte seo, **cáipéis dlí** ná *cáipéis dhlíthiúil*. Is fearr a chuireann an t-ainmfhocal in iúl go bhfuil údarás an dlí taobh thiar den cháipéis áirithe seo.

4. Maraíodh oibrí nuair a tharla pléasc i monarcha cheimiceach, Corden PharmaChem san Oileán Beag i gCorcaigh.

   Níl an mhonarcha 'ceimiceach' ar aon bhealach. *Chemical factory* an Bhéarla ba chúis leis an tuaiplis sin. **Monarcha cheimiceán** atá ann ó cheart, monarcha ina dtáirgtear ceimiceáin.

5. Mhaígh breis agus trí chéad duine áitiúil atá ina gcónaí taobh amuigh den cheantar faoi láthair gur mhaith leo bogadh ar ais dá mbeadh fostaíocht oiriúnach ar fáil.

   Abairt an-aisteach. An féidir le duine a bheith 'áitiúil' gan cónaí san áit? **Muintir na háite** (nó **cuid de mhuintir na háite**) an leagan traidisiúnta.

6. Thacaigh cinneadh de chuid na Cúirte Uachtaraí le daltaí gorma agus le daltaí geala a iompar trasna cathracha ar bhusanna chun cothromaíocht chiníoch a bhaint amach i scoileanna poiblí.

   Racial equality a bhí ar intinn an údair, gan amhras, ach is túisce a thuigfí *racist* as an fhocal *ciníoch*. *An Coimisiún um* **Chomhionannas Ciníocha** an t-ainm Gaeilge atá ar an *Commission for Racial Equality*. Is fearr i bhfad an múnla sin, agus tá **comhionannas** níos beaichte ná *cothromaíocht* (*balance*).

Cleachtadh 2

1. Is cathair é Baile Átha Cliath a bhfuil scéal spreagthach aige.

Is dócha go bhféadfadh an stair a bheith *spreagthach*, is é sin *inciting, stimulating*. Is mó seans gur **spreagúil** a bhí ar intinn an údair, áfach.

2. Áitreabh a cuireadh ar fáil don Chumann ar chíos ainmneach.

   Sampla eile den éiginnteacht a bhíonn ar scríbhneoirí idir na deirí *-ach* agus -úil. De ghnáth, níl ann ach go bhfuil focal amháin ina leagan caighdeánach (mar shampla *ócáideach*) agus an focal eile ar bheagán stádais sa teanga fhoirmiúil (mar shampla *ócáidiúil*). Ach is amhlaidh atá difear céille idir an aidiacht *ainmneach* (mar atá i *tuiseal ainmneach*) agus an aidiacht *ainmniúil*. Tá *ainmniúil* ar aon bhrí leis an fhocal Béarla *nominal* sa bhrí '*token, minimal in comparison to real worth*' (Collins). Mar sin de, is **cíos ainmniúil** ba cheart a scríobh.

3. Pléann Munday an anailís dhioscúrsach nó teangeolaíocht fheidhmiúil de réir shamhail Michael Halliday.

   Tá roinnt lochtanna air seo. I dtús báire, úsáidtear ainmfhocal sa ghinideach (*dioscúrsa*) seachas aidiacht (*dioscúrsach*) nuair a bhíonn *discourse analysis* nó **anailís dioscúrsa** á plé i nGaeilge. Ní *discoursive analysis* atá ann.

   An dara locht ná go bhfuil difear céille idir *feidhmiúil* (in-úsáidte) agus *feidhmeach* (i bhfeidhm, gan a bheith go hiomlán teoiriciúil). Más *applied linguistics* atá i gceist, is é ba cheart a scríobh ná **an teangeolaíocht fheidhmeach.**

Cleachtadh 3

1. Thosaigh gach fiontraí clúiteach amach beag.

   Ní hiad na fiontraithe amháin a bhí beag i dtús a saoil.

   > Fiú na fiontraithe is clúití, is **de réir a chéile a rinne siad a ngnó a fhorbairt**.

2. An óráid mhíchlúiteach sin ina ndearna Mrs Thatcher athaontú, comhúdarás agus socrú feidearálach a rialú amach ...

   Díreach ón Bhéarla, *to rule out*. Is leor a rá gur **dhiúltaigh sí** do na roghanna seo go léir.

3. Shíl aontachtaithe ag an am gur díoladh amach iad gan trócaire agus go raibh a gcearta á sárú ag náisiúnaithe.

   Is minic a dhéantar leabhar nó ceolchoirm a dhíol amach, is é sin gach cóip nó gach ticéad a dhíol. Más feall a dhéanamh ar dhaoine atá i gceist, ní cabhair dúinn *amach*. Is leor **díol**: 'Mo chlann féin a dhíol a máthair.'

4. Ní féidir a shéanadh go bhfuil ábhair eile ann, ar nós na heacnamaíochta, nach mór dúinn a shórtáil amach.

   Deamhan locht ar **a réiteach** nó **a chur ina cheart.** B'fhearr an **geilleagar** ná an *eacnamaíocht*.

5. Go follasach, choinnigh na páirtithe polaitíochta amach as an cheist achrannach.

   Sheachain siad an cheist. **Ní dheachaigh siad i ngleic leis** an cheist. **Níor bhac siad leis** an cheist.

Cleachtadh 4

1. Tá sé soiléir go bhfuil na baill ar na húdaráis áitiúla an-bháúil don Ghaeilge, agus ba é ceann de na cúiseanna leis sin ná an obair atá déanta ag Foras na Gaeilge.

   Is fearr dhá abairt a dhéanamh de sin agus an chopail a fhágáil ar lár i dtús an dara habairt.

   > Tá sé soiléir go bhfuil na baill ar na húdaráis áitiúla an-bháúil don Ghaeilge. **Ceann de na cúiseanna atá leis sin ná** an obair atá déanta ag Foras na Gaeilge.

2. Is é ceann de na leabhair is mó díol riamh é.

   > **Tá sé ar cheann de na leabhair is mó díol** riamh.

3. Áirítear gur fiú €136m an Ghaeilge do Ghaillimh agus do cheantar na Gaillimhe in aghaidh na bliana. Is é ceann de na tionscail is mó é.

   Abairt aisteach – an Ghaeilge á saothrú ar bhonn tionsclaíoch. Chuirfeadh malairt friotail comaoin uirthi, chomh maith le leasú gramadaí.

   > Áirítear gur fiú €136m **in aghaidh na bliana í an Ghaeilge** do chathair agus do mhórcheantar na Gaillimhe. **Fágann sé sin go bhfuil sí inchurtha le cuid de mhórthionscail** an cheantair.

Cleachtadh 5

1. Beidh tú incháilithe más duine dall, lagamhairc, bodhar, lagéisteachta thú nó má tá deacrachtaí gluaiseachta agat.

   Tá *duine* á cháiliú ag meascán aisteach aidiachtaí, ainmfhocal agus briathra san abairt sin.

   > Beidh tú incháilithe **má tá aon cheann de na fadhbanna seo ag cur as duit**: daille, lagamharc, bodhaire, lagéisteacht nó deacrachtaí gluaiseachta.

2. Bhí amhránaithe a bhfuil taithí na mblianta acu ar pháirt a ghlacadh i gcomórtais agus amhránaithe óga istigh ar Chorn Uí Riada i mbliana.

Seans gurbh fhearr na hamhránaithe óga a chur chun tosaigh.

Bhí amhránaithe óga agus amhránaithe a bhfuil taithí na mblianta acu ar pháirt a ghlacadh i gcomórtais istigh ar Chorn Uí Riada i mbliana.

Cleachtadh 6

1. Táimid dúnta inniu le haghaidh Lá Fhéile Pádraig agus beimid ar ais san oifig arís ar an 18ú Márta.

   Tá an leagan sin ag teacht le treoir an COA. Níl an réamhfhocal *ar* riachtanach, áfach. Is cuma ann nó as é.

2. Ar an 14 de Mhárta, 1945, a cuireadh deireadh leis an Dara Cogadh Domhanda.

   Níl feidhm leis an réamhfhocal *de* gan orduimhir a bheith leis (**14ú Márta**).

3. Déanta na fírinne, i mblianta tosaigh na 1980óidí, chailltí corradh le 200 coisí gach bliain, líon níos airde ná líon iomlán na ndaoine a maraíodh i 2011 ar fad.

   Corruair, is fearr géilleadh don ghnáthúsáid. Ní aimsíonn Google ach dornán beag samplaí de *1980óidí* fad is atá na mílte sampla de *1980idí* ann. **In 2011** a bheadh ann de réir *Treoir Stíle an Ghúim*, an t-aon fhoinse a thugann treoir faoin cheist.

Cleachtadh 7

1. Bíodh cruinniú ann de gach duine san eagras.

   Níl aon chiall le *cruinniú de gach duine.*

   Bíodh cruinniú ann, agus bíodh gach duine san eagras i láthair.

2. Ná meas tú féin faoi do luach. B'fhéidir go bhfuil macalla de Donald Trump leis sin, ach is fíric é.

   Níl a fhios agam cad é an sórt ruda é *macalla de Donald Trump.* Agus an féidir gur fíric é an t-ordú *ná meas tú féin faoi do luach*?

   Ná meas tú féin faoi do luach. **Seans gurb é sin an cineál ruda a déarfadh Donald Trump**, **ach is comhairle mhaith atá ann mar sin féin.**

3. I measc na laigí tá leibhéil arda de sceitheadh uisce.

   Ceann de na laigí ná go mbíonn an-chuid uisce á sceitheadh.

4. Is tír d'áilleacht shéimh í Éire.

   Tá lorg an aistriúcháin air sin: *Ireland is a land **of** gentle beauty* nó a leithéid. Ach cuir i gcás gur *a man of great size* a bheadh le haistriú. Ní scríobhfá *fear de mhéid mhór.* Is dócha gur *fear an-mhór* a scríobhfá. Mar an gcéanna anseo; deamhan locht ar **tír álainn shéimh.**

Cleachtadh 8

Ar roghnaíodh an focal ceart sna haistriúcháin seo thíos?

1. I ndiaidh ionchorpraithe, tá sé d'oibleagáid dhleathach ar chomhlacht taifid áirithe a choimeád agus roinnt fógraí reachtúla a dhéanamh le hOifig Chláraithe na gCuideachtaí.

   Má tá *oibleagáid dhleathach* ann taifid áirithe a choimeád, an féidir go bhfuil a mhalairt ann fosta, agus go mbíonn *oibleagáidí mídhleathacha* á gcur ag Oifig Chláraithe na gCuideachtaí ar chliaint? Ní dócha é. Is **oibleagáidí dlí** iad, nó **oibleagáidí dlíthiúla**.

2. Tá sé mídhlíthiúil d'aon duine faoi bhun 16 bliana d'aois bád chumhacht-thiomáinte luais nó scaird-scí a oibriú nó a stiúradh.

   Sárú dlí atá i gceist: **mídhleathach**.

3. Dheimhnigh **comhairleoirí dlí** na Roinne go gciallaíonn seo gur féidir leis na Boird reatha fanacht mar atá go dtí deireadh na bliana.

   Sa chás seo, oireann **dlí** (ainmfhocal sa tuiseal ginideach) níos fearr ná *dlíthiúil*.

Cleachtadh 9

An ndéanfá aon leasú ar na habairtí seo thíos?

1. Ní bhíodh an oiread sin ama aici níos mó do chaife lena cara.

   B'fhearr **le haghaidh, i gcomhair** nó **faoi choinne.**

   > Ní bhíodh an oiread sin ama aici níos mó **le haghaidh caife** lena cara.

2. Chonaic sí comhartha d'eaglais Bhaisteach.

   Is é is measa faoin sampla áirithe seo ná nach léir don léitheoir cé acu *de* nó *do* atá roimh *eaglais*. Más comhartha ag treorú daoine chun na heaglaise atá i gceist ba cheart a leithéid seo a scríobh:

   > Chonaic sí **comhartha i gcomhair eaglais** Bhaisteach.

3. Ach tá scanóirí an-chostasach – ar a laghad milliún euro don ghléas.

   Is gnách an réamhfhocal *ar* a úsáid chun trácht ar phraghas ruda: *D'íoc mé sé euro ar phionta ann*. Sin nó an focal *ceann* a úsáid: *sé euro an ceann*.

   > Ach tá scanóirí an-chostasach – **cosnaíonn siad milliún euro an ceann**, ar a laghad.

4. Feachtas earcaíochta do bhaill an Chonartha faoi lán seoil sa Ghaeltacht.

   Tá an abairt rud beag débhríoch. Tá an chuma air gur feachtas ar mhaithe le baill Chonradh na

Gaeilge atá ann murab ionann agus feachtas chun baill nua a earcú.

> Tá feachtas faoi lán seoil sa Ghaeltacht **chun baill nua a earcú sa Chonradh**.

5. Bíonn gá le fuilaistriú do dhaoine le haemaifilia.

   Is amhlaidh a bhíonn gá ***ag*** daoine le cóir leighis.

   > **Caithfidh daoine** a bhfuil haemaifilia orthu **fuilaistriú a fháil go tráthrialta**.

Cleachtadh 10

1. Bhí sé an-néata, go fisiceach agus go pearsanta araon.

   Níl mé cinnte cad é mar a thiocfadh le duine a bheith *néata go pearsanta*.

   > Bhí sé an-néata, **ina cholainn agus ina phearsa**.

2. Tá Ard Mhacha neadaithe go geografach i measc na Seacht gCnoc.

   Is ar éigean a bheadh sé neadaithe ar aon bhealach eile.

   > Tá Ard Mhacha **neadaithe** i measc na Seacht gCnoc.

3. Is éard atá sa suíomh *dailwatch.ie* ná ardán neamhbhrabúis atá neodrach go polaitiúil.

   > Is éard atá sa suíomh dailwatch.ie ná ardán neamhbhrabúis atá **neodrach ó thaobh na polaitíochta de**.

4. Bhí deirfiúr aige nach bhfacthas go poiblí ón dara bliain ar an mheánscoil.

   Arís, is deacair a dhéanamh amach cad é mar a thiocfadh duine a fheiceáil *go poiblí*.

   > Bhí deirfiúr aige **nach bhfacthas i measc daoine** ón dara bliain ar an mheánscoil.

5. Scriosadh cuid mhór den chathair le linn an Éirí Amach agus atógadh í ní ba mhoille.

   Tá an chuma air go bhfuil an dobhriathar *ní ba mhoille* ag cáiliú an bhriathair *atóg*: *it was rebuilt more slowly/more belatedly?*

   > Scriosadh cuid mhór den chathair le linn an Éirí Amach agus **atógadh í níos faide anonn**.

Cleachtadh 11

1. Beidh an teas ag fáil isteach mura ndruideann muid an doras.

   B'ait leat gníomh a bheith curtha i leith an teasa. B'fhearr leagan éigin mar seo:

   > B'fhearr dúinn **an doras a dhruidim in aghaidh an teasa**.

2. Fuair mé mé féin istigh i seomra dorcha.

   Nach maith mar a d'éirigh leis é féin a aimsiú sa dorchadas? Níl aon locht ar *faigh* i leaganacha mar *Fuarthas corp i dteach cónaithe ar imeall an bhaile*. Tá sé sin ar aon bhrí le *Thángthas ar chorp*. Ní hé sin atá i gceist san abairt shamplach, áfach.

   Tharla i seomra dorcha mé.

3. Ná faigh rúnaí ná cúntóir riaracháin le scairteanna gutháin a dhéanamh duit.

   Tá an chiall soiléir, ach tá **Ná hiarr ar rúnaí ná ar chúntóir**...níos soiléire fós.

4. Níor shíl mórán daoine go bhfaigheadh Fianna Fáil isteach an t-am sin.

   D'fhéadfadh sé sin a bheith inghlactha, ag brath ar an chomhthéacs. Ó thaobh na réime de, is mó a shamhlófá leis an ghnáthchaint ná leis an teanga scríofa é. B'fhearr friotal eile a chur air i gcomhair alt nuachtáin.

   Níor shíl mórán daoine san am **gur Fianna Fáil a bheadh i gcumhacht**.

Cleachtadh 12

1. Bhí sé mall anois, agus ní bheidís ábalta bialann oscailte a aimsiú.

   Ní hé a gcumas chun bialanna oscailte a aimsiú atá i gceist. Níl ann ach **go bhfuil na bialanna ar fad dúnta**.

2. Bomaite ina dhiaidh, d'fhéad sé uisce a chluinstin agus coiscéimeanna.

   Bomaite ina dhiaidh sin, **chuala sé torann uisce agus coiscéimeanna**.

3. Ag an am sin den lá ba ghnách léi cithfholcadh a ghlacadh. B'aoibhinn an rud é a bheith ábalta mothú glan i ndiaidh a cuid oibre.

   B'aoibhinn a bheith glan arís i ndiaidh a cuid oibre.

4. Bheinn buíoch díot dá dtiocfadh leat freagra a chur chugam a luaithe agus is féidir.

   Bheinn buíoch díot **dá gcuirfeá freagra chugam/ach freagra a chur chugam** a luaithe agus is féidir.

5. Cé go raibh cuma bhreá ghalánta ar Bhaile Átha Cliath, agus múnla nua air, níorbh fhéidir an bhochtaineacht agus na tithe plódaithe a fheiceáil. Is é an teideal a thug duine amháin a fuair locht ar Bhaile Átha Cliath in 1796 'this gorgeous mask of Ireland's distress'.

   Is dócha gurbh fhéidir an bhochtaineacht a fheiceáil ach dul sa tóir uirthi. **Is ar leataobh,** nó **faoi cheilt**, a bhí na tithe plódaithe.

Cleachtadh 13

1. Nuair a chuir sé a lámh ar mhurlán an dorais, bhí sé ar crith.

   Cé nó cad é go díreach a bhí ar crith? An duine, is dócha, agus ní hé an murlán. Ní féidir gurb í an lámh a bhí ar crith, mar is forainm baininscneach a theastódh ansin.

   > **Chuir sé** a lámh ar mhurlán an dorais **agus é ar crith**.

2. Cé mise le comhairle a chur ar dhuine ar bith? Ceist mhaith, agus níl freagra agam air.

   Tagairt dhíreach don ainmfhocal baininscneach *ceist* atá ann. Ba cheart, mar sin, ainmfhocal agus forainm a bheith de réir a chéile ó thaobh inscne de.

   > Ceist mhaith, agus **níl freagra agam uirthi**.

3. Ní fhacthas dom gur shaothraigh duine ar bith acu a gcuid airgid gan dúthracht dhochreidte a chur isteach ina ngnó.

   Ina nduine agus ina nduine a shaothraigh siad a gcuid airgid. Níl an forainm iolra (*a ngnó*) ceart, mar sin. D'fhéadfá a leithéid seo a scríobh: *gan dúthracht dhochreidte a chur isteach ina ghnó.* Ar ndóigh, is friotal é sin a dhéanann neamart sna mná i measc an lucht gnó. Ba chabhair dúinn an t-alt sa chás seo.

   > Ní fhacthas dom gur shaothraigh duine ar bith acu a gcuid airgid **gan dua dochreidte a chur isteach sa ghnó**.

4. Bhí an ghrian ag scoilteadh na gcloch, agus chuir sé a lámh thar a shúile lena gcosaint.

   Ag cosaint na gcloch scoilte, an ea?

   > Bhí an ghrian ag scoilteadh na gcloch, agus **d'ardaigh sé a lámh lena shúile a chlúdach**.

5. Gléas ar an dóigh chéanna, dar leat, ar mhaith leatsa go ngléasfadh duine atá ag teacht chugat le haghaidh agallamh poist.

   Tá codarsnacht ann idir an té atá ag teacht chun agallaimh agus an t-agallóir. Ó tharla foirm threise a bheith in áit amháin (*ar mhaith leatsa/leat féin*), níor mhiste cloí leis i ngach tagairt don agallóir.

   > **Bí tusa gléasta mar ba mhaith leat féin** duine atá ag teacht **chugatsa** le haghaidh agallamh poist **a bheith gléasta**.

6. Bhí an lá arna mhárach iontach te, fiú ar maidin. Bhí cuileoga ann fosta. Chuir siad isteach orthu agus iad ag déanamh pancóg dá mbricfeasta.

Cuileoga ag déanamh pancóg – b'fhiú é sin a fheiceáil.

Bhí cuileoga ann fosta **a chuir isteach orthu** agus iad ag déanamh pancóg dá mbricfeasta.

Cleachtadh 14

1. An Bhreatain a cheannaigh formhór mór earraí easpórtála na hÉireann, fiú i ndiaidh bhunú Shaorstát Éireann.

   Ní uair amháin a ceannaíodh na hearraí thar an tréimhse sin: **An Bhreatain a cheannaíodh**...

2. Thug sé faoi deara go raibh an bhásmhaireacht ghinearálta níos airde i measc staonairí ó alcól ná mar a bhí ina measc siúd a d'ól méid measartha anois is arís.

   Is amhlaidh **a d'óladh** na daoine seo méid measartha anois is arís.

3. Beidh ort dul i dteagmháil leis an ábhar custaiméara. Tá sé tábhachtach go dtéann tú i bhfeidhm láithreach ar an duine seo.

   Is léir nach bhfuil an aimsir ghnáthchaite oiriúnach le cur síos ar an teagmháil aon uaire seo. Sa chás seo, seans gurbh fhearr dúinn dul eile a chur ar an abairt seachas aimsir amháin a chur in áit aimsir eile.

   Is den tábhacht go **rachfá i bhfeidhm** láithreach ar an duine seo.

4. Le linn bhlianta deireanacha an 18ú haois, ghéaraigh Wilberforce ar an bhfeachtas i gcoinne na sclábhaíochta. Is beag baile mór nár thug sé óráid ann agus is beag nuachtán nár foilsíodh alt óna pheann ann.

   Ní dhéanfainn athrú ar bith ar aimsir na mbriathra san abairt sin. Seans go sílfeadh duine gur cheart an aimsir ghnáthchaite a úsáid i gcás na rudaí a dhéanadh Wilberforce go rialta: óráidí a thabhairt agus ailt a fhoilsiú. Ach ní heol dúinn go raibh sé *de nós* aige óráidí a thabhairt i mbaile ar bith acu seo ná sraith alt a fhoilsiú i nuachtán ar leith.

5. Líon isteach an chuid seo den fhoirm más mian leat iarratas a dhéanamh ar aon liúntas agus le cinntiú go bhfaigheann tú bille cruinn ceart.

   Táthar ag iarraidh ar dhuine gníomh a dhéanamh anois ar mhaithe le seirbhísí san am atá le teacht: **le cinntiú go bhfaighidh tú bille cruinn ceart**.

Cleachtadh 15

1. Maidir le tithe méadraithe agus tithe neamh-mhéadraithe, beidh táillí uisce teaghlaigh i bhfeidhm

ón 1 Deireadh Fómhair.

Níl aon ghá le *maidir le* i dtús na habairte, ná níl an abairt chomh casta sin go gcaithfí an clásal deiridh a thabhairt chun tosaigh.

> **Beidh táillí uisce teaghlaigh i bhfeidhm** ón 1 Deireadh Fómhair **i gcás tithe** méadraithe agus tithe neamh-mhéadraithe.

2. An bhfuil an Bord sásta go bhfuair an Bord na tuairiscí achoimre tréimhsiúla ón bPríomhoide agus ar glacadh miontuairiscí maidir leo?

Ní miontuairiscí *i dtaobh* thuairiscí an Phríomhoide atá i gceist. Táthar ag iarraidh a fháil amach an ndearnadh an fhaisnéis i dtuairiscí an Phríomhoide a chur i miontuairiscí. Níor mhiste tuilleadh athruithe a dhéanamh ar an abairt Ghaeilge, atá an-chiotach ar fad.

> An bhfuair an Bord na hachoimrí tréimhsiúla ón bPríomhoide agus an ndearnadh an t-eolas sna hachoimrí sin a thaifeadadh i miontuairiscí?

3. Ní fhoilseofar aon sonraí maidir le hainmneacha na n-iarratasóirí.

Níl i gceist dáiríre ach **nach bhfoilseofar ainmneacha** na n-iarratasóirí.

4. Tá tuiscint ag an eagraíocht ar dhúshláin an tumoideachais ag leibhéal na luathbhlianta sa dlínse seo. Ní bheidh sé seo ag eagraíocht atá lonnaithe i ndlínse eile nó ag eagraíocht nach raibh ag freastal go dtí seo ar shainriachtanais na luathbhlianta nó nach bhfuil tiomanta maidir leo.

Bítear **tiomanta *do* chúis** (sa chás seo: **tiomanta dóibh**). Rómhinic ar fad a chuirtear *maidir le* in ionad an réamhfhocail chuí, mar shampla *Bhíothas fós in amhras maidir liom.* (**in amhras fúm**)

Cleachtadh 16

1. Tabhair cuairt ar na gnólachtaí uile ar mhaith leat mar chustaiméirí iad.

Ní mhaím go bhfuil an abairt míchruinn ó thaobh na gramadaí de, ach is ait liom *ar mhaith leat mar chustaiméirí iad.*

> Tabhair cuairt ar na gnólachtaí uile **ar mhaith leat iad a bheith ina gcustaiméirí agat**.

2. Tugadh freagracht d'Uisce Éireann i ndáil leis an acmhainn ríthábhachtach seo agus, mar chaomhnóirí uirthi, ba mhaith linn bheith ag obair leat chun í a chosaint.

Abairt sách ciotach, bíodh *mar* ann nó as.

> Tugadh freagracht d'Uisce Éireann **i dtaca leis an**

acmhainn ríthábhachtach seo a chaomhnú. Ba mhaith linn é sin a dhéanamh i gcomhar libhse.

3. Fógraíodh Coiste Bailte Slachtmhara Chathair na Mart go hoifigiúil mar bhuaiteoir an ghradaim.

   Fógraíodh go hoifigiúil gurb é Coiste Bailte Slachtmhara Chathair na Mart **a bhuaigh an gradam**.

4. Bhí sí mar dhuine de na daoine a bhunaigh Amharclann na Mainistreach.

   An réamhfhocal *ar* is gnách a úsáid i struchtúir mar seo.

   Bhí sí ar dhuine de na daoine a bhunaigh Amharclann na Mainistreach.

Cleachtadh 17

An ndéanfá aon leasú ar na habairtí thíos?

1. Is é an Banc Ceannais atá freagrach as treoir a thabhairt do, agus monatóireacht a dhéanamh ar, na hinstitiúidí a chuireann seirbhísí baincéireachta ar fáil.

   Ní hé an sampla is measa riamh é, mar tá an chiall an-soiléir. Mar sin féin, ba chomaoin ar an abairt an dá fhrása réamhfhoclacha a athscríobh.

   Is é an Banc Ceannais atá freagrach as **treoir a thabhairt do na hinstitiúidí** a chuireann seirbhísí baincéireachta ar fáil agus **monatóireacht a dhéanamh ar na hinstitiúidí sin**.

2. Ba cheart tacaíocht do, nó easaontas le, gluaiseachtaí polaitiúla a chur in iúl go síochánta, stuama.

   Is féidir an abairt seo a athscríobh sa dóigh is gurb é an réamhfhocal céanna (*le*) a úsáidtear sa dá fhrása réamhfhoclacha.

   Is go síochánta stuama **ba cheart tacú nó easaontú le** gluaiseachtaí polaitiúla.

3. Aon chaint a thabharfadh masla do, nó a dhéanfadh díspeagadh ar, phobal creidimh.

   Tá an abairt briste ar bhealach an-chiotach ar fad.

   Aon chaint **a thabharfadh masla do phobal creidimh nó a dhéanfadh díspeagadh ar** an phobal sin.

Cleachtadh 18

1. Bhí slua breá i láthair ag tráthnóna eolais Ghradam Sheosaimh Uí Ógartaigh a bhí ar siúl an mhí seo chaite in Óstán an Menlo Park, Tír Oileáin, Gaillimh.

   Ní *mí chaite* atá i gceist ach mí atá

caite, mí atá i ndiaidh dul thart. Déantar an botún céanna i gcás ainmfhocail bhaininscneacha eile a chuireann pointí ama in iúl. Mar seo atá an cheartúsáid: **an tseachtain seo caite, an mhí seo caite, an bhliain seo caite, an aois seo caite.**

2. Faoistin bhacach go leor a bhí ann.

   Ní raibh ann ach faoistin bhacach a déarfaí i dtaobh faoistin easnamhach nár tháinig ón chroí. Aidiacht aitreabúideach is ea *bacach* sa chás sin. Is faoistin í seo atá **bacach go leor**.

3. Pé easnamh atá ar an eagraíocht ó thaobh físe de, ní shéanaim nach bhfuil foireann iontach chumasach ann.

   Is é an chiall atá le *foireann iontach chumasach* ná *a wonderful, able team*. Is dócha gur mar threisitheoir (*an-chumasach*) a roghnaíodh an focal *iontach* san abairt seo. Ní mór an séimhiú a chur ar ceal mar sin: **foireann iontach cumasach**.

Cleachtadh 19

1. I mí Lúnasa, taispeánadh scoth na ngrianghraf in Ionad Phobail Bhaile Chruaich.

   Más *ionad pobail* é seo atá suite i mBaile Chruaich, is é **Ionad Pobail Bhaile Chruaich** ba cheart a scríobh. Bheadh ciall áirithe le *Ionad Phobal Bhaile Chruaich* (*the Centre of the Community of Ballycroy*) ach níl ciall ar bith le *pobal* a infhilleadh ***agus*** a shéimhiú.

2. Mothaím go mbíonn deoch tuillte agam agus bainim sult as; féirín beag ag deireadh lae oibre.

   Tá seo ceart de réir an CO agus GGBC. **Ag deireadh lá oibre** a bheadh ann de réir múnla *bata fear siúil*. Tá barúil agam gurb é sin an leagan is túisce a rithfeadh le cainteoirí Gaeilge.

3. Soláthraí sheirbhísí cóiríochta agus athlonnaithe do chiontóirí ardriosca.

   Níl feidhm ar bith le séimhiú ar an fhocal *seirbhísí*. Is ainmfhocal éiginnte é *seirbhísí*.

4. Bhí an lá sin, 12 Márta 1989, speisialta i stair an bhanna cheoil seo Naomh Pádraig.

   Is ar ghuta a chríochnaíonn an focal *banna*: **stair an bhanna ceoil**.

5. Cuir ort do bhróga, téigh amach ag siúl agus déanfaidh tú maitheas do do chroí. Sin é an teachtaireacht atá ag Foras Chroí na hÉireann.

   Is é an chiall atá le *Foras Chroí na hÉireann* ná *The Foundation of the Heart of Ireland*. Eagraíocht í seo a bhíonn ag plé le cúrsaí sláinte: **Foras Croí na hÉireann**.

6. Beidh sos 30 nóiméad idir deireadh cuid a haon den scrúdú agus tús cuid a dó den scrúdú.

   Ó tharla *cuid* a bheith cáilithe ag *a haon* agus *a dó*, bheifeá ag súil le séimhiú: **deireadh chuid a haon... tús chuid a dó**.

7. Tá mé féin ag foghlaim amhrán nua faoi láthair: 'Tiocfaidh an Samhradh.'

   Abairt fhoirfe.

8. Rinne na húdaráis ionsaí fíochmhar ar mhórshiúl mic léinn.

   Tá sé seo ceart de réir múnla *bata fear siúil* ach spreagann sé ceist nó dhó. *A students' march* atá i gceist ach d'fhéadfaí ciall eile a bhaint as, is é sin *a march by a (single) student*. Is fíor áfach, go mbeadh an débhríocht chéanna ag baint le *mórshiúl mac léinn*. Ar ndóigh, ní mórshiúl a bheadh ann mura mbeadh ann ach mac léinn amháin.

9. B'iomaí sin Piarsach ann: bunaitheoir scoile Gaelaí, eagarthóir iris litríochta, réabhlóidí diongbháilte.

   Tá meascán foirmeacha ann, rud a thabharfadh le fios nach dtuigeann an scríbhneoir na rialacha a bhaineann leo. Tá *bunaitheoir scoile Gaelaí* inghlactha ach b'ait leat gach focal sa tsraith a bheith sa ghinideach in áit amháin agus *iris* a bheith san ainmneach in áit eile san abairt.

   Tá leanúnachas san athleagan seo:

   > B'iomaí sin Piarsach ann, bunaitheoir scoil Ghaelach, eagarthóir iris litríochta, réabhlóidí diongbháilte.

10. Chonaic mé oibreacha an Choiste Théarmaíochta ar shuíomh Acmhainn, agus dar liomsa, is iomaí focal aisteach ann.

    Críochnaíonn *coiste* ar ghuta: **saothar an Choiste Téarmaíochta**. Rogha aisteach san abairt sin is ea an focal *oibreacha*. B'fhearr go mór *saothar*.

Cleachtadh 20

1. Agus ná déan dearmad nach féidir tabhairt faoi tháirgí nó seirbhísí nua gnó gan oiliúint a thabhairt do na hoibrithe.

   Is amhlaidh **a chuirtear oiliúint ar dhaoine**.

2. Bhí aoichainteoir ann agus thug sé smaoineamh dúinn – cuid den Ardleibhéal a thosú san idirbhliain.

   Is ait liom daoine ag tabhairt smaointe dá chéile.

   > Bhí aoichainteoir ann **a chuir smaoineamh nua i mo cheann** – cuid den Ardleibhéal a thosú san idirbhliain.

3. Cuireadh catalóg lánmhaisithe le chéile agus tugadh léirmheas sna nuachtáin náisiúnta uilig faoin taispeántas.

   Is gnách léirmheas **a dhéanamh ar** shaothar.

   > Cuireadh catalóg lánmhaisithe le chéile agus **rinneadh léirmheas ar an taispeántas** sna nuachtáin náisiúnta uilig.

Cleachtadh 21

1. Bhí an fhearthainn ag tosú ar an taobh eile den fhuinneog.

   Níl i gceist dáiríre ach gur **thosaigh sé a chur fearthainne amuigh**.

2. Cúpla seachtain ina dhiaidh sin, thosaigh sí ag tuiscint go raibh dul amú uirthi maidir leis an chineál poist a bhí aici.

   > **Thuig sí den chéad uair** go raibh dul amú uirthi maidir leis an chineál poist a bhí aici.

3. Thosaigh an cogadh le dúnmharú an Ard-Diúic Franz Ferdinand.

   Is amhlaidh a **chuir an dúnmharú sin tús leis an chogadh**.

Tráchtaireacht ar na cleachtaí breise

Aimsirí

Ar roghnaíodh an aimsir cheart sna habairtí thíos?

1. Ná cuir uisce amú. Bí cinnte go bhfuil lód iomlán i gcónaí sa mheaisín níocháin agus sa mhiasniteoir.

   Ní réitíonn *go bhfuil* (láithreach) agus *i gcónaí* go rómhaith le chéile. Más nós é na meaisíní a bheith lán, ba cheart *Bí cinnte go mbíonn* a scríobh.

2. Is i Halla na Cathrach a bhí garastún de chuid na gceannairceach le linn Éirí Amach na Cásca 1916, rud a dhéantar a chomóradh le plaic ag na geataí tosaigh.

   Shílfeá gur aimsir ghnáthláithreach atá i gceist le *a dhéantar a chomóradh*.

   > Is i Halla na Cathrach a bhí garastún de chuid na gceannairceach le linn Éirí Amach na Cásca 1916. Tá plaic ag na geataí tosaigh i gcuimhne air sin.

3. Daoine a mbíonn galar Alzheimer orthu, is fearr aire a thabhairt dóibh ina mbaile féin.

   Ní hé go mbíonn galar Alzheimer seal ann agus seal as. An té a bhfuil sé air, tá sé air ar fad.

   > Daoine a bhfuil galar Alzheimer orthu, is fearr aire a thabhairt dóibh ina mbaile féin.

4. Le breis agus 300 bliain bhí Eaglais Áine Naofa mar ionad adhartha ionúin do na daoine áitiúla agus cuireann sí tearmann ar fáil dóibh siúd a bhíonn gafa i bhfuadar na cathrach.

   Ní réitíonn *bhí Eaglais* Áine *Naofa* go rómhaith leis an réamhfhocal *le* i dtús na habairte. *Tá mé anseo le seachtain* a déarfá. Is é a thuigfeadh daoine as sin go bhfuil tú fós ann. *Le breis agus 300 bliain tá Eaglais* Áine *Naofa*...

5. Ba léir dó go mbíodh sí fíorálainn, tráth.

   Ní dócha go raibh sí seal go sciamhach agus seal go mísciamhach.

   > Ba léir dó go raibh sí fíorálainn, tráth.

Aistriúcháin

An ndéanfá aon leasú ar na haistriúcháin thíos?

1. Bain úsáid as báisín. Tríd an uisce a úsáideann tú le torthaí a shruthlú a bhailiú, is féidir é a úsáid ar phlandaí.

Féach na hiontrálacha 'Trí' agus 'Clásal infinideach/Ainmneacha briathartha i ndiaidh a chéile'.

> Bí cinnte agus torthaí a ní istigh i mbáisín. Is féidir an t-uisce a choinneáil agus a chur ar phlandaí.

2. Laghdaíonn an vacsaín fliú ionfhabhtú agus na breoiteachtaí a bhaineann leis, chomh maith le hospidéalú agus is féidir leis beatha a shábháil.

Féach na hiontrálacha 'Briathartha díoraithe ó ainmfhocail' agus 'Féidir'.

> Tá cosaint sa vacsaín fliú ar ionfhabhtú agus ar na breoiteachtaí a bhaineann leis. Laghdaíonn sé ar an líon daoine a mbíonn orthu seal a chaitheamh in otharlann agus, go deimhin, ar líon na ndaoine a fhaigheann bás.

3. Bain an tairbhe is mó as an am a chaitheann tú ar an Idirlíon trí scimeáil chiallmhar a dhéanamh.

Féach na hiontrálacha 'Sárchéim na haidiachta' agus 'Trí'.

> Bí ag scimeáil go ciallmhar chun lántairbhe a bhaint as an am a chaitheann tú ar an Idirlíon.

4. Participants are selected after an initial period of induction.

Roghnaítear na rannpháirtithe tar éis tréimhse ionduchtúcháin i dtosach.

Níl feidhm le *i dtosach*; is ar éigean a bheadh tréimhse ionduchtúcháin ar siúl am ar bith eile. Féach an iontráil 'Focail fholmha'.

> Roghnaítear na rannpháirtithe tar éis tréimhse ionduchtúcháin.

5. I would like to welcome you to our second national campaign for computer safety.

Ba mhaith liom fáilte a chur romhaibh go dtí ár ndara feachtas náisiúnta um shlándáil ríomhairí.

Féach na hiontrálacha 'An aidiacht shealbhach' agus 'Um'.

> Ba mhaith liom fáilte a chur romhaibh go dtí an dara feachtas náisiúnta maidir le slándáil ríomhairí.

Foclóir

1. Ní sheolfaimid bille páipéir chugat sa phost a thuilleadh, rud a chuideoidh le cosaint ár gcomhshaoil.

Féach na hiontrálacha 'An aidiacht shealbhach' agus 'Comhshaol/imshaol/timpeallacht'.

> Ní sheolfaimid bille páipéir chugat sa phost a thuilleadh, rud a chuideoidh le cosaint na timpeallachta.

2. Féadann daoine a bhfuil asma orthu saol breá folláin a bheith acu. Cuimhnigh gur bhuaigh cuid daoine le hasma boinn sna Cluichí Oilimpeacha!

   Féach na hiontrálacha 'Cuid' agus 'An réamhfhocal *le* in áit mír choibhneasta'.

   > Féadann daoine a bhfuil asma orthu saol breá folláin a bheith acu. Cuimhnigh gur bhuaigh roinnt daoine a raibh asma orthu boinn sna Cluichí Oilimpeacha!

3. Ailse chíche an ailse is mó a fhaigheann na mná.

   Féach an iontráil 'Faigh'.

   > Ailse chíche an ailse is mó a thagann ar mhná.

4. De ghnáth, tosaíonn slaghdán diaidh ar ndiaidh mar scornach thinn agus mar shrón bhlocáilte nó mar shrón atá ag sileadh.

   Féach na hiontrálacha 'Tosaigh' agus 'Mar'.

   > De ghnáth, tagann slaghdán ar dhuine diaidh ar ndiaidh. Is iad na chéad chomharthaí ná scornach thinn, sileadh sróine nó an tsrón a bheith blocáilte.

An réamhfhocal

1. Is breoiteacht víreasach an-tógálach é an fliú den chonair riospráide.

   Níl an réamhfhocal *de* oiriúnach ansin. Is é *fliú na conaire riospráide* a bheadh ann.

2. Toisc nach raibh a lán réamheiseamláirí ann a chabhródh leis na dúshláin a bhí rompu a shárú.

   D'fhéadfadh dhá mhíniú a bheith ar an bhotún seo. An chéad mhíniú ná gur trí dhearmad a scríobhadh an tríú pearsa firinscneach uatha den réamhfhocal *le* seachas an tríú pearsa iolra: *a chuideodh leo na dúshláin a bhí rompu a shárú*. An dara míniú ná go bhfuil *cuidigh le* i ndiaidh neadú in intinn an scríbhneora ar shlí go gcuireann sé/sí an réamhfhocal *le* leis an bhriathar cé acu atá gníomhaí ann nó nach bhfuil.

3. Cuidigh linn Fáinne Cnoc Shliabh gCuillinn a chosaint ó loscadh sléibhe agus ó fhalscaí.

   Féach an iontráil 'Ó'. Is gnách rudaí a chosaint *ar* pé contúirt a bheadh ann: *Fáinne Cnoc Shliabh gCuillinn a chosaint ar loscadh sléibhe agus ar fhalscaí.*

4. Beochraoladh ón Amharclann Ríoga i gCaisleán an Bharraigh agus fear Gaeltachta as Maigh Eo

ag troid do chraobh dornálaíochta an domhain.

Féach an iontráil 'Do'. Is amhlaidh atá sé ag troid ar son na Craoibhe.

5. Theip vacsaíní amach is amach aon bhac a chur ar an ngalar víreasach seo.

Tá an réamhfhocal *ar* ar lár. Níor mhiste *amach is amach* a aistriú go hionad eile san abairt.

> Theip amach is amach ar vacsaíní aon bhac a chur ar an ngalar víreasach seo.

Ilghnéitheach

1. Sa tréimhse sin ba áit é Baile Átha Cliath a mbíodh easaontas polaitiúil á chothú agus á nochtadh agus tháinig mórchlaochlú polaitíochta ag deireadh an chéid roimh Acht an Aontais in 1800.

Féach an iontráil 'Ann': *ba* áit *é Baile* Átha *Cliath a mbíodh easaontas polaitiúil á chothú agus á nochtadh* ***ann...***

2. Bríd Nic Chonaill, a bhfuil siopa aici ar an mbaile, an t-iarrthóir a theastaigh ón mbrainse áitiúil.

Níor cheart *Conall* a shéimhiú i ndiaidh *Nic*. Féach 'Ainmneacha agus sloinnte/Muintir Mhic Grianna'

3. B'aisteach an rud é, an dóigh a n-oibríonn aigní fear.

Féach an iontráil 'Uimhir': *an dóigh a n-oibríonn aigne fir*.

4. Tríd an bhfoirm iarratais a chomhlánú, cuirfear ar ár gcumas a dhearbhú an custaiméir thú.

Féach na hiontrálacha 'Trí' agus 'An clásal coibhneasta/Mír cheisteach in áit clásal coibhneasta'.

> Comhlánaigh an fhoirm iarratais chun go mbeimid in ann a dhearbhú gur custaiméir thú.

5. Agus é ag imeacht, bhreathnaigh sé ar na raithní ar achan taobh den bhealach.

Cnuasainm is ea *raithneach*.

> Agus é ag imeacht, bhreathnaigh sé ar an raithneach ar achan taobh den bhealach.

6. Úsáid pasfhocal láidir. Moltar teaglaim randamach uimhreacha, litreacha agus poncaíochta le hos cionn 8 gcarachtar ann.

Féach an iontráil 'An clásal coibhneasta/An réamhfhocal *le* in áit mír choibhneasta'.

> Moltar teaglaim randamach uimhreacha, litreacha agus poncaíochta a bhfuil os cionn 8 gcarachtar inti.

Leabharliosta

An Coimisiún Logainmneacha 1992. *Sráidainmneacha: Treoirlínte*. Baile Átha Cliath: An Coimisiún Logainmneacha.

An Mheitheal um Theagasc na Gaeilge ar an Tríú Leibhéal 2009–2012. *Siollabas Nua Ollscoile*. [Ar líne] Ar fáil ó <http://www.teagascnagaeilge.ie/> [léite 20 Deireadh Fómhair 2014]

An Roinn Cultúir, Ealaíon agus Fóillíochta 2009. *Treoir Eagarthóireachta d'Aistritheoirí*. [Ar líne] Ar fáil ó <www.dcalni.gov.uk/translation_guidelines.doc> [léite 20 Deireadh Fómhair 2014]

Daltún, S. 1998. *Maidir le do Litir* (atheagrán). Baile Átha Cliath: An Gúm.

De Bhaldraithe, T (eag.). 1959. *English–Irish Dictionary*. Baile Átha Cliath: Oifig an tSoláthair.

Mac Lochlainn, A. 2000. *Cuir Gaeilge Air*. Baile Átha Cliath: Cois Life.

Mac Maoláin, S. 1957. *Lorg an Bhéarla*. Baile Átha Cliath: Oifig an tSoláthair. [Ar líne] Ar fáil ó <www.acmhainn.ie/athchlo.htm> & <http://ec.europa.eu/translation/language_aids/irish_en.htm> [léite 20 Deireadh Fómhair 2014]

Ó hAnluain, L. A. 1999. *Graiméar Gaeilge na mBráithre Críostaí*. Baile Átha Cliath: An Gúm. [Ar líne]. Ar fáil ó < http://www.scriobh.ie/ScriobhIe/Media/Graimear%20Gaeilge%20na%20mBraithre%20Criostai_Eag1999.pdf> [léite 20 Deireadh Fómhair 2014]

Ó Peaircín, L. (eag.) 2007. *Ceart nó Mícheart? Seán Ó Ruadháin i bh*Feasta. Baile Átha Cliath: Coiscéim.

Ó Baoill, D. P. agus Ó Tuathail É.1992. *Úrchúrsa Gaeilge* (eagrán leasaithe). Baile Átha Cliath: Institiúid Teangeolaíochta Éireann.

Ó Domhnalláin, T. agus Ó Baoill, D.1978–1981. *Earráidí Scríofa Gaeilge*. Baile Átha Cliath: Institiúid Teangeolaíochta Éireann.

Ó Dónaill, N (eag.). 1977. *Foclóir Gaeilge–Béarla*. Baile Átha Cliath: Oifig an tSoláthair.

Ó Donnaíle, C. 2013. *Téarmaí Ríomhaireachta*. [Ar líne] Ar fáil ó <http://www.smo.uhi.ac.uk/gaeilge/focloiri/abhair/riomhaire.html> [léite 20 Deireadh Fómhair 2014]

Ó Droighneáin, M. agus Ó Murchú, M. A. 2006. *An Sloinnteoir Gaeilge agus an tAinmneoir* (9ú heagrán). Baile Átha Cliath: Coiscéim.

Ó Duibhín, C. 2014. *Tobar na Gaedhilge*. [Ar líne] Ar fáil ó <http://www.smo.uhi.ac.uk/~oduibhin/tobar> [léite 20 Deireadh Fómhair 2014]

Ó Ruairc, M. 2007. *Aistrigh Leat*. Baile Átha Cliath: Cois Life.

Ó hUallacháin, C. agus Ó Murchú, M. 1981. *Irish Grammar*. Coleraine: New University of Ulster.

Rannóg an Aistriúcháin. 1958. *Gramadach na Gaeilge agus Litriú na Gaeilge: an*

Caighdeán Oifigiúil. Baile Átha Cliath: Oifig an tSoláthair.

Rannóg an Aistriúcháin. 2012. *Gramadach na Gaeilge. An Caighdeán Oifigiúil. Caighdeán Athbhreithnithe*. Baile Átha Cliath: Tithe an Oireachtais.

Stockman, G. 1996. *Cruinneas Gramadaí agus Corrfhocal Eile*. Béal Feirste: Lagan Press.

Ua Laoghaire, P. 1926. *Notes on Irish Words and Usages*. [Ar líne] Ar fáil ó <https://corkirish.wordpress.com/category/notes-on-irish-words-and-usages> [léite 20 Deireadh Fómhair 2014]